Concorrência

Estudos

Concorrência

Estudos

Coordenação de

ANTÓNIO GOUCHA SOARES
e
MARIA MANUEL LEITÃO MARQUES

ALMEDINA

CONCORRÊNCIA
ESTUDOS

COORDENADORES
ANTÓNIO GOUCHA SOARES
MARIA MANUEL LEITÃO MARQUES

EDITOR
EDIÇÕES ALMEDINA, SA
Rua da Estrela, n.° 6
3000-161 Coimbra
Tel.: 239 851 904
Fax: 239 851 901
www.almedina.net
editora@almedina.net

PRÉ-IMPRESSÃO • IMPRESSÃO • ACABAMENTO
G.C. – GRÁFICA DE COIMBRA, LDA.
Palheira – Assafarge
3001-453 Coimbra
producao@graficadecoimbra.pt

Junho, 2006

DEPÓSITO LEGAL
244457/06

SUMÁRIO

INTRODUÇÃO

ANTÓNIO GOUCHA SOARES
MARIA MANUEL LEITÃO MARQUES

A legislação nacional de defesa da concorrência foi objecto de importante reforma no ano de 2003. Os pilares fundamentais dessa reforma assentaram na criação de uma Autoridade da Concorrência, pelo Decreto-Lei n.° 10/2003, e na revisão dos aspectos substantivos e processuais do regime normativo, operada pela Lei n.° 18/2003. A reforma legislativa decorreu de condicionalismos externos, mas também de factores endógenos, como a necessidade de fomentar a competitividade da economia nacional, dotando-a de novo enquadramento normativo e de instituições capazes de procederem à sua implementação. Como salienta o preâmbulo do Decreto-Lei que estabelece a nova Autoridade, a reforma operada pretende contribuir para criar em Portugal uma verdadeira cultura da concorrência.

Este livro reúne um conjunto de contributos de diferentes autores que analisam as alterações verificadas em sede do regime normativo e da política da concorrência, em virtude da reforma de 2003. Embora sem pretender conferir tratamento exaustivo do novo regime, ao longo do livro são abordados os principais aspectos da reforma, desde a introdução à nova legislação, com base no trabalho desenvolvido pela Comissão de Revisão, ao novo regime de aplicação das normas comunitárias da concorrência, passando pela doutrina das infra-estruturas essenciais, o controlo das operações de concentração de empresas, o regime dos auxílios de Estado, o processo na Lei da Concorrência, as relações entre a Autoridade da Concorrência e as autoridades sectoriais e, no final, uma panorâmica da gradual evolução da legislação interna da concorrência nas últimas décadas.

O primeiro Capítulo, da autoria de José Luís da Cruz Vilaça, faz uma introdução à nova legislação nacional da concorrência, referindo os antecedentes dos actuais diplomas, bem como as vicissitudes que marcaram a adopção dos projectos de modernização. O autor, que presidiu à Comissão para a Revisão da Legislação da Concorrência, passa em revista os principais aspectos da reforma legislativa realizada em 2003. Assim, analisa o novo modelo institucional em sede de controlo da concorrência, com a criação de uma autoridade independente da concorrência, que substituiu o anterior regime dualista composto por um Conselho da Concorrência e por uma Direcção-Geral da Concorrência. Neste particular, destaca os requisitos destinados a assegurar a independência da Autoridade, como sejam, o regime financeiro, composição do Conselho da Autoridade, duração dos respectivos mandatos, regime de incompatibilidades e impedimentos, e o estatuto remuneratório dos seus membros. Em seguida, o autor percorre as principais inovações de natureza substantiva introduzidas pela Lei n.° 18/2003, relativas ao âmbito de aplicação do novo diploma, regime dos acordos, decisões de associações de empresas e práticas concertadas, abuso da posição dominante, controlo das concentrações de empresas, auxílios de Estado, e o novo regime sancionatório das violações à legislação da concorrência. Ao longo de todo o capítulo o autor confronta as posições propostas pela Comissão para a Revisão da Legislação da Concorrência com as soluções adoptadas pelo legislador, o que constitui um valioso contributo quer para o conhecimento dos trabalhos preparatórios da reforma legislativa, quer para o alcance do novo regime jurídico.

Maria Manuel Leitão Marques e Jorge Almeida analisam uma das novidades maiores do regime jurídico da concorrência resultante da Lei n.° 18/2003: a doutrina das infra-estruturas essenciais. Por infra-estrutura essencial entende-se uma situação de monopólio legalmente protegido no desenvolvimento de uma actividade económica, que permite o controlo do fornecimento de produtos ou serviços ao consumidor final, como sejam, as redes de electricidade, gás, telecomunicações ou ferroviárias. A liberalização destas actividades económicas, visando aumentar a liberdade de escolha do consumidor, passa pela garantia do acesso a essas infra-estruturas por parte de novos operadores. Um dos modos de favorecer o acesso às redes consiste na intervenção das autoridades da concorrência, através da figura do abuso de posição dominante. A Lei da Concorrência acolheu esta doutrina no seu dispositivo, afirmando que constitui abuso de posição dominante a recusa de facultar a qualquer outra empresa, contra remuneração adequada, o acesso a infra-estruturas essenciais detidas por empresa com posição dominante. O Capítulo II percorre o modo como a doutrina das infra-estruturas essenciais surgiu nos ordenamentos jurídicos americano e europeu, bem como os principais problemas que resultam da sua aplicação no direito nacional, desde logo, o delicado equilíbrio que importa estabelecer entre as limitações ao direito de propriedade das empresas detentoras de infra-estruturas essenciais e a necessidade de garantir uma concorrência efectiva nesses sectores de actividade económica por via do acesso de outros operadores àquelas infra-estruturas. Aborda, ainda, o tema da articulação entre da Autoridade da Concorrência com as autoridades reguladoras sectoriais, a propósito da regulamentação sobre partilha do acesso a infra-estruturas essenciais.

O controlo das operações de concentrações de empresas é um instrumento central da política de concorrência. No capítulo III, Sofia Oliveira Pais aborda o regime do controlo de concentrações de empresas estabelecido pela Lei n.° 18/2003. A autora começa por fornecer uma panorâmica da evolução do controlo das concentrações de empresas na Comunidade Europeia, mormente a adopção de novo Regulamento comunitário. De seguida, são analisados os principais aspectos do regime de controlo das operações de concentração de empresas na Lei da Concorrência, em particular, as modalidades de concentração, a dimensão das operações de concentração, os critérios substantivos de apreciação das concentrações de empresas, a tramitação do controlo das concentrações e, por fim, a natureza subsidiária do direito nacional perante o direito comunitário em sede de controlo de operações de concentração de empresas. A autora alude, ainda, às primeiras decisões da Autoridade da Concorrência visando a proibição de operações de concentração de empresas.

A tradição europeia de forte intervenção do Estado na economia esteve na base da inclusão da figura dos auxílios de Estado no direito comunitário da concorrência. Em particular, da proibição de todo o tipo de vantagens de natureza pública concedidas a empresas, que possam distorcer a situação das entidades beneficiárias nos mercados de referência. O tratamento dos auxílios de Estado no direito nacional reflecte, de algum modo, a evolução ocorrida na legislação interna da concorrência. Com a Lei n.° 18/2003 foi atribuída competência à Autoridade da Concorrência para se pronunciar sobre a compatibilidade dos auxílios concedidos pelo Estado. No Capítulo IV, António Carlos dos Santos analisa o impacto da

Lei da Concorrência no tratamento dos auxílios de Estados, em particular, o conceito de auxílio, a natureza do regime jurídico desta figura e o alcance dos procedimentos de controlos existentes na matéria. Aborda, também, as questões relativas à relação entre a disciplina geral dos auxílios de Estado e a legislação especial, nomeadamente, o regime de garantias pessoais do Estado e os auxílios de natureza fiscal e parafiscal. Numa perspectiva crítica, o autor alude ao problema da dispersão legislativa em sede de auxílios públicos como entrave à consecução dos objectivos de defesa da concorrência e da disciplina financeira do Estado.

A Autoridade da Concorrência dispõe de amplas prerrogativas no confronto das empresas. Na verdade, a Autoridade da Concorrência tem poderes de inspecção e inquérito, que incluem a faculdade da realização de buscas nas instalações das empresas e de proceder à selagem dos respectivos locais, bem como do poder de cominar sanções às empresas que violem o regime normativo da concorrência através da aplicação de coimas, cujo valor poderá atingir 10% do respectivo volume de negócios. Por estes motivos, as disposições relativas ao exercício dos poderes conferidos à Autoridade da Concorrência revestiram atenção particular na Lei n.° 18/2003. Ou seja, as disposições que regulamentam os procedimentos de actuação da Autoridade da Concorrência, entendidos como sucessão de actos desta entidade que visam a tomada de decisões administrativas, as quais poderão ser objecto de sucessivo controlo judicial de legalidade. No capítulo V, Norberto Severino aborda a questão do Processo na Lei da Concorrência. São analisadas as disposições da Lei n.° 18/2003 que estipulam os procedimentos relativos aos poderes de supervisão em sede de práticas restritivas e do controlo das operações de concentração de empresas, aos poderes de sanção que determinam a aplicação de coimas, bem como a relação que estes preceitos estabelecem com o Código do Procedimento Administrativo e o regime geral dos ilícitos de mera ordenação social. São, ainda, referidas as disposições relativas ao recurso contencioso para o Tribunal de Comércio de Lisboa das decisões proferidas pela Autoridade da Concorrência que determinem a aplicação de coimas ou de outras sanções previstas na Lei, do mesmo modo que as decisões adoptadas no âmbito de procedimentos administrativos.

A questão do relacionamento entre a Autoridade da Concorrência e as autoridades sectoriais é objecto de tratamento por Pedro Pita Barros. No capítulo VI é analisada a obrigação de colaboração das entidades sectoriais com a Autoridade da Concorrência na aplicação das normas da concorrência, a qual decorre da Lei n.° 18/2003. Como pressuposto do relacionamento entre tais autoridades temos que regulação económica e defesa da concorrência são instrumentos alternativos para obter uma afectação eficiente de recursos, a primeira através da actuação *ex ante*, a segunda com uma intervenção punitiva do comportamento dos agentes económicos de modo a dissuadi-los de práticas restritivas da concorrência. Existe, assim, uma diferença entre os dois tipos de entidades, quer no tocante ao momento da intervenção, quer nos instrumentos por elas utilizados. Por estes motivos, e tendo em conta os aspectos caracterizadores da regulação económica e da defesa da concorrência, bem como os incentivos à actuação de cada tipo de entidade, o autor considera inapropriada a existência de situações de decisão conjunta, em que ambas as autoridades tivessem de concordar sobre o resultado de uma investigação. Defende, por isso, que a articulação entre a Autoridade da Concorrência e as autoridades sectoriais deverá passar pela abstenção da Autoridade da Concorrência, nos casos em que a sua actuação possa ter consequências nos instrumentos de regulação económica utilizados pela autoridade sectorial.

No Capítulo VII, António Goucha Soares analisa as alterações ocorridas em sede de aplicação das normas comunitárias da concorrência, em virtude da adopção do Regulamento (CE) n.° 1/2003. Ainda que situado a montante das alterações legislativas nacionais em matéria de concorrência, o Regulamento comunitário tem uma relação estreita com a reforma do ordenamento jurídico interno. Na verdade, o Regulamento comunitário ao acabar com o monopólio na concessão de isenções detido pela Comissão Europeia, permitindo que as autoridades nacionais da concorrência e os tribunais dos Estados-membros procedam à aplicação integral das disposições do artigo 81.° do Tratado da Comunidade Europeia, estabeleceu um sistema de competências paralelas na aplicação do direito comunitário da concorrência. Ao longo do capítulo são analisados os principais aspectos da evolução verificada no plano comunitário, com o abandono do sistema centralizado de autorização – o qual obrigava as empresas a procederem à notificação prévia dos acordos à Comissão Europeia, tendo sido substituído por um regime de excepção legal, baseado na produção de efeito directo de todo o artigo 81.° do Tratado da Comunidade Europeia – bem como dos princípios básicos estabelecidos pelo Regulamento n.° 1/2003 no tocante à actuação das autoridades nacionais, tribunais dos Estados-membros e Comissão Europeia na aplicação das normas comunitárias da concorrência.

Num país de brandos costumes, tradicionalmente alheado das grandes tendências da economia internacional, Portugal teve até há pouco tempo atrás uma relação distante com a temática da concorrência, a qual não era entendida como instrumento vital para a actuação mais eficiente das empresas no mercado. Na verdade, o regime normativo da concorrência surgiu apenas no ordenamento jurídico nacional em virtude da adesão à Comunidade Económica Europeia, na década de 1980. Vinte anos volvidos sobre a adopção do primeiro diploma legislativo em matéria de concorrência, e da subsequente revisão operada, Portugal parece ter começado a encarar a sério a necessidade de se dotar de um regime jurídico de qualidade nesta matéria, como também aumentar a eficácia da sua aplicação pelas entidades competentes. No capítulo VIII, João Pinto Ferreira traça um quadro da evolução das leis de defesa da concorrência em Portugal. O autor, que viveu em diferentes funções o primeiro vinténio da legislação da concorrência, assinala no seu texto a adopção do primeiro instrumento de defesa da concorrência, o Decreto-lei n.° 422/83, a aprovação sucessiva de um diploma relativo ao controlo das operações de concentração de empresas, bem como a revisão normativa operada pelo Decreto-Lei n.° 371/ /93. Deliberadamente, se remeteu para o final o capítulo que recorda as principais fases que caracterizam a evolução da legislação nacional da concorrência, com o intuito de permitir ao leitor fazer um balanço próprio do caminho percorrido em sede de defesa da concorrência, após ter tido contacto com textos que procedem à análise dos principais aspectos do regime normativo em vigor.

Para terminar, é devido agradecimento público aos autores que aceitaram dar o seu contributo a esta reflexão conjunta sobre o regime da concorrência. As obras colectivas têm as vicissitudes próprias da conjugação dos interesses e disponibilidades dos seus diferentes colaboradores. A combinação dos tempos das pessoas envolvidas nem sempre resulta na medida ideal. Por tal motivo, a alguns dos autores teremos que nos escusar pelo arrastamento da publicação, a outros pelos pedidos ulteriores de revisão de capítulos e a outros, ainda, pela insistência com que reclamámos a sua colaboração. A todos um reconhecimento sentido pelos contributos apresentados.

Lisboa, Fevereiro de 2006.

CAPÍTULO I

Introdução à Nova Legislação da Concorrência: *Vicissitudes dos Projectos de Modernização*

JOSÉ LUÍS DA CRUZ VILAÇA

I. Antecedentes das actuais leis da concorrência

1. Na sequência da revisão constitucional de 1971[1], em pleno período da "primavera marcelista" e de liberalização controlada da economia, o Prof. Marcelo Caetano fez aprovar aquilo que pode ser considerado como a primeira lei da concorrência em Portugal – a Lei n.° 1/72, de 24 de Março[2]. Do mesmo passo que promulgava as bases sobre a defesa da concorrência, o diploma revogou a velha Lei n.° 1936, de 18 de Março de 1936[3].

Alguns dos preceitos da lei de 1972 são perfeitamente datados e traduzem as hesitações do regime em abandonar a fase corporativa e abraçar a moderna economia de mercado.

Recorde-se, entre outros:

• a formulação emblemática (na Base I) do princípio de que cabia ao "Estado, institutos públicos, autarquias locais e organismos

---

[1] Lei 3/71, de 16 de Agosto (Diário do Governo, I Série n.° 192, de 16.8.1971), que, designadamente, acrescentou um parágrafo 6.° ao artigo 31.° da Constituição, de acordo com o qual competia ao Estado "estimular a iniciativa privada e a concorrência efectiva, sempre que esta contribua para a racionalização das actividades produtivas".

[2] Diário do Governo, I Série, n.° 71, de 24.3.1972.

[3] Esta era uma espécie de "lei antitrust", destinada a controlar as "coligações económicas", que nunca veio a ser regulamentada.

corporativos assegurar uma justa e efectiva concorrência, com vista ao desenvolvimento económico e social do País, tendo em consideração a estrutura do mercado, a situação conjuntural, a concorrência externa e as demais circunstâncias de cada sector da economia";

- a previsão (Base II) da utilização pelo governo de estímulos fiscais (e outros não especificados) para promover a racionalização da economia "quando em determinado sector [...] se verifique uma situação concorrencial excessiva ou insuficiente";
- a atribuição ao Conselho Superior de Economia, com a colaboração da IGAE – Inspecção Geral das Actividades Económicas, da competência para proceder à investigação das "condutas individuais ou concertadas" restritivas da concorrência (Base VIII);
- a segura governamentalização (ou, em alternativa, a corporativização[4]) da actividade fiscalizadora (Base IX).

No entanto, o certo é que já lá encontramos alguns elementos de modernidade:

- a enumeração, a título exemplificativo (Base V), das condutas susceptíveis de serem consideradas práticas restritivas da concorrência tem já claras ressonâncias da ordem jurídica da Comunidade Europeia;
- o mesmo se diga das referências às práticas consideradas justificadas por contribuírem para "a promoção do progresso técnico ou económico ou as melhores condições de produção dos bens e serviços" (Base VI);
- são proclamados os princípios do contraditório, do respeito do direito de defesa e do direito a um controlo jurisdicional (Bases X e XII);
- enfim, o legislador teve a intuição da complexidade das matérias envolvidas, ao ordenar, por um lado, que as reuniões do Conselho Superior de Economia seriam assistidas por um assessor jurídico (Base VIII) e, por outro, que era obrigatória a intervenção de "um perito especializado" no processo que viesse a abrir-se nos tribunais criminais para aplicação das penas impostas pelo Conselho (Base XIV).

---

[4] O presidente da corporação à qual estivessem confiados os interesses do sector a que o processo dissesse respeito podia requerer a abertura da instrução (Base IX).

Ao mesmo tempo, o diploma ostentava – além do reflexo corporativista – alguns dos defeitos de que continuaram a padecer as posteriores leis da concorrência. Em particular:

- a confusão entre os interesses da "concorrência" e os interesses dos "concorrentes" [Base V, n.° 1, al. i)];
- a amálgama entre verdadeiras e próprias infracções à concorrência (ainda que insuficientemente tipificadas, isto é sem que se estabelecesse uma clara distinção entre práticas colusivas e práticas unilaterais de carácter abusivo) e as práticas comerciais desleais, mais tarde designadas práticas individuais restritivas do comércio (cfr. as várias alíneas do n.° 1 da mesma Base V);
- a ampla abertura à derrogação, por disposição legislativa ou regulamentar, das exigências da concorrência estabelecidas no diploma (Base VI, alínea h), e Base XV, n.° 2);
- enfim, as ambiguidades quanto ao carácter vinculativo das normas de concorrência para o Estado e para o sector público (Base XV, n.° 1).

2. A verdade é que a política económica do regime se vinha confrontando, desde o início da década de 1960, com as tensões e contradições que resultavam das necessidades de ajustamento do velho corporativismo paternalista e conservador à abertura dos mercados no quadro da integração das economias europeias.

Por um lado, a nossa participação na EFTA associava-nos a um dos dois grandes movimentos de liberalização das trocas e de abertura das economias em que se dividiu a Europa do pós-guerra. O artigo 15.° da Convenção de Estocolmo, que instituiu a EFTA, considerava as práticas restritivas da concorrência incompatíveis com os princípios fundamentais da organização e deixava aos governos a tarefa de decidir quais os meios jurídicos apropriados para o efeito.

Por outro lado, os acordos comerciais de 1972 com as Comunidades Europeias consideravam incompatíveis com o seu bom funcionamento a adopção de práticas proibidas então pelos artigos 85.° e 86.° do Tratado de Roma, bem como a concessão de auxílios de estado que afectassem a concorrência no mercado comum.

Os próprios diplomas destinados a promover a chamada "integração económica do espaço português" exprimiam uma valoração negativa das práticas anti-concorrenciais. Era o caso do Decreto-lei n.° 44.016, de 8 de Novembro de 1961, que considerava como crime público as práticas de empresas que tivessem por finalidade prejudicar as condições normais de concorrência ou de abastecimento público.

Seja como for, o facto é que – resultado das contradições entre os reformistas e modernizadores do regime, por um lado, e o imobilismo das estruturas e do corpo de funcionários, por outro, ou mera expressão de uma característica profunda que ainda hoje perdura na nossa cultura política, a de termos leis muito avançadas e perfeitas que ninguém aplica – a maior parte das boas intenções modernizadoras e liberalizadoras não chegou a passar dos textos para os factos.

Nem o Decreto-lei n.° 44.016, nem a Lei n.° 1/72 acabaram por ter qualquer eficácia por falta de publicação da respectiva regulamentação[5]. E mesmo um projecto de proposta de lei enviado, em Dezembro de 1964, pelo Governo à Câmara Corporativa, contendo normas de concorrência que nos aproximavam de outras legislações nacionais mais modernas, acabou por ser retirado pelo Governo[6].

3. Na sua versão inicial, a Constituição de 1976 (que, a seguir, designaremos por "CRP" ou "Constituição") considerava o sector privado um sector residual no conjunto da economia, cuja sobrevivência deveria limitar-se à «fase de transição para o socialismo» (cfr. o então artigo 89.°, a que corresponde o actual artigo 82.°) e o artigo 81.°, alínea g)[7], dava à "luta contra os monopólios" uma tonalidade acentuadamente marxista e estatizante.

A partir da revisão constitucional de 1982, procedeu-se a um reequilíbrio dos «sectores de propriedade dos meios de produção» elencados no artigo 82.°/89.° e foi-se temperando, ainda que timidamente, o molho marxizante da alínea g). Foi, contudo, apenas na revisão de 1989 que se eli-

---

[5] Só depois de 1974 é que a Lei 1/72 foi objecto de uma tentativa de regulamentação, sem sucesso, por iniciativa do então Ministro da Economia Rui Vilar que, em Setembro de 1974, criou um grupo de trabalho para o efeito. O projecto de diploma então elaborado preconizava a criação de uma Comissão de Defesa da Concorrência, incumbida de apresentar um projecto que viesse estabelecer um regime definitivo. Em 1975, foi publicada legislação de concorrência sectorial para produtos siderúrgicos, a fim de dar execução ao artigo 20.° do Acordo de 1972 com a CECA.

[6] Sobre estes antecedentes, veja-se o livro de João Pinto Ferreira e Azeem Rentula Bangy, "Guia Prático do Direito da Concorrência em Portugal e na União Europeia", AJE, Lisboa, 1999, págs. 74 e segts.

[7] A partir de 1982, tornou-se a alínea e).

minou a referência às *nacionalizações* como instrumento privilegiado de luta contra os "monopólios privados".

Uma referência à "equilibrada concorrência entre as empresas" constava igualmente da alínea j) do artigo 81.°. Aparecia, contudo, na versão inicial da Constituição, qualificada por uma menção específica à "protecção às pequenas e médias empresas económica e socialmente viáveis", a qual foi eliminada na revisão de 1982.

Finalmente, na revisão de 1997, como que se fundiram aqueles dois preceitos numa nova alínea e), dando origem a uma disposição mais apresentável e escorreita.

É o seguinte o teor actual deste artigo 81.°, alínea e):

> *"e) Assegurar o funcionamento eficiente dos mercados, de modo a garantir a equilibrada concorrência entre as empresas, a contrariar as formas de organização monopolistas e a reprimir os abusos de posição dominante e outras práticas lesivas do interesse geral".*

A revisão de 1989 completou esta tarefa de poda legislativa, ao desenhar a redacção do que é hoje em dia o artigo 99.° da CRP:

> *"São objectivos da política comercial:*
>
> *a) A concorrência salutar dos agentes mercantis;*
>
> *b) A racionalização dos circuitos de distribuição;*
>
> *c) O combate às actividades especulativas e às práticas comerciais restritivas;*
>
> *d) O desenvolvimento e a diversificação das relações económicas externas;*
>
> *e) A protecção dos consumidores."*

É certo que tudo isto aparece misturado com numerosas referências a diferentes objectivos e instrumentos de intervenção do Estado na economia: os planos e as respectivas leis das grandes opções; a "eliminação dos latifúndios" e o "redimensionamento das unidades de exploração agrícola"; a política de ordenamento e reconversão agrária; o apoio preferencial às pequenas e médias empresas; a disciplina dos investimentos e da actividade económica por parte de estrangeiros; a definição de sectores básicos vedados às empresas privadas; a expropriação dos meios de produção em abandono.

No entanto, este novo enquadramento constitucional revelou-se capaz, mau grado as suas ambiguidades retóricas, de servir, finalmente, de suporte a um verdadeiro e moderno ordenamento jurídico da concorrência.

4. Com efeito, neste contexto constitucional em evolução, sucessivos governos previram, nos seus programas, a adopção de normas de defesa da concorrência. Mas foi só por iniciativa do IX Governo Constitucional que, na sequência da apresentação à Assembleia da República da Proposta de Lei n.° 7/III e da concessão da competente autorização legislativa[8], foi aprovado e publicado o primeiro diploma que, na vigência da nova Constituição, estabeleceu um regime de defesa da concorrência, o Decreto-lei n.° 422/83, de 3 de Dezembro[9].

O objectivo declarado do novo diploma era, como constava do respectivo Preâmbulo, "a elaboração de uma lei de defesa da concorrência em moldes semelhantes aos existentes nos países europeus".

A concretização do objectivo ficou, no entanto, claramente aquém das intenções proclamadas.

Em primeiro lugar, regulavam-se no mesmo diploma as verdadeiras e próprias práticas anti-concorrenciais (acordos, decisões de associações de empresas e práticas concertadas; abusos de posição dominante) e aquelas que, com pouca propriedade, o diploma designava de "práticas individuais restritivas da concorrência" (imposição de preços mínimos, aplicação de preços ou de condições de venda discriminatórios e recusa de venda).

Em segundo lugar, entregava-se a uma direcção-geral com atribuições compósitas (a DGCP – Direcção-Geral da Concorrência e Preços), dependente do Ministro do Comércio e Turismo, a competência para instruir os processos por infracção às normas de concorrência. Criava-se, com competências decisórias, um Conselho da Concorrência, composto por membros que ocupavam o cargo a tempo parcial, desprovido de meios e recursos necessários a uma acção eficaz e flanqueado por um Conselho Consultivo da Concorrência, de composição corporativa.

Finalmente, consagravam-se numerosas excepções e ressalvas à aplicabilidade do diploma. Com efeito, ficavam, definitivamente ou em princípio, fora do seu âmbito de aplicação: a administração central, regional e local; a produção, transporte e distribuição de electricidade e os correios e telecomunicações; as situações de restrição da concorrência resultante de

---

[8] Lei n.° 21/83, de 6 de Setembro – D.R. n.° 205/83, Série I, de 6.9.1983. Entretanto, pelo Decreto-lei n.° 293/82, de 27 de Julho, havia sido criada a DGCP – Direcção-Geral da Concorrência e Preços.

[9] D.R. n.° 278/83, Série I, de 3.12.1983.

disposição legal ou regulamentar; os transportes, bem como as actividades de agricultura, silvicultura, pecuária e pescas[10].

5. A adesão de Portugal às Comunidades Europeias veio dar o impulso a nova reforma da legislação de concorrência, operada pelo Decreto-lei n.° 371/93, de 29 de Outubro[11].

Está fora de causa proceder aqui à análise das principais virtudes e insuficiências do regime jurídico da concorrência implantado em 1993. Em cada um dos capítulos em que se divide esta obra serão feitas, sempre que necessário, as referências apropriadas ao regime do Decreto-lei n.° 371/93.

O que importa, para já, reter é que o reconhecimento progressivo das insuficiências, erros e defeitos da legislação de 1993 e, em particular, da sua incapacidade para implantar e promover, no terreno da economia, uma verdadeira "cultura da concorrência", deu lugar ao surgimento de iniciativas e propostas com vista à sua reformulação.

Foi esse o caso do "Projecto de diploma relativo ao Regime Geral de Defesa da Concorrência e às Práticas Comerciais Desleais", elaborado em 4 de Julho de 2001 pela CIP.

No mesmo sentido, em data desconhecida, foi preparado na Secretaria de Estado do Comércio e Serviços um "Esboço para a elaboração de uma Entidade Reguladora da Concorrência – breve apontamento sobre a estrutura orgânica a implementar". O documento, de carácter burocrático e administrativo, limitava-se a definir, em termos insusceptíveis de constituir o fundamento de uma nova estrutura sólida e capaz[12], os traços gerais de uma estrutura institucional destinada a "simplificar o sistema de controlo do normal funcionamento do mercado".

Também o Conselho Económico e Social (CES) se pronunciou, por Parecer de Julho de 2001, no sentido do reforço das condições para uma

---

[10] Para as quais se previa a adopção de diploma regulamentar em que se estabelecessem regras de adaptação das normas constantes do Decreto-lei n.° 422/83.

[11] Em fins de 1988, fora publicado o Decreto-lei n.° 428/88, de 19 de Novembro, com o objectivo de assegurar o controlo prévio das concentrações de empresas. Este diploma, juntamente com o Decreto-lei n.° 422/83, foi revogado e substituído pelo Decreto-lei n.° 371/93.

[12] A origem burocrática do documento traduzia-se, designadamente, no facto de prever uma estrutura institucional baseada em dois órgãos, um "Conselho da Concorrência" e uma "Comissão", com estrutura e funções pouco claras e sem que percebesse muito bem qual o papel relativo de um e de outra.

política activa de defesa da concorrência em Portugal, bem como da necessidade de proceder a uma reflexão aprofundada sobre o modelo institucional mais conveniente e de reforçar as autoridades de defesa da concorrência, dotando-as de meios humanos e materiais aptos a apoiar o cumprimento eficaz de missões cada vez mais exigentes e reforçando a sua independência[13].

Mas só com o XIV Governo Constitucional se deu o primeiro passo que importava no sentido da revisão das nossas leis da concorrência e da criação de um ordenamento jus-concorrencial capaz de ombrear com os mais modernos da Europa.

II. Os trabalhos preparatórios: o programa de trabalhos da Comissão de Revisão

1. Pelo Despacho n.° 4/2002, de 24 de Janeiro de 2002, do então Ministro da Economia, Eng.° Luís Braga da Cruz, foi criada a Comissão para a Revisão da Legislação da Concorrência (adiante designada por "Comissão" ou "Comissão de Revisão"), com a missão de "proceder ao levantamento, análise e estudo com vista à adequação da legislação ao novo modelo da autoridade nacional em matéria da concorrência e propor as reformulações consideradas necessárias, nomeadamente, elaborar uma proposta de estrutura de uma autoridade nacional autónoma de concorrência e elaborar propostas de alterações legislativas consentâneas com o novo modelo".

Contrariando a orientação que se desenhava no sentido da constituição de uma Comissão multitudinária, composta por representantes de tudo e mais alguma coisa, incluindo dos organismos que se impunha reformar, se não extinguir, entendi que só podia aceitar a incumbência que me era solicitada[14] desde que a Comissão fosse constituída, além de mim, por duas pessoas da minha escolha[15]. O objectivo não era simples mas era

[13] Designadamente, o CES propunha que os órgãos de defesa da concorrência e as entidades reguladoras sectoriais passassem a responder simultaneamente perante o Governo e a Assembleia da República.

[14] O convite para formar esta Comissão e presidir aos seus trabalhos fora-me formulado, em nome do Ministro, pelo Secretário de Estado Fernando Ribeiro Mendes.

[15] É de justiça sublinhar que o Ministro Braga da Cruz logo partilhou, com grande pragmatismo, as preocupações e os objectivos operacionais que lhe expus.

claro: fazer, em alguns meses, o trabalho de casa, submetê-lo a discussão pública e apresentar ao Governo um projecto de legislação capaz de instituir em Portugal um verdadeiro ordenamento jurídico da concorrência, moderno e eficaz.

Com base na minha proposta, foram designados para me acompanhar como membros da Comissão a Dra. Isabel de Oliveira Vaz e o Dr. Miguel Gorjão-Henriques, a cuja colaboração competente e dedicada se ficou a dever o bom andamento dos trabalhos e o cumprimento efectivo e tempestivo da missão confiada à Comissão.

2. Como se escrevia no preâmbulo do Despacho acima referido, a criação da Comissão e a definição do mandato que lhe fora conferido partiam da consideração da política de concorrência como um instrumento fundamental na estratégia de adaptação da economia nacional à realização do mercado único num contexto de mundialização das trocas comerciais.

Reconhecia-se também que a referida política só seria eficaz se existissem instituições dotadas de meios capazes de a pôr em prática, no cumprimento das obrigações do Estado Português impostas pela política comunitária e na instauração em Portugal de uma cultura da concorrência que favorecesse os interesses dos consumidores.

Recordava-se, além disso, a "alteração radical em curso" do regime comunitário vigente, a qual, assentando numa efectiva descentralização da aplicação das regras de concorrência, implicava uma transferência de poderes para as autoridades nacionais e, por via de consequência, uma maior responsabilização destas na modernização de todo o sistema de preservação da concorrência no espaço comunitário.

3. Ainda antes de a Comissão de Revisão ser formalmente constituída e iniciar os seus trabalhos, apresentei, em 5 de Fevereiro de 2002, ao Ministro da Economia um *Documento Preliminar* contendo uma "Proposta de Plano de Trabalhos".

Deste documento constavam vários passos e orientações que se enunciavam como propostas a seguir, por vezes sob a forma de alternativas entre as quais haveria oportunamente que escolher.

O conteúdo do documento, intitulado «Proposta de Plano de trabalhos (Documento Preliminar)» era, em síntese, o seguinte:

I. Autoridade Independente:

A. Elaboração de *check-list* com questões a resolver:

- Estrutura institucional: una (com 1 ou 2 braços) ou dual;
- Âmbito de competências: todos os sectores ou sectores excluídos;
- Composição: número, designação e estatuto dos membros;
- Competências: investigação *v.* decisão; acordos e abusos *v.* concentrações;
- Processo: tramitação; garantias;
- Poderes de investigação:
- Controlo jurisdicional; tribunais competentes;
- Articulação com a proposta da Comissão para a modernização da aplicação das regras de concorrência; inserção na rede;
- Articulação com autoridades reguladoras sectoriais.

B. Recolha de informação sobre autoridades competentes em várias jurisdições europeias e nos EUA.

C. Elaboração de quadro com as soluções aplicáveis nas várias jurisdições.

II. Legislação material.

A. *Check-list* das questões a analisar.

- Uma só lei ou várias (concertações e abusos; concentrações; normas processuais);
- Práticas individuais restritivas do comércio (manter, suprimir, reduzir ou reformular);
- Posição dominante: posição dominante colectiva; presunções;
- Notificação voluntária: manutenção ou supressão;
- Sanções: contra-ordenacionais ou também criminais?;
- Isenções categoriais;
- Regras *de minimis*;
- Regime dos auxílios de Estado;
- Concentrações: noção de concentração; momento da notificação; prazos; critério da competitividade internacional; articulação com o regime das privatizações.

B. Recolha de informação sobre o regime em várias jurisdições europeias e EUA.

C. Elaboração de quadro comparativo.

III. Contactos com a Comissão Europeia.

IV. Relatório de progresso.

V. *Out-sourcing* de estudo sobre aspectos económicos.

- Posição dominante colectiva;
- Mercado relevante;
- Competitividade internacional;
- Práticas individuais restritivas do comércio.

VI. Contactos com autoridades da concorrência estrangeiras para verificação da consistência das soluções encaradas.

VII. Relatório geral.

- Enquadramento;
- Autoridade independente;
- Regras substantivas.

VIII. Discussão pública nos meios empresariais e jurídicos, autoridades judiciais e parceiros sociais.

IX. Projecto de legislação.

4. De acordo com o n.° 3 do Despacho ministerial já referido:

> *"O resultado dos trabalhos da Comissão será consubstanciado num relatório final que conterá o diagnóstico da situação, com a apresentação das recomendações propostas, as propostas de alterações legislativas em matéria da concorrência e as implicações económicas e institucionais das propostas apresentadas".*

Ainda segundo o mesmo Despacho (n.° 4), o mandato da Comissão teria a duração de nove meses, devendo ser produzido um relatório intercalar no prazo de 60 dias.

Cumprindo o calendário estabelecido[16] e tendo em conta a iminente cessação de funções do Governo então em exercício, o presidente da Comissão de Revisão apresentou em 4 de Abril de 2002 o I Relatório de Progresso sobre os trabalhos da Comissão.

5. Conforme indicado no referido Relatório, a Comissão definiu, logo de início, as seguintes metas principais para os seus trabalhos:

---

[16] O despacho do Ministro da Economia iniciou a produção de efeitos em 15 de Fevereiro de 2002.

- *1.ª fase*: determinação da estrutura, competências, composição e modos de funcionamento mais adequados para uma Autoridade Independente da Concorrência, em Portugal, e elaboração de um projecto de diploma regulador;
- *2.ª fase*: identificação dos principais erros, debilidades, insuficiências e pontos controversos da legislação reguladora da concorrência em Portugal, quer no aspecto substantivo, quer no plano processual e sancionatório, e preparação de um projecto de alteração da legislação que assegurasse a modernização e a eficácia da política de concorrência em Portugal.

Desde o início, a Comissão teve em conta as seguintes condicionantes principais para a formulação das suas opções e o desenvolvimento dos seus trabalhos:

- A comprovada inadequação das estruturas existentes, fossem elas da administração ou dos tribunais, às necessidades de formulação e aplicação de uma política de concorrência moderna e eficaz e a manifesta insuficiência dos meios desde sempre colocados à sua disposição para o exercício das suas missões;
- As reformas em curso na União Europeia com vista à modernização e à descentralização da aplicação das regras de concorrência do Tratado CE e as rigorosas exigências daí resultantes para as autoridades e os tribunais nacionais chamados a aplicar essas regras;
- A tradicional aversão sócio-cultural dos portugueses à implantação de comportamentos concorrenciais no conjunto da economia e o grau incipiente de consciência dos agentes económicos e da generalidade dos decisores políticos quanto à importância e às virtudes de uma política de concorrência efectiva e competente;
- Os ensinamentos resultantes de 20 anos de aplicação da legislação da concorrência em Portugal e as tomadas de posição críticas das diversas entidades que sobre ela se vinham pronunciando;
- As lições do direito comparado e a diversidade de soluções encontradas pelas diferentes legislações nacionais para a estruturação e o funcionamento dos órgãos de defesa da concorrência;
- O enquadramento legislativo da actividade dos órgãos de fiscalização da concorrência em Portugal, quer quanto à sua natureza jurídica, quer quanto às normas processuais aplicáveis, e as iniciativas de revisão em curso, designadamente no que respeita ao esta-

tuto dos Institutos Públicos e à lei-quadro das Autoridades Reguladoras Independentes.

A Comissão tinha consciência de que a definição e a aplicação, em Portugal, de uma política de concorrência moderna e credível constituía não só o estímulo por excelência à eficiência empresarial e à inovação económica, mas também o factor mais poderoso de protecção dos interesses dos consumidores e um elemento indispensável à competitividade e à atractividade internacionais da economia portuguesa no seu conjunto.

III. **O modelo de uma Autoridade Independente da Concorrência**

De acordo com o programa enunciado, a primeira fase dos trabalhos deveria, pois, conduzir à formulação do modelo desejável de uma Autoridade Independente de Concorrência.

Para fundamentar as propostas a fazer, a Comissão considerou indispensável começar por:

a) Enquadrar a Autoridade no seu contexto legislativo geral;

b) Proceder a um inventário tão exaustivo quanto possível das soluções institucionais encontradas, nesta matéria, num conjunto significativo de países da Europa e nos Estados Unidos.

a) ***Contexto legislativo geral***

1. Quanto ao primeiro aspecto, a Comissão teve directamente em conta os projectos de iniciativas legislativas já elaborados.

Com efeito, a apresentação pública, pelo Governo, de um projecto de lei-quadro sobre as *Autoridades Reguladoras Independentes ("ARI")*[17], na sequência aliás de um outro projecto relativo aos *Institutos Públicos* (de que as primeiras são uma variante, caracterizada essencialmente pelo regime de independência de que usufruem), permitia antever a existência, a breve trecho, de um regime quadro aplicável em geral, sem prejuízo dos

[17] O *Estudo e Projecto de Lei-Quadro* sobre as "Autoridades Reguladoras Independentes (ARI) nos Domínios Económico e Financeiro" foi elaborado por Vital Moreira, com a colaboração de Maria Fernanda Maçãs, e apresentado ao Ministério da Reforma do Estado e da Administração Pública em Março de 2002.

regimes particulares por ele ressalvados, à regulação independente e à criação, estrutura, actividade e extinção das ARI.

O referido projecto incluía, aliás, a *defesa da concorrência* entre as actividades que, nos termos da competente legislação, deviam ser objecto de regulação independente (cfr. artigo 1.°, n.° 2, al. c) do projecto).

Reservava-lhe, porém, a justo título, um tratamento especial, ao prever (artigo 62.°, n.° 2) que o regime da autoridade nacional da concorrência poderia contemplar as particularidades necessárias para ter em conta os dois principais traços característicos da sua missão e da actividade correspondente:

- O *carácter transversal* a todos os sectores da missão de defesa da concorrência;
- A natureza predominantemente *sancionatória* das suas funções.

2. Nesta conformidade, o projecto de diploma a elaborar sobre a autoridade independente da concorrência[18] deveria seguir as linhas gerais do regime previsto no projecto de lei-quadro das ARI em tudo o que não exigisse, por força da natureza especial da missão e das funções da primeira, um regime próprio.

Parecia, assim, dever aceitar-se, porque ajustados aos objectivos da regulação em causa e sem prejuízo das adaptações convenientes, a maior parte das disposições do projecto relativas a:

- Definição e natureza jurídica das ARI;
- Regime jurídico geral aplicável;
- Princípios fundamentais do respectivo regime jurídico específico, incluindo o regime de independência, as relações com a "tutela", responsabilidade e controlo, o princípio da especialidade, a forma de criação e o regime de início da actividade, a cooperação com outras entidades, o âmbito territorial e o regime de transformação, extinção e liquidação;
- Estrutura geral dos estatutos;
- Regime do pessoal;
- Gestão económico-financeira e património.

---

[18] Designada então, nos documentos internos da Comissão, por AIC – Autoridade Independente da Concorrência.

3. Em contrapartida, entendia a Comissão procurar o regime específico mais ajustado à natureza da missão e da actividade da Autoridade da Concorrência nos seguintes aspectos:

- Atribuições e competências da Autoridade;
- Estrutura interna e órgãos da Autoridade;
- Composição e nomeação dos membros dos órgãos;
- Funcionamento dos órgãos;
- Serviços da Autoridade;
- Poderes e procedimentos regulatórios;
- Controlo jurisdicional.

b) ***Os contributos do direito comparado***

4. No que respeita ao inventário de direito comparado, a Comissão procedeu ao levantamento das soluções adoptadas pelas legislações em vigor nos seguintes países: Alemanha, Áustria, Bélgica, Dinamarca, Espanha, Estados Unidos, Finlândia, França, Grécia, Holanda, Irlanda, Islândia, Itália, Noruega, Reino Unido e Suécia.

Na altura em que o Relatório de Progresso foi apresentado, a Comissão procedia à exploração sistemática dos dados recolhidos a fim de poder dispor de um quadro de direito comparado completo que lhe permitisse conhecer e apreciar as diferentes soluções praticadas e julgar da susceptibilidade de transposição para o quadro português.

Mas, desde logo, a Comissão podia constatar que as soluções adoptadas nos diferentes países divergiam significativamente umas das outras, em função, designadamente, das tradições jurídicas em que se inscreviam (continental ou anglo-saxónica; direitos francês, germânico ou nórdicos), da abordagem mais ou menos liberal ou corporativa das políticas económica e de concorrência, da diferente antiguidade dos regimes existentes e do seu enraizamento no tecido económico e social (com os Estados Unidos e a Alemanha à cabeça).

A Comissão pretendia ter em conta os dados do direito comparado, mas entendia não haver lugar a transposições automáticas de soluções alheias nem a importações de regimes sem um criterioso escrutínio à luz da sua eficácia e da aplicabilidade ao contexto português.

Por outro lado, as disposições da lei orgânica da Autoridade não poderiam deixar de articular-se com o(s) regime(s) substantivo(s) da concorrência (nacional e comunitário) que lhe competiria aplicar.

c) ***Algumas questões principais***

5. No que diz respeito à *estrutura orgânica* da Autoridade, optou-se convictamente por uma solução de carácter *monista*, capaz de conferir unidade orgânica às funções de investigação, instrução e decisão, que até então se haviam repartido, em termos pouco claros, entre a DGCP ou a DGCC – Direcção-Geral do Comércio e da Concorrência e o Conselho da Concorrência (e, em matéria de concentrações, o próprio membro do Governo responsável pelo sector).

Punha-se assim termo a uma experiência que, com a prática, se havia revelado fonte de incoerências, ineficiência e divergências de orientação susceptíveis de minar a credibilidade da política de concorrência em Portugal.

Não era aliás para admirar, quando, por um lado, existia um Conselho da Concorrência com competências decisórias, mas sem poder de iniciativa e desprovido de estatuto funcional e de autonomia administrativa e financeira que servissem de suporte a uma acção eficaz. E, por outro lado, uma Direcção-Geral, a quem competia organizar e instruir os processos e investigar as práticas de infracção, integrada na orgânica de um ministério e sujeita, burocraticamente, à tutela governamental.

Porém, organizava-se a estrutura interna da Autoridade de maneira a permitir uma adequada articulação entre as funções inspectiva e de investigação, entregues aos serviços das diferentes direcções, e a missão decisória, de orientação e sancionatória, confiada ao Conselho da Autoridade. Buscava-se, por essa forma, assegurar unidade e consistência na definição e na prossecução da política de concorrência, servida esta por órgãos de execução competentes e eficazes.

Considerava-se necessário, muito em particular, atender, na composição dos órgãos e na disciplina dos procedimentos regulatórios, à natureza "quasi-jurisdicional" das funções exercidas e ao equilíbrio indispensável entre a necessária eficácia dos poderes de investigação e de punição e as garantias fundamentais de exercício dos direitos de defesa.

Neste contexto, se não parecia coadunar-se com a natureza da missão da Autoridade a estrutura de órgãos prevista no projecto de diploma sobre as ARI, em especial a existência de um conselho directivo e de um conselho consultivo, em contrapartida os aspectos essenciais do regime dos membros do conselho directivo deveriam, no entender da Comissão de Revisão, poder transpor-se, com as necessárias adaptações, para o estatuto dos membros da Autoridade, nomeadamente no que tocava às incompatibilidades e impedimentos, à duração e cessação dos mandatos, bem como ao estatuto administrativo e remuneratório dos membros.

6. A Comissão de Revisão procurou, no seu projecto, acautelar ao mais alto grau os requisitos de *independência* da nova Autoridade.

Por isso, rodeou a preservação dessa independência de particulares cuidados, tanto no plano prático como no plano político e mesmo no simbólico[19].

No entanto, como tantas vezes sucede, a burocracia[20] empenhou-se em desvalorizar os atributos de independência e desgovernamentalização que deveriam presidir à acção da Autoridade.

Assim, enquanto, no projecto da Comissão, o Preâmbulo do diploma se referia ao "*máximo* estatuto de independência compatível com a lei e a Constituição", o texto finalmente publicado limitou-se a salvaguardar, mais modestamente, "o estatuto de independência compatível com..."; enquanto o projecto esclarecia que a Autoridade não estaria "submetida a superintendência, não podendo o Governo dirigir-lhe recomendações ou emitir directivas sobre as suas actividades", o artigo 4.° dos Estatutos suprimiu essa referência (no entanto, atributo indispensável à existência de uma autoridade independente) e sujeitou a independência da Autoridade aos "princípios orientadores de política de concorrência fixados pelo Governo"[21]; enquanto o projecto esclarecia que, salvo nos casos expressamente previstos, a Autoridade não estaria submetida a tutela, os Estatutos acrescentam, no mesmo artigo 4.°, uma ambígua referência aos "actos sujeitos a tutela ministerial".

Além disso, relativamente ao projecto, o texto dos Estatutos veio acrescentar (n.° 2 do artigo 6.°) a possibilidade de o Ministro responsável

---

[19] A questão da independência de uma autoridade da concorrência não era consensual, mesmo entre aqueles que tinham, na altura, por missão ser seus guardiães. Basta recordar que, em Outubro de 2002, o então ainda presidente do Conselho da Concorrência, Conselheiro Anselmo Rodrigues, afirmava, numas "Jornadas de Actualização Jurídica", segundo o Diário Económico de 4.12.2002, que "qualquer solução que retire esta matéria do controlo do poder político de uma forma radical conduzirá mais dia menos dia ao seu fracasso"!

[20] Ou a intervenção política?

[21] Esta menção é dificilmente compreensível num quadro de desgovernamentalização inerente à criação de uma autoridade independente. A referência aos "termos constitucionais e legais" nada acrescenta em termos de clareza ao dispositivo adoptado e não é suficiente para eliminar preocupações quanto ao espírito e às reais intenções do legislador.

pela área da economia solicitar à Autoridade "a elaboração de estudos e análises relativos a práticas ou métodos de concorrência que possam afectar o fornecimento e distribuição de bens ou serviços ou a qualquer outra matéria relacionada com a concorrência". Para além da pouca felicidade da redacção usada, o preceito parece testemunhar a convicção do Governo de que era a ele – e não à Autoridade – que competiria definir a política de concorrência e exercer as responsabilidades a ela inerentes.

Por sua vez, o artigo 12.°, n.° 2, dos Estatutos publicados suprimiu o atributo da "independência" como requisito dos membros do Conselho da Autoridade, que o projecto da Comissão colocava ao lado da "competência" e da "experiência".

Além disso, ao contrário do preconizado pela Comissão, todas as referências à intervenção da Assembleia da República na nomeação dos membros do Conselho da Autoridade ou na apresentação de solicitações ao novo organismo, bem como ao estabelecimento de relações directas entre este e o Parlamento (designadamente, através do envio do relatório de actividades anual e do comparecimento do presidente do Conselho perante a comissão parlamentar competente) foram suprimidas[22].

Não pode deixar de lamentar-se a supressão destes sinais de desgovernamentalização e o espírito redutor que exprimem, por vezes mesmo ao arrepio do que está expressamente previsto nos Estatutos de autoridades reguladoras sectoriais, como a ERSE e a ANACOM.

Felizmente, algumas infelicidades adicionais puderam ser corrigidas entre o projecto inicial do Governo e a sua adopção definitiva[23]. E, em todo o caso, a prática se encarregaria certamente de demonstrar a inutilidade destes trincos: nem a Autoridade está impedida de enviar directamente cópia do seu relatório à Assembleia da República ou ao seu Presidente; nem a comissão parlamentar competente está impedida de convocar o Presidente do Conselho da Autoridade para o ouvir sobre matérias da respectiva competência.

Quanto ao regime orçamental e financeiro, contrariamente ao projecto da Comissão e ao regime aplicável à generalidade das outras auto-

---

[22] Estabeleceu-se expressamente (artigo 37.° dos Estatutos) que, em vez de a Autoridade remeter directamente o seu relatório anual ao Governo e à Assembleia da República, este será enviado ao Governo que o remeterá à Assembleia!

[23] Um e outra já da responsabilidade do XV Governo Constitucional, a quem deve reconhecer-se o crédito de haver levado a iniciativa da nova legislação da concorrência até ao seu termo.

ridades independentes, o artigo 29.° dos Estatutos sujeitou a Autoridade "ao regime [...] dos fundos e serviços autónomos".

No plano da *operacionalidade*, suprimiu-se a previsão (estabelecida no projecto da Comissão) de aprovação ou autorização tácita do ministro no prazo de trinta dias aos actos da Autoridade sujeitos a tutela ministerial (artigo 33.° dos Estatutos).

7. Quanto à *composição* do Conselho, o legislador (artigo 12.°, n.° 1 dos Estatutos) optou por uma fórmula flexível de um presidente e dois ou quatro vogais, a fim de adaptar o número de membros às exigências resultantes da evolução progressiva da actividade da Autoridade e da carga de trabalho do Conselho.

A Comissão havia proposto cinco membros, tendo em conta que uma composição de três membros poderia dar azo a situações de conflito de interesses de difícil resolução. Felizmente, até à data, esta preocupação não se concretizou.

No que respeita à *duração dos mandatos*, a Comissão havia preconizado seis (ou, eventualmente, cinco) anos sem possibilidade de renovação, como forma de assegurar ao mais alto grau a independência dos membros.

A versão final dos Estatutos (artigo 13.°, n.° 1) acabou por prever a duração de cinco anos, renováveis.

Quanto ao regime de *incompatibilidades e impedimentos*, o diploma (artigo 14.°) manteve o dispositivo preconizado pela Comissão. O mesmo sucedeu, *grosso modo*, relativamente à cessação do mandato dos membros do Conselho, com a peculiaridade de, na versão final dos Estatutos (artigo 15.°, n.° 1) se ter substituído a referência à "inamovibilidade" pela indicação de que "não podem ser exonerados do cargo antes de terminar o mandato".

A Comissão era de opinião de que, dada a natureza "transversal" das atribuições da Autoridade e o seu papel determinante na regulação da concorrência em toda a economia, as *remunerações* dos membros do Conselho não deveriam ser inferiores às mais elevadas legalmente admitidas para os titulares de órgãos de administração das restantes autoridades reguladoras.

Não considerava, contudo, a Comissão indispensável esclarecê-lo no texto dos Estatutos, pois o mesmo resultado poderia ser alcançado através do despacho conjunto que haveria de fixar as remunerações e outras regalias.

O legislador preferiu, porém, sujeitar, para efeitos remuneratórios, os membros do Conselho ao estatuto de gestor público.

É interessante referir o disposto no n.° 3 do artigo 16.° dos Estatutos que, à semelhança do que a Comissão havia proposto, reconhece aos membros do Conselho, durante os dois anos seguintes à cessação do mandato, um "subsídio de reintegração" correspondente a dois terços do vencimento, inspirado no regime dos antigos membros da Comissão Europeia ou dos Tribunais comunitários[24].

8. Nos termos do artigo 38.° dos Estatutos, o *controlo jurisdicional* das decisões da Autoridade ficou concentrado no Tribunal de Comércio de Lisboa.

Não era essa a opção preferencial da Comissão. Com efeito, na impossibilidade (designadamente por razões de carácter orçamental) de entregar esse controlo a um órgão jurisdicional especializado e altamente competente para o efeito (como no Reino Unido, o *Competition Appeal Tribunal*; em Espanha, o *Tribunal de Defensa de la Competencia*; ou mesmo na ordem comunitária, o Tribunal de Primeira Instância), a Comissão mostrou-se favorável à intervenção dos tribunais administrativos, dada a natureza da matéria em causa.

O Ministério da Justiça entendeu, contudo, que era preferível redinamizar os tribunais de comércio; donde a solução finalmente consagrada.

9. No plano do *estatuto do pessoal*, o legislador seguiu a sugestão da Comissão no sentido da aplicação do regime do contrato individual de trabalho, reconhecido como o mais adequado às necessidades funcionais da Autoridade (cujas funções requerem, pela sua complexidade, pessoal altamente qualificado) e comum às principais autoridades reguladoras sectoriais.

Finalmente, diga-se que a Comissão dedicou especial atenção à regulação do *período transitório*, correspondente ao arranque da Autoridade, à extinção ou cessação de actividade dos organismos anteriores e à transferência dos processos pendentes.

---

[24] No caso dos antigos membros das instituições comunitárias, a duração do subsídio é de três anos. O artigo 16.°, n.° 3, prevê a cessação do abono a partir do momento em que os antigos membros do Conselho sejam contratados ou nomeados para o desempenho, remunerado, de qualquer função ou serviço público ou privado. Parece-nos evidente que esta cessação do abono pode ser meramente parcial, na medida em que as novas remunerações sejam inferiores aos dois terços da remuneração de membros do Conselho; é esse, aliás, o regime dos antigos membros das citadas instituições comunitárias.

Às questões do regime transitório foram, assim, consagrados os artigos 4.° e seguintes do Decreto-lei 10/2003.

IV. As Orientações propostas pela Comissão para a nova Lei da Concorrência

A revisão da legislação substantiva e processual em matéria de concorrência constituiria o objecto da segunda fase dos trabalhos.

Na sequência dos trabalhos, a Comissão transmitiu ao XV Governo, em 22 de Abril de 2002, um documento em que enunciava as principais questões a resolver na nova lei da concorrência e que, no seu entender, implicavam, em princípio, a introdução de alterações no diploma em vigor.

Na óptica da Comissão, impunha-se a discussão de algumas alternativas e a definição de orientações de política de concorrência que permitissem escolher entre elas.

Essa discussão nunca teve lugar. A Comissão avançou, por isso, sem dispor directamente de orientações ministeriais[25].

Foram as seguintes as orientações preconizadas ou as alternativas formuladas pela Comissão, no referido documento de Abril de 2002.

A. *Âmbito de aplicação*

1. Nos termos do artigo 7.°, n.° 2, do Decreto-lei n.° 371/93, o regime nacional em vigor sobre o controlo prévio das concentrações não se aplicava às instituições de crédito, sociedades financeiras e empresas de seguros.

---

[25] O Presidente da Comissão teve, em contrapartida, várias reuniões de trabalho com a Secretária de Estado Adjunta, Dra. Dulce Franco, e com a Secretária de Estado da Indústria, Comércio e Serviços, Dra. Rosário Ventura. A esta, cujas competências abrangiam a área da concorrência, ficou a dever-se estar assegurada a continuidade das condições de funcionamento da Comissão. A Secretária de Estado Dulce Franco, por sua vez, teve importante papel de impulso no sentido da concretização dos grandes princípios defendidos pela Comissão, não apenas na apresentação do projecto ao Plenário da Assembleia da República, mas também no diálogo institucional no interior do Governo (incluindo o gabinete do Primeiro Ministro) e com os partidos da Oposição.

A Comissão era de opinião que esta exclusão (sem paralelo nas regras comunitárias) não tinha qualquer justificação, principalmente a partir do momento em que seria criada a Autoridade Nacional da Concorrência[26] e se preconizava uma adequada articulação entre as suas competências e as competências respectivas das várias autoridades reguladoras sectoriais.

A excepção constante da legislação anterior foi, pois, eliminada no novo regime da Lei n.° 18/2003.

2. A Comissão também não encontrava justificação para a não aplicabilidade pura e simples do Decreto-lei n.° 371/93 às empresas concessionárias de serviços públicos (cfr. artigo 41.°, n.° 2).

Entendia a Comissão, em primeiro lugar, que as empresas públicas e as empresas a que o Estado concedia direitos especiais ou exclusivos deveriam estar sujeitas às regras de concorrência, devendo o Estado abster-se de tomar ou manter em relação a elas quaisquer medidas contrárias a essas regras (à semelhança do que dispõe o artigo 86.°, – ex-artigo 90.° – n.° 1, do Tratado CE).

Em segundo lugar, a Comissão era de opinião que deveria implantar-se um regime idêntico ao consagrado no artigo 86.°, n.° 2, do Tratado CE para as empresas encarregadas da gestão de serviços de interesse económico geral, a saber: as regras de concorrência aplicam-se *em toda a medida em que não constituam obstáculo ao cumprimento, de direito ou de facto, da missão particular que àquelas foi confiada.*

Foi este o regime que ficou consagrado no artigo 3.°, n.ºs 1 e 2, da Lei n.° 18/2003.

3. A Comissão tinha, por outro lado, a opinião muito firme de que a regulamentação das chamadas *"práticas individuais restritivas do comércio"* ou *"práticas comerciais desleais"*, constantes do Decreto-lei n.° 370/ /93 – a manter-se, o que a Comissão não preconizava[27] – deveria conservar-se separada do regime geral da concorrência.

---

[26] Nesta altura, passou a ser esta a designação preferida pela Comissão.

[27] Tornei, na altura, clara a minha antipatia pela manutenção do regime do DL n.° 370/93. Mas era óbvia a dificuldade política de fazer desaparecer de um momento para o outro do mapa da regulação económica, para passar ao museu das leis inúteis, um regime jurídico que constitui herança de uma bem portuguesa tradição paternalista e corporativista nas relações de mercado.

Com efeito, era indispensável evitar qualquer confusão conceptual e metodológica entre o regime geral da concorrência e o regime da concorrência desleal, este último atinente às relações entre operadores económicos e norteado pela ideia de protecção do concorrente ou do co-contratante e não pela protecção da concorrência.

Se as práticas individuais estivessem associadas a comportamentos susceptíveis de afectar o normal funcionamento do mercado e, portanto, proibidos pela lei geral da concorrência, era óbvio que esta se aplicaria. Essa estava, porém, longe de ser a situação normal.

Esta orientação da Comissão era formulada sem prejuízo das modificações que, em seu entender, se justificaria introduzir no actual Decreto-lei 370/93.

Por outro lado, a manutenção dos dois regimes em diplomas distintos não impedia que a futura Autoridade fosse encarregada de assegurar também a aplicação do diploma relativo às práticas individuais, desde que fosse garantida uma certa autonomia orgânica no quadro da respectiva organização interna.

No entanto, a Comissão tornou claro que essa não era a sua opção. Foi, porém, essa a opção do legislador. Os inconvenientes daí resultantes ficaram patentes nas centenas de processos que foram transferidos da DGCC para a Autoridade da Concorrência e que durante tanto tempo a enredaram com minudências contraordenacionais.

B. *Acordos, decisões de associações de empresas e práticas concertadas e respectiva justificação*

4. À semelhança da orientação definida e da prática seguida pela Comissão Europeia, confirmadas pelos tribunais comunitários, entendia a Comissão que se justificaria consagrar uma isenção genérica de que beneficiariam os acordos e práticas "de importância menor", isto é, não susceptíveis de afectar a concorrência de forma significativa.

Embora sem um âmbito de aplicação claramente definido, uma expressa cláusula *de minimis* foi assim inserida no n.° 1 do artigo 4.° da Lei 18/2003, sob a forma da limitação da proibição aos acordos e outras práticas entre empresas que tivessem por objecto ou como efeito "restringir de forma sensível" a concorrência.

5. Entendia, por outro lado, a Comissão que, por razões de eficácia na apreciação das práticas anti-concorrenciais e de coerência na aplicação

do ordenamento da concorrência no espaço comunitário, se justificava prever a aplicabilidade (com as adaptações necessárias) aos acordos e práticas abrangidos pela legislação nacional das disposições dos regulamentos comunitários de isenção por categoria.

A Comissão era, todavia, da opinião de que essa aplicação não deveria ser automática, mas ter lugar apenas se e quando a dimensão do mercado nacional e o número de empresas ou respectivas práticas o justificassem. Deveria, portanto, resultar de um juízo do legislador, baseado em proposta da Autoridade da Concorrência e tendo em conta a adequação da transposição da solução para o mercado nacional.

A versão final da Lei acabou por contemplar, porém, no n.° 3 do artigo 5.°, uma aplicação automática dos regulamentos comunitários de isenção por categoria.

6. Quanto aos critérios do balanço económico consagrados no artigo 5.° do Decreto-lei n.° 371/93 – que correspondiam aos critérios de isenção fixados no artigo 81.°, n.° 3, do Tratado – a Comissão não ignorava que havia já sido sugerida a referência a causas de justificação adicionais, permitindo a um maior número de acordos e práticas escapar à proibição do artigo 3.°. Essas causas de justificação apontariam, por exemplo, para a "competitividade internacional, situação económica geral e interesse público".

Foi, contudo, entendimento da Comissão que as causas de justificação então previstas eram as que se justificavam do ponto de vista do balanço concorrencial e que o aditamento de novos critérios de justificação era susceptível de contribuir para introduzir nesse balanço factores adversos aos objectivos da política de concorrência e, portanto, para uma maior degradação da eficácia dessa política. A Comissão partia, assim, do princípio de que o objectivo da política de concorrência era, essencialmente[28], *proteger a concorrência e, portanto, os consumidores*, só secundariamente visando *outros objectivos,* cuja prossecução devia, normalmente, ser confiada a *outras políticas.*

7. A Comissão debruçou-se igualmente sobre a conveniência de manter ou não o sistema então em vigor de notificação voluntária dos acordos e práticas para efeito de verificação prévia, tal como previsto no artigo 5.°, n.° 2, do Decreto-lei n.° 371/93.

---

[28] Ao menos na Europa, uma vez que, se se tratasse dos Estados Unidos, poderíamos dizer que se trataria do *único objectivo*.

A Comissão interrogava-se, em particular, sobre se era aconselhável a manutenção desse sistema após a entrada em vigor do novo Regulamento do Conselho que, revogando o Regulamento 17/62, haveria de vir (tal como proposto pela Comissão Europeia) a substituir o "velho" sistema de proibição sob reserva de isenção individual com base em notificação obrigatória por um *sistema de excepção legal*.

No quadro deste último sistema, então em discussão no Conselho da União Europeia, toda e qualquer notificação, ainda que voluntária, deveria ser suprimida, quando dissesse respeito a acordos e práticas abrangidos pelo direito comunitário, quer se tratasse de notificação à própria Comissão Europeia quer às autoridades nacionais.

Em tais condições, a manutenção da possibilidade de notificação apenas para os acordos abrangidos pelo direito nacional da concorrência poderia ter vários inconvenientes.

Em primeiro lugar, a manutenção de dois regimes distintos (num contexto em que as autoridades nacionais seriam chamadas a aplicar plenamente o direito comunitário da concorrência) parecia susceptível de induzir a confusão e desorientação nas empresas.

Em segundo lugar, introduzir-se-ia uma desarmonia e quebrar-se-ia a unidade de pressupostos na estrutura dos sistemas de controlo da concorrência no espaço comunitário.

Em terceiro lugar, era de ter em conta que, em muitos casos, não seria fácil apurar se um acordo ou prática afectava ou não o comércio intracomunitário e, portanto, se o direito comunitário seria ou não aplicável.

Em contrapartida, em favor da manutenção do regime nacional em vigor, argumentava-se que, ao menos no respectivo âmbito de aplicação, as empresas poderiam beneficiar do conforto e da segurança jurídica proporcionados por uma apreciação prévia e pelo reconhecimento de uma isenção individual.

Perguntava-se então se, como no plano comunitário, outros mecanismos que não a notificação prévia não permitiriam obter as mesmas vantagens.

Fosse como fosse, era opinião da Comissão que seria desaconselhável fazer uma escolha definitiva sobre este ponto antes de conhecer a versão final do novo regulamento comunitário, nessa altura ainda em fase de discussão.

Por isso, a Comissão entendia que os trabalhos em curso no Conselho deveriam ser acompanhados de muito perto pelos representantes portugueses, desejavelmente em articulação com a Comissão.

O certo é que, sem grandes discussões, o legislador entendeu manter o sistema de apreciação prévia facultativa para os acordos e práticas a que se aplicasse exclusivamente o direito nacional.

C. *Dos abusos de poder económico*

8. A Comissão tinha fortes dúvidas sobre a necessidade e razoabilidade das presunções estabelecidas no artigo 3.°, n.° 3, do Decreto-lei n.° 371/93 para o reconhecimento da existência de uma posição dominante (individual ou colectiva).

Desde logo, o estabelecimento de presunções e, em especial, a fixação dos seus limiares percentuais comportava uma considerável dose de arbítrio, cuja razoabilidade era muito difícil de ter por comprovada em termos gerais.

Por reconhecer isso mesmo é que o referido n.° 3, do artigo 3.° ressalvava a "ponderação, em cada caso concreto, de outros factores relativos às empresas ou ao mercado", o que logo convertia o estabelecimento de presunções num mero exercício de estilo.

Era convicção da Comissão que a instituição de uma Autoridade Nacional da Concorrência permitiria a formulação de uma jurisprudência de aplicação que tornaria dispensável e substituiria com vantagem, do ponto da vista da flexibilidade e da segurança jurídica das empresas, o estabelecimento de presunções.

Foi este entendimento que, felizmente, prevaleceu.

9. Além disso, a Comissão não encontrava, no estado actual de evolução do direito da concorrência na Europa, vantagens na possibilidade, decorrente da redacção e da inserção sistemática do artigo 5.° do Decreto-lei n.° 371/93, de reconhecer um *balanço económico positivo* a práticas de abuso de posição dominante abrangidas pelo artigo 3.°, pelo que deveria tornar-se clara a sua inaplicabilidade, sem prejuízo do reconhecimento de uma qualquer *rule of reason* na aplicação do preceito.

Igualmente, o entendimento da Comissão sobre este ponto foi acolhido na nova Lei.

10. Sobre a noção de *abuso de dependência económica*, a Comissão colocou, com vista a uma apreciação por economistas para tal competentes, as seguintes interrogações:

• Justifica-se a sua manutenção como um tipo específico de infracção contra-ordenacional às regras de concorrência numa economia de mercado amadurecida como a portuguesa?

Ou antes:

• Deveriam as práticas abusivas proibidas pelo ordenamento da concorrência limitar-se ao abuso de posição dominante?

• Neste caso, deveria o abuso de dependência económica ser tratado como uma prática comercial desleal, uma vez que o que está essencialmente em causa é a protecção do co-contratante dependente?;

• A manter-se a punição deste abuso (como infracção anti-concorrencial ou como prática desleal), deveria ou não o seu desenho típico ser modificado? Designadamente no sentido de:

- Clarificar o que se entendia por falta de "alternativa equivalente", seja por referência ao número restrito de empresas fornecedoras ou clientes existentes ou ao prazo (des)razoável em que pode obter-se idênticas condições, seja com recurso a presunções baseadas na parte representada pelo fornecedor ou comprador no volume de compras ou de vendas da empresa em causa? Ou de:
- Acrescentar aos comportamentos então tipificados (por remissão para o n.° 1 do artigo 3.° do DL 371/93) a "ruptura brusca e injustificada de relações contratuais estabelecidas"?
- Ou deveria, pura e simplesmente, tratar-se esta última questão no quadro da responsabilidade civil contratual, sem conotações contra-ordenacionais?

A Comissão não chegou a receber quaisquer respostas a estas questões. A orientação adoptada pelo legislador não foi, em todo o caso, a que constituía a primeira preferência da Comissão, mas sim a orientação subsidiária consistente na modificação do desenho típico da infracção, nos termos preconizados pela Comissão (cfr. o artigo 7.° da Lei 18/2003).

D. ***Concentrações***

11. Deveria a noção de concentração constante da legislação portuguesa ser harmonizada com a definição comunitária resultante da revisão operada no Regulamento 4064/89, relativo ao controlo prévio das operações de concentração, pelo Regulamento 1310/97, designadamente no que tocava à constituição de *empresas comuns*?

A Comissão era de opinião de que nada, a não ser a inércia, podia justificar a manutenção de definições diferentes.

Foi este o entendimento que prevaleceu (cfr. artigo 8.°, n.° 2, da Lei 18/2003, em comparação com o artigo 3.°, n.° 4, do Regulamento n.° 139/2004).

12. Entendeu, também, a Comissão que a fixação do limiar relativo ao "volume de negócios", para efeitos de notificação obrigatória, deveria ser objecto de revisão.

Por um lado, justificar-se-ia a sua actualização (por exemplo, para 200 milhões de euros), a fim de evitar a notificação de operações de dimensão cada vez menos significativa, face à evolução dos preços desde 1993 e ao desenvolvimento da economia.

Por outro lado, e em todo o caso, justificar-se-ia que fosse imposto um limiar específico relativo ao volume de negócios da empresa adquirida, para evitar a situação em que a aquisição de um quiosque ou de uma mercearia de bairro por uma empresa importante implicava a obrigatoriedade de notificação.

Além disso, considerava-se igualmente justificável rever a situação relativamente ao caso das operações transnacionais que envolvessem várias jurisdições e, por arrastamento, o mercado português no qual a empresa adquirente não tinha, porém, qualquer presença, fosse no mercado relevante, fosse em mercados adjacentes ou conexos (a jusante ou a montante).

Com excepção da primeira, estas orientações foram acolhidas no texto da nova Lei.

13. Afigurava-se, além disso, à Comissão ser de rever a obrigação, então imposta, de notificar as operações "*antes* de concluídos os negócios jurídicos necessários à concentração e *antes* do anúncio de qualquer OPA", harmonizando essa obrigação com o regime comunitário de notificação no prazo de uma semana após a conclusão do acordo ou a pu-

blicação da oferta de compra ou de troca ou a aquisição de uma participação de controlo.

Com efeito, por um lado, a referida obrigação causava, por vezes, séria perturbação aos agentes económicos que tinham de efectuar notificações em distintas jurisdições e para os quais a manutenção do sigilo das negociações e da sua conclusão pela assinatura simultânea dos acordos pertinentes em todos os países era um importante objectivo a preservar.

Por outro lado, a alteração de regime permitiria uma muito mais fácil harmonização com o regime das privatizações (só a empresa adquirente teria de notificar a operação como concentração e não todos os candidatos à privatização) e com as regras próprias do mercado de valores mobiliários.

Assim ficou consagrado na nova Lei.

14. A Comissão era também de opinião que poderia justificar-se o recurso a um procedimento particularmente simplificado para certas operações de concentração que não oferecessem dúvidas quanto ao seu impacto sobre a concorrência, traduzido, designadamente, na dispensa de fornecimento de certas informações de outro modo necessárias e no encurtamento dos prazos de tratamento e decisão.

Esta proposta não obteve, contudo, claro acolhimento no texto da lei.

15. No que dizia respeito à competência para tomar a decisão final em matéria de concentrações, a Comissão não tinha dúvidas em acolher a solução preconizada no programa do Governo: competência decisória da Autoridade Nacional da Concorrência, com possibilidade de *recurso* para o Governo, em condições a definir, mas sempre e só quando, excepcionalmente, a decisão pudesse pôr em causa *interesses superiores da economia nacional*.

Em qualquer caso, a decisão final deveria ser devidamente fundamentada e indicar os motivos que levaram o Governo a não confirmar a decisão da Autoridade.

16. A revisão da legislação da concorrência poderia fornecer o ensejo para repensar o critério material de apreciação das operações do ponto de vista da concorrência, estabelecido no artigo 10.°, n.° 1, do Decreto-lei n.° 371/93, critério esse baseado na criação ou no reforço de uma *posição dominante* susceptível de falsear, impedir ou restringir a concorrência.

Poderia assim pensar-se em aproximar o critério de apreciação da lei portuguesa do que era aplicado em outras jurisdições importantes, como os Estados Unidos, o Canadá e a Austrália, baseado no conceito de *redução significativa da concorrência*.

Foi, contudo, a Comissão de opinião que, independentemente dos méritos que poderiam reconhecer-se ao critério de apreciação alternativo, seria prematuro perfilhá-lo.

Com efeito, o critério da lei portuguesa coincidia, na sua substância, com o consagrado na legislação comunitária então em vigor (artigo 2.°, n.° 2, do Regulamento 4064/89). Ora, embora tivesse suscitado a questão no seu Livro Verde de 11.12.2001, relativo à revisão do referido regulamento, a Comissão Europeia não parecia então inclinada a preconizar imediatamente um qualquer alinhamento com os Estados Unidos, desde logo para não introduzir ou agravar disparidades no âmbito da Comunidade Europeia.

Como parecia razoável em se tratando de uma pequena jurisdição, não se via justificação para que a legislação portuguesa tomasse a liderança em domínio de tanta delicadeza.

A evolução no âmbito comunitário veio, como é sabido, a acelerar-se, designadamente por influência do acórdão *Air Tours/First Choice*, do Tribunal de Primeira Instância, ficando o teste da *"substantial lessening of competition"* consagrado no artigo 2.°, n.ºs 2 e 3, do Regulamento n.° 139/2004, do Conselho, de 20 de Janeiro de 2004, relativo ao controlo das concentrações de empresas, ainda que comportando uma referência específica à "criação ou reforço de uma posição dominante".

17. A Comissão era de opinião que se impunha também uma reflexão sobre o critério do reforço significativo da competitividade internacional das empresas participantes como fundamento para a autorização de uma operação de concentração (artigo 10.°, n.° 2, b) do Decreto-lei n.° 371/93).

Por um lado, a Comissão questionava a prática de aplicação até então prevalecente no Conselho da Concorrência, que conduzia a autorizar operações com este fundamento apesar de se concluir por um balanço económico negativo (artigo 10.°, n.° 1, a), em articulação com o artigo 5.° do Decreto-lei n.° 371/93).

Por outro lado, a Comissão era fortemente de opinião que a aplicação de um tal critério deveria, em qualquer hipótese, ter lugar sem prejuízo da manutenção de uma concorrência eficaz no mercado nacional.

O artigo 12.° da Lei n.° 18/2003 é expressão desta orientação preconizada pela Comissão.

18. Enfim, é de referir, quanto ao procedimento oficioso de apreciação das operações de concentração que não hajam sido objecto de notificação prévia, regulado no artigo 40.° da Lei n.° 18/2003, que a dispensa de observância dos prazos normais para decisão, consagrada no n.° 3 do referido artigo, não constava da proposta inicial das Comissão.

E. ***Auxílios de Estado***

19. O artigo 11.° do Decreto-lei n.° 371/93 reservava o controlo do impacto anti-concorrencial dos auxílios de estado às empresas às próprias entidades responsáveis pela sua concessão. Com efeito, se o ministro responsável pela área do comércio podia examinar os auxílios sob aquele ponto de vista, competia-lhe apenas *propor* a adopção de medidas apropriadas ao ministro competente.

O sistema era pois desprovido de qualquer eficácia ou efeito útil e, por isso, deveria ser radicalmente modificado.

Entendia a Comissão que, em alternativa à sua supressão pura e simples, se justificaria o estabelecimento de um sistema de controlo independente, sob a égide da Autoridade Nacional da Concorrência e com sujeição ao controlo jurisdicional.

O artigo 13.° da Lei n.° 18/2003 foi o compromisso possível a este respeito.

F. ***Sanções***

20. A Comissão preconizou a substituição do sistema sancionatório, baseado em coimas fixadas em montante absoluto, por um sistema efectivamente dissuasivo, assente em coimas fixadas em *percentagem do volume de negócios* das empresas envolvidas em práticas anti-concorrenciais e cujo montante tivesse em conta, designadamente, a *gravidade da infracção*, a importância das *vantagens dela resultantes* para as empresas prevaricadoras, o grau de *participação na infracção* e a eventual *colaboração com a autoridade* de concorrência.

Preconizou, além disso, a Comissão o recurso, sempre que justficado, a *sanções pecuniárias compulsórias.*

Estas orientações tiveram acolhimento nos actuais artigos 43.°, 44.° e 46.° da Lei n.° 18/2003.

G. *Revisão*

21. Consciente de que a evolução legislativa então em curso no espaço comunitário[29] a breve trecho aconselharia a introdução de ajustamentos e modificações na legislação em preparação, a Comissão propôs a inclusão de uma cláusula de revisão, que veio a figurar na nova Lei como artigo 60.°.

A meu ver, uma tal adaptação não deverá esperar os 10 anos da praxe. Julgo, além disso, que poderá então evitar-se repetir os erros metodológicos já assinalados: é fundamental que as próximas revisões da legislação da concorrência[30] sejam submetidas a discussão pública dos meios interessados, a fim de recolher as sugestões pertinentes e os ensinamentos da experiência de aplicação, não apenas do regulador, mas também dos meios jurídicos e empresariais competentes.

E, por último, não deverá esquecer-se que, nos termos do artigo 44.° do Regulamento n.° 1/2003, a Comissão Europeia apresentará ao Parlamento Europeu e ao Conselho, no prazo de cinco anos após a sua entrada em vigor, um relatório relativo à sua aplicação, com base no qual a mesma Comissão determinará se deve apresentar uma proposta de revisão do referido regulamento.

---

[29] Na altura da preparação dos projectos portugueses, ainda se discutia o projecto de Regulamento (CE) n.° 1/2003. Além disso, estava em curso a revisão do regulamento comunitário sobre o controlo prévio das concentrações (Regulamento (CEE) n.° 4064/89 do Conselho, de 21 de Dezembro, relativo ao controlo das operações de concentração de empresas, tal como alterado pelo Regulamento (CE) n.° 1310/97 do Conselho, de 30 de Junho de 1997).

[30] Segundo as informações disponíveis, a Autoridade da Concorrência terá apresentado ao Governo uma proposta no sentido da criação, por via legislativa, de um "estatuto de clemência", na linha do praticado pela Comissão Europeia. Tal proposta não foi sujeita a discussão pública, havendo já sido consentida em proposta legislativa do Governo.

CAPÍTULO II

Entre a propriedade e o acesso: a questão das infra-estruturas essenciais

MARIA MANUEL LEITÃO MARQUES
JORGE ALMEIDA

1. **Introdução**

Jeremy Rifkin (2000), no seu livro expressivamente designado "*The Age of Access*", sustenta que no mundo emergente das redes o lugar central da propriedade está a ser ocupado pelo direito ao acesso. Mais do que a detenção de recursos necessários para o exercício de uma dada actividade económica, o direito de acesso às redes com base ou por meio das quais essa actividade se organiza, desde as redes de telecomunicações, passando pelas redes de franquia, pelos *joint internet marketplaces* e por outras redes de empresas (como as alianças estratégicas entre companhias aéreas), tornou-se um factor decisivo para a competitividade ou mesmo para a sobrevivência de muitos actores económicos.

Como se depreende dos exemplos referidos, a palavra rede, mesmo considerando apenas o seu sentido empresarial, é bastante polissémica. Fala-se de rede para designar um conjunto articulado de acordos entre empresas, verticais e/ou horizontais, estrategicamente orientados, ou tão só uma infra-estrutura física necessária ao desenvolvimento de uma dada actividade. É este, precisamente, o sentido utilizado quando nos referimos às chamadas indústrias de rede, ou seja, as indústrias que operam em sectores económicos cujos produtos ou serviços são colocados à disposição do consumidor final através de uma infra-estrutura em rede[1]. De facto, a liberalização das actividades dependentes dessas infra-estruturas, com as características de monopólios naturais, económicos ou legais (rede de electricidade, rede de gás natural, rede de água ou rede ferroviária), exige garantir o acesso à rede aos novos operadores em condições não discriminatórias.

A garantia do acesso pode ser assegurada em sede de regulação sectorial, seja por intervenção directa do governo ou de uma autoridade reguladora independente, por exemplo, obrigando as empresas encarregadas da gestão dessas redes a separar (pelo menos do ponto de vista contabilístico) essa actividade das demais actividades em que também estão envolvidas nos mercados secundários ou derivados (*umbundling regulation*).

Para além da regulação sectorial, que intervém preferencialmente *ex-ante*, a liberalização dos monopólios públicos e o acesso às redes em geral justificou também a intervenção *ex-post* das autoridades da concorrência, com base nas regras que lhes cabe aplicar[2]. Esta intervenção, pela via das regras que proíbem o abuso de posição dominante, tornou especialmente actual a doutrina das infra-estruturas essenciais (*essential facilities*). Aquelas redes são, efectivamente, infra-estruturas essenciais, cuja garantia de acesso é indispensável para liberalizar e promover a concorrência nos mercados que delas derivam ou dependem. Por infra-estrutura essencial entende-se uma situação de monopólio económico de facto ou de exclusividade legalmente protegida que permite o controlo de factores, não facilmente reprodutíveis, essenciais para o fabrico de um produto ou fornecimento de um serviço[3].

Resolver o problema do acesso às infra-estruturas essenciais através da regras da concorrência implica impor às entidades privadas em posição dominante e detentoras de uma posição privilegiada num determinado mercado a obrigação de permitir o acesso dos concorrentes àque-

---

[1] São normalmente consideradas como indústrias de rede as empresas que integram os sectores das telecomunicações, dos serviços postais, da energia (electricidade e gás natural), dos transportes (urbanos, ferroviários e aéreos) e da água. As indústrias de rede detêm um papel determinante na economia dado que produzem bens ou prestam serviços considerados como essenciais para os outros sectores económicos. Neste sentido, cf. OESME, 2003: 9.

[2] Cf., por exemplo, a Comunicação da Comissão sobre a aplicação das regras da concorrência aos acordos de acesso no sector das telecomunicações (98/C/265/02).

[3] Sobre o conceito de *essential facility* e seu desenvolvimento, cf. OCDE, 1996; Ridyard, 1996: 438-452; Sheehan, 1999: 67-89; Creuss e Agustinoy, 2000: 79-107.

las infra-estruturas, das quais são legítimas detentoras ou proprietárias, a fim de possibilitar uma concorrência efectiva.

Mesmo que não assumida como uma obrigação universal, considerando que constitui uma forte restrição ao direito de propriedade, a obrigação de acesso a recursos ou infra-estruturas essenciais foi temida, por uns, como um "assalto sinistro" ao legítimo direito de propriedade de empresas de sucesso sobre bens que são essenciais à sua actividade e entendida, por outros, como um novo instrumento de liberalização dos mercados, por via de uma interpretação e de um uso "imaginativo" das regras do direito da concorrência. Albert Foer (2001: 23) refere mesmo que assegurar o acesso através da concorrência é a alternativa ao dever de garantir o interesse público que tradicionalmente era imposto aos monopólios naturais.

Em Portugal, a nova Lei da Concorrência (Lei n.° 18/2003, de 11 de Junho) conferiu especial atenção a esta questão, ao consagrar expressamente, no artigo 6.°, n.° 3, b), a doutrina das infra-estruturas essenciais. Aí se afirma que constitui um abuso de posição dominante «a recusa de facultar, contra remuneração adequada, a qualquer outra empresa o acesso a uma rede ou a outras infra-estruturas essenciais que a primeira controla, desde que, sem esse acesso, esta última empresa não consiga, por razões factuais ou legais, operar como concorrente da empresa em posição dominante no mercado a montante ou a jusante, a menos que a empresa dominante demonstre que, por motivos operacionais ou outros, tal acesso é impossível em condições de razoabilidade».

É esta inovação legislativa, o seu âmbito e as suas consequências, que pretendemos aqui analisar à luz da construção internacional (quer dogmática, quer jurisprudencial) do conceito de infra-estrutura essencial, valorizando, em especial, a experiência comunitária da sua aplicação pela via das regras da concorrência, em especial, do art. 82.° do Tratado CE.

Assim, começaremos por rever o modo como a doutrina das infra-estruturas essenciais surgiu nos EUA e na Europa. Mostraremos depois quais são os problemas principais que a sua aplicação envolve. Com esta análise, esperamos, no final, contribuir para uma melhor compreensão do artigo 6.°, n.° 3, alínea b), da Lei da Concorrência em Portugal, que acolheu expressamente a protecção do acesso às infra-estruturas essenciais.

2. A doutrina das infra-estruturas essenciais (*essential facilities*)

2.1. *Uma construção jurisprudencial*

Ao contrário do que acontece hoje em Portugal, a doutrina das infra-estruturas essenciais não encontra acolhimento legal nos ordenamentos jurídicos dos Estados Unidos ou da União Europeia. É uma construção jurisprudencial e doutrinal que se fundamenta nas leis *antitrust* americanas e nas leis europeias sobre a defesa da concorrência (Bergman, 2004: 2). A doutrina baseia-se na ideia, aliás já bastante disseminada no âmbito do direito comercial clássico, de que, quem detém um recurso escasso, tem a obrigação de não impedir ou de não discriminar "consumidores" no acesso a esse recurso. É o caso típico da obrigação de uma estalagem não recusar ou não discriminar viajantes no acesso à acomodação (Sullivan e Grimes, 2000: 110).

Partindo desta ideia essencial, com base na secção 2 do *Sherman Act*, nos EUA, e no artigo 82.° do Tratado CE, na União Europeia, as autoridades e os tribunais sustentaram a possibilidade de limitar a liberdade de uma empresa, com posição dominante num determinado mercado, impedir ou discriminar outra empresa no acesso a uma infra-estrutura essencial por aquela detida, fazendo com que essa empresa não possa entrar ou concorrer efectivamente num mercado que depende, em grande medida, dessa infra-estrutura[4].

2.2. *O desenvolvimento da doutrina das infra-estruturas essenciais nos EUA*

Apesar de um dos direitos inerentes à livre iniciativa económica ser o da liberdade negocial, que inclui o direito à livre escolha dos parceiros negociais[5], o Supremo Tribunal Norte-americano decidiu no caso *United*

---

[4] Esta doutrina foi aplicada pela primeira vez nos Estados Unidos, em 1912, no caso *Terminal Railroad*, (Hirsh e Richeimer, s/d: 1; Pitofsky, s/d: 3; Marshall e Mulheron, 1998: 101 e Sheehan, 1996: 76) e, na Europa, por uma decisão da Comissão Europeia no caso *Sealink*, em 1992.

[5] O Supremo Tribunal dos Estados Unidos, em 1919, determinou, no caso *United States vs. Colgate & Co*, que na ausência do propósito de criar ou manter um monopólio, o *Sherman Act* não restringe o direito do comerciante privado de negociar apenas com quem entender (Hägglöf, 1999:81).

States vs. Terminal Railroad[6], em 1912, que há responsabilidade civil baseada na recusa do acesso a uma infra-estrutura essencial e que não pode haver discriminação injustificada na concessão de acesso a essa infra--estrutura. Neste caso, um grupo de companhias de transportes ferroviários, que controlava todas as pontes e estações de transferência de e para *St. Louis*, usou o seu monopólio sobre essas estruturas para impedir o acesso a companhias concorrentes que queriam oferecer serviços para e passando por aquela cidade. O Supremo Tribunal entendeu que aquelas estruturas, devido à sua localização geográfica, eram essenciais à actividade das companhias a quem foi negado o acesso, tendo condenado *a Terminal Railroad Association* a ceder o acesso àquelas infra-estruturas a não-membros da associação (Hirsh e Richeimer, s/d: 8; Pitofsky, s/d: 3; Marshall e Mulheron, 1998: 101).

Outro caso referido como importante para a construção da doutrina das infra-estruturas essenciais é o denominado caso *Associated Press*[7]. O Supremo Tribunal, em 1945, entendeu que a *Associated Press*, uma cooperativa de distribuição de notícias nacionais e internacionais, não podia impedir a entrada de novos membros ou a venda de notícias a não membros por parte dos seus associados, com base no facto de aqueles serem concorrentes de jornais já associados.

Apesar de considerar que a rede de distribuição de notícias da *Associated Press* era uma infra-estrutura essencial para outros jornais poderem competir nos vários mercados, o Supremo Tribunal não intimou a *Associated Press* a permitir a todos os jornais não associados o acesso às notícias. O tribunal decidiu apenas que a *Associated Press* não poderia impedir a venda de notícias a jornais não associados ou a entrada destes na associação, simplesmente, com base no facto de estes competirem com alguns dos seus membros (Sheehan, 1999: 78).

Num outro caso, julgado em 1948, *United States vs. Griffith*[8], o Supremo Tribunal entendeu que a companhia *Griffith*, proprietária de vários cinemas em diferentes cidades dos Estados Unidos, abusou do facto de deter o monopólio da exibição de filmes em determinadas cidades para impor aos distribuidores que usassem apenas os seus cinemas em cidades

---

[6] *United States vs. Terminal Railroad Association,* 224 U.S. 383 (1912) (Pitofsky, s/d: 3).

[7] *Associated Press vs. United States,* 326 U.S. 1 (1945) (Hägglöf, 1999: 82 e Sheehan, 1999: 77).

[8] *United States vs. Griffith,* 334 U.S. 100 (1948) (Hirsh e Richeimer, s/d: 11).

onde existisse concorrência (Hirsh e Richeimer, s/d: 11). O Supremo Tribunal entendeu, assim, que a conduta da companhia *Griffith* não era fundamentada numa prática comercial legítima dado que visava utilizar a sua posição monopolista num determinado mercado para adquirir essa posição em mercados de cidades em que existia concorrência.

No caso *Otter Tail Power Co. vs. United States*[9], julgado em 1973, o Supremo Tribunal entendeu que a *Otter Tail Power Co.*, uma companhia produtora e revendedora de electricidade, quer a consumidores finais quer a municípios que, por sua vez, a vendiam aos consumidores finais, não podia recusar a venda de electricidade a um agente que queria competir com ela no mercado de venda directa ao público com a intenção de afastar esse concorrente do mercado (Pitofsky, s/d: 3).

Todavia, uma das primeiras decisões que invocou, explicitamente, a doutrina das infra-estruturas essenciais foi no caso *MCI Communications vs. AT& T*[10], de 1983. Neste caso, o tribunal de segunda instância do 7.° círculo condenou a *AT&T* a permitir o acesso, por parte da *MCI Communications,* à sua rede telefónica nacional de modo a possibilitar a concorrência no mercado das chamadas de longa distância. A decisão baseou-se, em grande medida, na impossibilidade económica de duplicação da rede por parte da *MCI Communications* e, também, no facto de a partilha da rede ser possível, não causar grandes inconvenientes à *AT&T* e ser economicamente viável para as duas companhias (Marshall e Mulheron, 1998: 101 e Pitofsky *et al.*, 2002: 447).

O tribunal determinou, neste caso, os quatro elementos necessários à aplicação da doutrina das infra-estruturas essenciais, tal como é entendida nos Estados Unidos: (1) é necessário o controlo de uma *essential facility* por um monopolista, (2) é indispensável que haja uma impossibilidade (razoável) do competidor duplicar essa *essential facility*, (3) é preciso que a recusa de acesso/uso da *essential facility* seja efectuada a um competidor do detentor da *essential facility* e, finalmente, (4) exige-se que haja a possibilidade de o monopolista proporcionar esse acesso (Sheehan, 1999: 75).

Dois anos após o caso *MCI Communications,* foi julgado o caso *Aspen Skiing Co. vs. Aspen Higlands Skiing Corp.*[11], pelo Tribunal de

---

[9] *Otter Tail Power Co. vs. United States,* 410 U.S. 366, 377–79 (1973) (Pitofsky *et al.,* 2002: 447).

[10] *MCI Communications Corp. vs. AT&T,* 708 F.2d 1081, 1132-33 (1983) (Marshall e Mulheron, 1998: 101 e Pitofsky *et al.,* 2002: 447).

[11] *Aspen Skiing Co. vs. Aspen Higlands Skiing Corp.*, 472 U.S. 585, 611 (1985) (Pitofsky, s/d: 5, e Hirsh e Richeimer, s/d: 19-20).

segunda instância do 10.° Círculo. Este tribunal decidiu que a *Aspen Higlands Skiing Corp.*, uma companhia turística que controlava as instalações de três de quatro montanhas em Aspen, não podia terminar unilateralmente um acordo que tinha efectuado com a companhia que controlava as instalações da quarta montanha, *Aspen Skiing Co.*, por meio do qual ambas as companhias forneciam um bilhete "multi-área", que permitia o acesso a todas as montanhas, a um preço menor que o conjunto dos bilhetes individuais. Esta decisão fundamentou-se na inexistência, por parte da *Aspen Higlands Skiing Corp.*, de uma razão válida para terminar a cooperação com o seu competidor. O tribunal concluiu que a empresa dominante, ao terminar aquela cooperação, visava não uma vantagem económica própria e imediata mas a diminuição, a longo prazo, da concorrência realizada pela *Aspen Skiing Co.* (Hirsh e Richeimer, s/d: 19-20).

Ainda nos EUA, o Supremo Tribunal decidiu, mais recentemente, que a doutrina das infra-estruturas essenciais apenas poderia aplicar-se nos casos em que não existissem regras específicas de regulação da concorrência de um determinado sector económico. No caso *Verison Communications Inc. vs. Law Offices of Curtis V. Trinko, LLP* (Caso Trinko)[12], julgado em 2004, a *Verison Communications Inc.* não cumpriu as obrigações impostas no acordo de inter-conexão da sua rede com a rede da *Curtis V. Trinko*, ao causar, com o intuito de reduzir a quota de mercado desta, atrasos e cortes nas conexões apenas aos clientes daquela. Por este incumprimento sofreu, por força das regras estabelecidas no *Telecommunications Act*, de 1996, a aplicação de multas e de obrigações adicionais (prestação acrescida de informações sobre o cumprimento do acordo e a indemnização dos prejuízos da *Curtis V. Trinko*), impostas pela *New York Public Service Commission* e pela *Federal Communications Commission* (FCC), entidades reguladoras do sector. O Supremo Tribunal decidiu que, existindo regulação específica (neste caso o *Telecommunications Act*, de 1996) que estabeleça mecanismos que previnam, para um determinado sector, os efeitos dos comportamentos abusivos da posição monopolista, as leis gerais do *anti-trust* (especificamente, o *Sherman Act*) não devem ser aplicadas cumulativamente.

Como referem Pitofsky *et. al.* (2002: 447) e Sheehan (1999: 75), a doutrina das infra-estruturas essenciais, tal como é aplicada nos EUA, baseia-se num conjunto de precedentes do Supremo Tribunal americano

[12] *Verison Communications Inc. vs. Law Offices of Curtis V. Trinko, LLP,* 540 U.S. (2004).

e dos tribunais inferiores que engloba os casos mencionados. O caso *MCI Communications*, como já referimos, condensou os quatro principais requisitos cuja existência os tribunais devem verificar para restringir a liberdade de negociar e os direitos de propriedade sobre uma infra-estrutura essencial. Todavia, segundo Pitofsky *et.al.* (2002: 448), a doutrina das infra-estruturas essenciais é aplicada cautelosamente, sendo a prova de todos aqueles requisitos escrutinada cautelosamente pelos tribunais americanos que julgam casos relacionados com recusas de acesso a infra-estruturas essenciais[13]. Para além desses requisitos, a prova de que um determinado bem é uma infra-estrutura essencial tem também sido um problema importante na aplicação da doutrina, nos Estados Unidos, dado que, segundo os mesmos autores (Pitosfky *et. al.* 2002: 449), é necessário provar que a restrição do acesso àquela infra-estrutura tem a potencialidade de eliminar a concorrência num determinado mercado dependente ou derivado.

Uma outra questão, igualmente importante, é a da extensão das obrigações impostas ao proprietário da infra-estrutura essencial e a determinação das condições que ele pode impor para que os concorrentes possam ter acesso. Contudo, estas questões só podem ser consideradas caso a caso, atendendo às circunstâncias específicas de cada situação[14].

2.3. *O desenvolvimento da doutrina das infra-estruturas essenciais na União Europeia*

Na União Europeia, o caso *Commercial Solvents*[15] (1974) foi o primeiro julgado pelo Tribunal das Comunidades relacionado com a recusa em fornecer determinados bens e com a doutrina das infra-estruturas essenciais[16].

Nesse caso, a *Commercial Solvents,* produtora de nitropropano e de aminobutanol, modificou o seu comportamento para com a empresa *Zoja*, produtora de componentes de produtos farmacêuticos (etambutol, usado nos medicamentos contra tuberculose), diminuindo progressivamente a

---

[13] No mesmo sentido, Hirsh e Richeimer, s/d: 6.

[14] Cf. *infra* ponto 3.4.

[15] *Istituto Chemioterapico Italiano Spa e Commercial Solvents Corporation vs. Commission* [1974] 3 ECR 223, [1974] 13 CMLR 309, [1974] CMR 8209.

[16] Korah, 2000: 249 e Hägglöf, 1999:86.

quantidade fornecida a essa empresa. O objectivo da *Commercial Solvents* foi o de, através da sua subsidiária *Istituto Chemioterapico Italiano Spa,* estender a sua posição dominante, no mercado a montante, ao mercado a jusante do produto produzido pela *Zoja* (Hägglöf, 1999:87). Essa actuação foi considerada como um abuso da posição monopolista da empresa *Commercial Solvents* (Whish, 2003: 667), quer pela Comissão, quer pelo Tribunal de Justiça das Comunidades Europeias (TJCE).

O caso *Commercial Solvents* é referido por vários autores como o primeiro a ser julgado pelo TJCE, no qual se estabeleceu um princípio amplo de proibição do abuso de posição dominante no fornecimento de bens, sem razão objectiva, visando afectar seriamente a concorrência num mercado derivado[17].

Foi, contudo, o caso *Sealink vs. B&I – Holyhead*[18] (1992) aquele que estruturou a construção europeia da doutrina das infra-estruturas essenciais (Whish, 2003: 670). Neste caso, a companhia *Sealink*, proprietária do porto Holyhead, no norte de Gales, e operadora de *ferries* com destino à Irlanda, alterou os horários de entrada e saída do porto de modo a causar dificuldades a uma operadora de *ferries* rival (*B&I*). O tribunal considerou que a *Sealink* abusou do facto de deter uma infra-estrutura sem a qual um seu concorrente não podia oferecer os seus serviços aos seus clientes, com o intuito de reforçar a sua posição no mercado desses mesmos serviços.

O caso *Tiercé Ladbroke vs. Commission* (1993) foi o primeiro caso comunitário que uma decisão do TJCE se referiu, explicitamente, à doutrina das infra-estruturas essenciais[19] (Sheehan, 1999: 83). A um agente de apostas em eventos desportivos, a operar na Bélgica (*Ladbroke*), foi recusado o acesso à transmissão audio-visual de corridas de cavalos francesas, cujos direitos eram propriedade das companhias *Pari Mutuel Urbain Francais* e *Pari Mutuel International.* O TJCE entendeu que a recusa de acesso por parte da *Pari Mutuel Urbain Francais* e da *Pari Mutuel International* não constituiu um abuso da sua posição dominante porque a sua conduta não influenciou a concorrência no mercado onde actuava a companhia *Ladbroke*, dado que, quer a *Pari Mutuel Urbain Francais,* quer a *Pari Mutuel International* não forneciam nenhum concorrente nem actuavam, elas próprias, nesse mercado (Wish, 2003: 671).

---

[17] Cf. Hägglöf, 1999:86-88; Sheehan, 1999: 85 e Whish, 2003: 667.

[18] *Sealink vs. B&I – Holyhead* [1992] 5 CMLR 255. E Caso C-94/19, JO L 015, 18/01/1994 p. 8-19.

[19] Caso T-504/93 [1997] ECR II-923, [1997] 5 CMLR 309.

Por sua vez, o caso *Magill*[20] (1995) teve como consequência o desenvolvimento do debate actual sobre a doutrina das infra-estruturas essenciais na Europa, de acordo com Eileen Sheehan (1999: 68). O TJCE entendeu que as companhias televisivas RTE e BBC abusaram da sua posição dominante ao recusarem fornecer à empresa *Magill* as listas semanais de emissão, muito embora reconhecesse que aquelas listas estavam protegidas pelos direitos de propriedade intelectual. Essa recusa em consentir acesso às listas de emissão tinha, como intenção, a manutenção da posição dominante no mercado de guias de TV, na medida em que cada companhia detinha uma revista em que publicava apenas a lista do seu canal. O TJCE entendeu que as listas semanais de programas deveriam ser consideradas infra-estruturas essenciais porque, devido a circunstâncias especiais, o acesso era essencial para a produção de um produto novo, um guia com as listas de programas semanais de todos os canais, para o qual existia procura, não havendo razões objectivas que justificassem a recusa (Korah, 2000: 249; Ridyard, 1996: 446 e Whish, 2003: 668).

Mais recente ainda (1999), e também considerado, a par do caso *Magill*, como um dos que mais influenciou a doutrina europeia das infra-estruturas essenciais é o caso *Oscar Bronner*[21-22]. *Oscar Bronner,* que publicava um jornal diário de âmbito nacional na Áustria, queria ter acesso ao sistema de distribuição domiciliária de um competidor (*Mediaprint*) que controlava o mercado austríaco da imprensa diária. O TJCE considerou que o sistema de distribuição domiciliário da *Mediaprint* não deveria ser considerado uma infra-estrutura essencial porque existiam outras formas de distribuição já instituídas que concorriam com o sistema da *Mediaprint* e, por outro lado, porque não existiam limitações técnicas, legais ou económicas que impedissem *Oscar Bronner* de desenvolver um sistema domiciliário de distribuição próprio. (Whish, 2003: 673).

Finalmente, um dos casos que, certamente, mais influenciará a doutrina europeia é o caso *Microsoft*, decidido pela Comissão Europeia em 2004[23]. A Comissão entendeu que a *Microsoft* abusou da sua posição

---

[20] Caso C-241/91 P e C-242/91 P. [1995] ECR 1-743.

[21] Caso C-7-97 [1998] ECR I – 7791, [1999] 4 CMLR 112.

[22] Cf. Sheehan, 1999: 85; Bergman, 2004: 3-16; Whish, 2003: 672-674; Korah, 2000: 231.

[23] Caso COMP/C-3/37.792, *Comissão vs. Microsoft.*

dominante ao não permitir o acesso a informação necessária sobre o funcionamento dos seus sistemas operativos para PC's aos seus concorrentes no mercado de sistemas operativos para servidores de *workgroups* (Lévêque, 2005: 3). Essa recusa impossibilita os concorrentes da *Microsoft* no mercado de servidores para *workgroups* de poderem interligar os seus sistemas operativos com os sistemas operativos dos PC's que, em regra, fazem parte da rede.

Os dois principais argumentos da *Microsoft,* que não foram considerados pela Comissão, são, por um lado, o de que a informação que os concorrentes pretendem obter está protegida pelos direitos de propriedade intelectual e, por outro, o de que obrigação de permitir o acesso a essa informação iria prejudicar substancialmente os esforços de inovação no mercado dos sistemas operativos para servidores de *workgroups.* Na opinião de François Lévêque (2005:3), a Comissão entendeu que aquela informação era, de facto, uma infra-estrutura essencial, indispensável à concorrência no mercado de sistemas operativos para servidores de *workgroups,* e que a *Microsoft* abusou da sua posição dominante no mercado de sistemas operativos para PC's, ao recusar o acesso àquela informação (interfaces). A decisão da Comissão foi, assim, a de ordenar à *Microsoft* que esta cedesse a informação necessária, embora não lhe tenha imposto que revelasse o código-fonte dessas interfaces.

Em suma, tal como sustentam Ridyard (1996: 439), Hägglöf (1999: 86) e Sheehan (1999: 70-74), a doutrina das infra-estruturas essenciais visa proteger os direitos dos consumidores e desenvolver a concorrência em mercados fechados. Contudo, tal como é hoje aplicada na Europa, ela suscita vários problemas que analisaremos no ponto seguinte.

Desde logo, o acesso compulsório a uma infra-estrutura essencial deve ser concedido apenas em circunstâncias muito especiais, visto que implica sempre uma limitação forte ao direito de propriedade do detentor dessa infra-estrutura, obrigando-o a assumir obrigações para com concorrentes seus em outros mercados. Sendo assim, a mera obrigação de partilhar a infra-estrutura, sem definir as condições de remuneração desse acesso, pode ter consequências importantes na diminuição do incentivo ao investimento no desenvolvimento dessas infra-estruturas por o investidor ter de suportar o risco sem receber compensação adequada por esse investimento. São estas as questões que analisaremos no ponto seguinte.

3. A aplicação da doutrina das infra-estruturas essenciais

3.1. *Principais questões a considerar*

Tendo em conta a jurisprudência anteriormente referida e a nova legislação portuguesa sobre direito da concorrência, nomeadamente, o artigo 6.° n.os 1 e 3 da Lei n.° 18/2003, de 11 de Junho, é agora possível discutir os principais problemas associados à aplicação da doutrina das infra-estruturas essenciais. Ela aplica-se, como mostrámos, a empresas com posição dominante que detenham, em exclusivo, factores essenciais para o fabrico de um produto ou fornecimento de um serviço, não facilmente reprodutíveis (por motivos económicos, naturais ou de exclusividade legalmente protegida), podendo a sua aplicação resultar em limitações à utilização desses factores essenciais.

Como resulta dos casos já decididos, quer pelos tribunais americanos, quer pela Comissão Europeia e pelo TJCE, podemos identificar os três problemas principais que resultam da aplicação desta doutrina:

(a) o de saber quando é que uma infra-estrutura é essencial para o desenvolvimento de um mercado derivado;

(b) o de saber quando é que não é justificada a discriminação ou a negação do acesso a essa infra-estrutura;

(c) e a extensão dos limites impostos ao direito de recusa bem como a compensação devida pela imposição desses limites.

3.2. *A essencialidade de uma infra-estrutura no desenvolvimento de outro mercado*

Definir a essencialidade de uma infra-estrutura para o mercado dela dependente ou derivado requer, em primeiro lugar, a identificação e delimitação de dois mercados relevantes: o mercado de acesso a uma infra-estrutura essencial e o mercado em que o agente quer concorrer. A distinção entre os dois mercados deve permitir saber se existe uma posição dominante no primeiro mercado e avaliar qual a influência do comportamento do detentor da infra-estrutura essencial na estrutura da concorrência no mercado dela dependente ou derivado. Torna-se também indispensável definir o que pode ser uma infra-estrutura essencial e o que justifica a sua essencialidade. Vejamos qual a contribuição da jurisprudência para a resolução de qualquer destas três questões.

A delimitação do mercado relevante

No direito comunitário, a delimitação do mercado relevante (quer o mercado de acesso a uma infra-estrutura essencial, quer o mercado em que o agente quer concorrer) pode ser perspectivada tendo em consideração dois[24] pontos de vista, o geográfico e o do produto[25]. De acordo com a Comunicação da Comissão relativa à definição de mercado relevante para efeitos do direito comunitário da concorrência, o mercado geográfico relevante compreenderá «a área em que as empresas em causa fornecem produtos ou serviços, em que as condições da concorrência são suficientemente homogéneas e que podem distinguir-se de áreas geográficas vizinhas devido ao facto, em especial, das condições da concorrência serem consideravelmente diferentes nessas áreas». Por sua vez, o mercado do produto relevante é definido como aquele que «compreende todos os produtos e/ou serviços consideradas permutáveis ou substituíveis pelo consumidor devido às suas características, preços e utilização pretendida»[26].

No caso *Sealink vs. B&I-Holyhead*, a Comissão identificou as três rotas marítimas mais importantes entre a Grã-Bretanha e a Irlanda, a rota do norte, a rota central, servida, essencialmente, pelo porto de *Holyhead*, e a do sul. O mercado de acesso a uma infra-estrutura essencial foi definido pela Comissão como o acervo de serviços e de bens destinados a servir os passageiros e os *ferries* (critério do produto) na rota central (critério geográfico). O mercado em que o agente (*B&I-Holyhead*) queria concorrer foi definido como o mercado de transporte de pessoas e de bens entre a Grã-Bretanha e a Irlanda, utilizando a rota central (Whish, 2003: 675).

No caso *Oscar Bronner*, a Comissão identificou, como mercado de acesso a uma infra-estrutura essencial o mercado da distribuição domiciliária de jornais (critério do produto) na Áustria (critério geográfico) e, como mercado em que o agente (*Oscar Bronner*) queria concorrer, o mercado da distribuição diária de jornais (critério do produto) na Áustria (critério geográfico) (Whish, 2003: 672-673).

---

[24] Ainda importante para a delimitação do mercado relevante, pode ser o critério temporal. Como refere Mariano Pego (2001:37), «na esteira de BADEN FULLER E FRIGNANI, cremos que o diverso elemento temporal pode justificar a distinção de mercados: atente-se no exemplo de alguns produtos alimentares (v.g., frutas), que só concorrem entre si durante certos períodos do ano».

[25] Cf. Regulamento n.° 17 e Regulamento n.° 4064/89.

[26] Comunicação da Comissão (97/C 372/03), JOC, de 9 de Dezembro de 1997.

No caso *Tiercé Ladbroke vs. Commission*, a Comissão identificou como mercado de acesso a uma infra-estrutura essencial o mercado da transmissão de áudio e vídeo sobre corridas de cavalo francesas (critério do produto) para a Comunidade Europeia ou, pelo menos, para a França, Alemanha e Bélgica (critério geográfico); e como mercado em que o agente (*Ladbroke*) queria concorrer, o mercado da transmissão de áudio e vídeo com vista à aceitação de apostas (critério do produto) na Bélgica (critério geográfico) (Whish, 2003: 671).

No caso *Magill*, a Comissão identificou como mercado de acesso a uma infra-estrutura essencial o mercado das listas de programação dos canais televisivos (critério do produto) britânicos (critério geográfico); e, como mercado em que o agente (Magill) queria concorrer, o mercado dos guias televisivos (critério do produto) no Reino Unido (critério geográfico) (Ridyard, 1996: 446 e Whish, 2003: 671).

Como se deduz da análise destes casos, é importante a determinação do mercado em que uma empresa tem posição dominante e do mercado em que a estrutura da concorrência é afectada pela actuação abusiva da primeira.

No direito americano, como referem Pitofsky *et al.* (2002: 458), a doutrina das infra-estruturas essenciais aplica-se, tipicamente, a situações em que existam dois mercados relacionados verticalmente e em que o monopolista, num desses mercados, nega ou dificulta o acesso a uma infra-estrutura considerada essencial com a intenção de ganhar vantagem no mercado derivado. Como exemplo desta situação típica, Pitofsky (s/d: 19) refere o caso *Otter Tail Power Co. vs. United States*, em que o tribunal definiu dois mercados: o mercado de venda directa da electricidade aos consumidores e o mercado da venda da electricidade a retalhistas (Pitofsky, s/d: 3).

Todavia, Pitofsky *et al.* (2002: 459) referem, igualmente, que a definição de dois mercados relacionados verticalmente, embora importante, não é um requisito essencial no direito da concorrência americano. «O princípio geral é o de que os tribunais americanos simplesmente não se preocupam com a demonstração de que a infra-estrutura essencial se relaciona com um mercado de produto diferente daquele em que acontece o efeito anti-concorrencial. Os tribunais requerem apenas que o autor prove que a infra-estrutura é detida por um monopolista, é de difícil duplicação e é indispensável para a existência de concorrência num determinado mercado» (Pitofsky, 2002: 460). Apontam como exemplo da aplicação deste princípio geral o caso *Aspen Skiing Co. vs. Aspen Higlands Skiing Corp.*

em que o tribunal defendeu que a integração vertical não é determinante para decidir da existência da violação das leis *anti-trust*.

A posição dominante

De acordo com a Decisão da Comissão de 9 de Dezembro de 1971, «estão em posição dominante aquelas empresas que têm a possibilidade de assumir comportamentos independentes, que as habilitam a actuar sem ter em conta os concorrentes, os compradores ou os fornecedores». Assim, a posição da(s) empresa(s) será dominante quando, num dado mercado, aquela(s) actua(m) sem ter em conta o comportamento de outros agentes económicos, podendo decidir, ou pelo menos influenciar, as condições em que a concorrência se desenvolverá.

Por sua vez, no direito português, o artigo 6.°, n.° 2, da Lei n.° 18/ /2003, de 11 de Junho, que aprovou o regime jurídico da concorrência, refere que «dispõem de posição dominante relativamente ao mercado de determinado bem ou serviço: a) a empresa que actua num mercado no qual não sofre concorrência significativa ou assume preponderância relativamente aos seus concorrentes; b) duas ou mais empresas que actuam concertadamente num mercado, no qual não sofrem concorrência significativa ou assumem preponderância relativamente a terceiros».

Deve, contudo, referir-se que a posição dominante da empresa cujo comportamento abusivo de recusa de acesso a uma infra-estrutura essencial se pretende evitar é avaliada no mercado da infra-estrutura e não no mercado derivado, mesmo que a empresa em questão possa ter posição dominante em ambos os mercados.

Por exemplo, no caso *Sealink*, esta empresa controlava o único porto de águas profundas na rota central entre a Grã-Bretanha e a Irlanda e, ao mesmo tempo, era a única prestadora dos serviços necessários para a utilização desse porto. O seu comportamento discriminatório ocorreu na definição das condições de acesso àqueles serviços, impondo à *B&I-Holyhead* horários menos favoráveis. A *Sealink* influenciou assim a oferta de serviços de *ferry* pela *B&I-Holyhead,* a qual era sua rival no mercado de transporte de pessoas e de bens entre a Grã-Bretanha e a Irlanda, de modo a conservar neste último uma posição mais forte.

Pelo contrário, no caso *Oscar Bronner,* o TJCE decidiu que a posição da *Mediaprint* no mercado de distribuição de jornais diários, embora importante, não determinava a forma como a concorrência se desenvolvia.

Esta decisão foi confirmada pelo TJCE. O Tribunal considerou que, no mercado austríaco de distribuição de jornais diários, a empresa *Óscar Bronner* poderia, ela própria, desenvolver um sistema de distribuição que concorresse com o da *Mediaprint*.

A noção de infra-estrutura essencial

Outro problema que deve ser resolvido na aplicação da doutrina das infra-estruturas essenciais é saber o que pode considerar-se como infra-estrutura essencial. Em especial, no caso *Magill* e no recente caso *Microsoft*[27] foi levantada a questão de saber se a propriedade intelectual (bens intangíveis) pode ser infra-estrutura essencial e se, para aferir a sua essencialidade, devemos recorrer aos mesmos critérios que são utilizados no caso das infra-estruturas consideradas típicas (bens tangíveis), como por exemplo, portos, túneis, infra-estruturas ferroviárias, redes de telecomunicações, oleodutos, sistemas computorizados de reservas de viagens aéreas e aeroportos (Whish, 2003: 675 e Lévêque, 2005: 5). Esta questão é também controversa no âmbito do ordenamento jurídico norte-americano, existindo decisões conflituantes na defesa da imunidade dos detentores de direitos de propriedade intelectual face à doutrina das infra-estruturas essenciais (Lévêque, 2005: 4, nota 5). Todavia, quer os tribunais norte-americanos, quer a Comissão Europeia e o TJCE, têm aplicado a doutrina das infra-estruturas essenciais tanto a situações em que estava em causa o acesso a bens tangíveis,[28] como no caso de bens intangíveis[29].

A aplicabilidade da doutrina tem dependido, em especial, da determinação da essencialidade do acesso a essa infra-estrutura como condição da existência de concorrência num mercado dependente.

A essencialidade da infra-estrutura assenta na impossibilidade, para outro agente comercial duplicar, por qualquer meio razoável[30], essa infra-estrutura. Essa impossibilidade pode ter como fundamento a natureza da própria infra-estrutura (inexistência física de uma infra-estrutura semelhante como, por exemplo, a inexistência de um outro porto de águas pro-

---

[27] Caso COMP/C-3/37.792, EC *Comissão vs. Microsoft*.

[28] Por exemplo, na jurisprudência norte-americana, entre outros, o caso *MCI Communications*, e, no direito europeu, entre outros, no caso *Sealink*.

[29] No direito europeu, entre outros, nos casos *Magill* e *Microsoft*. Na jurisprudência norte-americana cf. Pitofsky *et al*, 2000: 453, nota 42.

[30] JO 1998 C 265/2, 1998 5 CMLR 82 §68.

fundas, no caso *Sealink*), de restrições legais (restrições ambientais e de planeamento económico como, por exemplo, o túnel sob o Canal da Mancha, no caso *European Night Services*[31]), de direitos de propriedade intelectual (por exemplo, as listas de programação dos canais televisivos, no caso *Magill*, ou a interface entre os sistemas operativos para PC's, da *Microsoft,* e os sistemas operativos para servidores de *workgroups*), ou, ainda, da impossibilidade económica (se não for viável de um ponto de vista financeiro para um competidor no mercado relevante estabelecer, sozinho ou em cooperação com outros competidores, uma infra-estrutura equivalente, como foi definido no caso *Oscar Bronner*). Assim, para determinar a essencialidade de uma infra-estrutura, não basta concluir que acesso a essa infra-estrutura é meramente conveniente ou adequado para a entrada de um agente no mercado dependente ou derivado. É necessário que o acesso à infra-estrutura seja indispensável a essa entrada (Whish, 2003: 674). De acordo com a Comissão Europeia, não é suficiente que a posição da empresa que requer o acesso a uma infra-estrutura se torne mais vantajosa caso o acesso seja concedido. É necessário que da recusa do acesso resulte uma impossibilidade, física ou económica, de o agente entrar no mercado derivado ou dependente dessa infra-estrutura[32].

3.3. *A não justificação da discriminação ou da negação do acesso*

Um comportamento discriminatório ou de recusa em negociar o acesso a uma infra-estrutura considerada essencial para permitir a existência de concorrência num mercado relevante só pode ser considerado como tal, à luz da doutrina das *infra-estruturas essenciais,* se, para além de ser realizado por um agente monopolista ou detentor de uma posição dominante, for considerado injustificado. A recusa em conceder acesso ou a discriminação do acesso a uma infra-estrutura essencial não pode ser considerada, por si só, um comportamento abusivo.

Como refere Whish (2003: 677), o proprietário de uma infra-estrutura essencial não cometerá um abuso se justificar objectivamente a recusa ou a discriminação do acesso a essa infra-estrutura essencial. O mesmo

[31] JO 1994 L 259/20, 1995 5 CMLR 76.

[32] Commission's notice on the application of the competition rules to access agreements in the telecommunications sector (JO 1998 C 265/2, 1998 5 CMLR 82, §91 (a). No mesmo sentido cf. Whish, 2003: 674.

autor refere que podem considerar-se como razões objectivas de não concessão de acesso ou de discriminação, entre outras, a incapacidade técnica do agente que requer o acesso para utilizar a infra-estrutura; a falta de credibilidade do agente; ou a impossibilidade da infra-estrutura ser utilizada por mais um agente sem perda considerável de desempenho. Segundo Pitofsky (s/d: 8), os tribunais norte-americanos têm entendido, contudo, que a recusa em facultar o acesso nunca será justificável se essa recusa se fundar apenas na vontade de prejudicar os concorrentes, assegurando, mantendo ou reforçando a posição dominante do detentor da infra-estrutura[33].

Na jurisprudência comunitária, um dos casos em que esta questão foi levantada com maior acuidade foi o caso *Microsoft*. A Comissão Europeia não entendeu como válido o argumento da Microsoft que defendia que a protecção do interface, entre os sistemas operativos dos PC's e dos *work-group servers,* pelas regras do direito de propriedade intelectual justificava, objectivamente, a recusa em fornecer essa informação aos competidores.

Esta condição negativa, de não existir uma justificação objectiva para a recusa ou para a discriminação no acesso a uma infra-estrutura essencial, previne a aplicação da doutrina das infra-estruturas essenciais a situações em que o resultado da sua aplicação criaria maiores desvantagens para os consumidores do que as criadas pela recusa de acesso à infra-estrutura essencial, quer na diminuição da qualidade do serviço prestado ou do bem produzido, quer através do aumento do preço, devido aos custos acrescidos que a empresa dominante teria que suportar pela imposição da obrigação de garantir o acesso.

François Lévêque (2005: 12) entende que esta condição negativa deve ser aplicada às situações em que o acesso de um concorrente a uma rede eléctrica ou a um aeroporto impede o normal funcionamento dessa infra-estrutura. Ou seja, sempre que as vantagens que decorreriam do aumento da concorrência não compensem o prejuízo que resulta da partilha do acesso. Todavia, para este autor, esta regra não pode ser automaticamente aplicada a situações em que a infra-estrutura essencial está protegida pelo direito de propriedade intelectual. O uso destes bens, dado o seu carácter intangível, não reduz, por definição, a sua capacidade para serem utilizados por outros agentes económicos.

---

[33] No mesmo sentido, Hägglöf, 1999:84.

Para o mesmo autor, contudo, a imposição do dever de conceder acesso a uma infra-estrutura essencial protegida por direitos de propriedade intelectual pode resultar numa diminuição da segurança jurídica normalmente associada à protecção dos investimentos em investigação e desenvolvimento, diminuindo, consequentemente, esses investimentos[34]. O argumento da *Microsoft* assentava no facto de a diminuição do investimento em investigação e desenvolvimento de sistemas operativos para PC's, se a Comissão impusesse a obrigação de facultar informação sobre as interfaces, ser considerada uma justificação objectiva da recusa do acesso. A Comissão defendeu que a diminuição no investimento em investigação e desenvolvimento não é uma justificação objectiva para a recusa do acesso à informação sobre as interfaces, visto que pode ser imposto às empresas que requeiram o acesso o pagamento de uma compensação pela diminuição dos lucros da empresa dominante[35].

A jurisprudência americana tem entendido que, do mesmo modo, uma razão objectiva, "*legitimate business reason*" (Pitofsky, s/d: 10), pode justificar a recusa ou discriminação de acesso a uma infra-estrutura essencial, desde que a intenção do monopolista não seja apenas assegurar, manter ou reforçar a sua posição dominante. Contudo, no que se refere especificamente à diminuição do investimento em investigação e desenvolvimento de novos produtos e melhores serviços, Pitofsky (s/d: 11) sustenta que ela não poderá ser entendida como uma justificação objectiva de recusa do acesso. A manutenção do monopólio do detentor do direito de propriedade intelectual trará maiores desvantagens do que vantagens para os consumidores. A imposição da partilha do acesso à infra-estrutura essencial, salvo no caso dos monopólios naturais, tenderá, a longo prazo, a estimular a concorrência e, consequentemente, a aumentar o investimento no desenvolvimento dessas infra-estruturas.

---

[34] Neste sentido, Valentine Korah (2000: 32) defende que impor a entidades privadas, detentoras de uma posição privilegiada num determinado mercado, a obrigação de permitir o acesso a concorrentes a uma determinada infra-estrutura essencial, da qual são legítimas proprietárias, reduz o incentivo a realizar o investimento inicial nessa infra-estrutura, assim como o incentivo para melhorar essa infra-estrutura.

[35] Cf. *infra* ponto 3.4..

3.4. *A extensão da limitação ao direito de recusa e a sua compensação*

Para minimizar os potenciais efeitos negativos que resultam da aplicação da doutrina das infra-estruturas essenciais é necessário definir, por um lado, qual a extensão das limitações impostas ao detentor da infra-estrutura e, por outro, saber qual a compensação adequada pela imposição dessa limitação.

Definir a extensão das limitações ao direito de propriedade sobre uma infra-estrutura essencial é uma tarefa atribuída às autoridades reguladoras da concorrência em sectores económicos determinados, ou aos tribunais no momento da aplicação da doutrina das infra-estruturas essenciais. Apesar de só em concreto se poder apreciar quais as condições específicas a impor de modo a limitar, ao mínimo possível, a obrigação de conceder acesso a uma infra-estrutura essencial, podem enunciar-se dois princípios gerais: o de que a limitação só deve poder ser imposta se a entidade que a aplica puder determiná-la adequadamente; e o de que não deve ser imposta nenhuma limitação ao direito de propriedade que a entidade aplicadora não possa supervisionar[36].

Para além da extensão das limitações ao direito de propriedade sobre uma infra-estrutura essencial, é necessário definir qual a compensação adequada à extensão dessa limitação. É de extrema importância[37] que o requerente do acesso à infra-estrutura essencial seja obrigado a compensar adequadamente o seu detentor, sob pena de reduzir o incentivo ao investimento nessas infra-estruturas. Não impor essa compensação adequada significa beneficiar os *free riders*[38] que visam competir num determinado mercado, usufruindo do investimento feito por outrem sem suportar qualquer encargo.

Para definir a compensação adequada, Ridyard (1996: 450-451) refere vários métodos que podem ser adoptados pelas entidades responsáveis pela aplicação das obrigações ao detentor da infra-estrutura essencial e ao requerente do acesso. Um dos métodos referidos por Ridyard é o chamado "*efficient component pricing*", que assenta na determinação do custo de cada unidade fornecida ao concorrente. Fixando a compensação desta forma, seria indiferente para o detentor da infra-estrutura essencial a obri-

[36] Cf. Korah, 2000: 233.

[37] Neste sentido, Korah, 2000: 232 e Ridyard, 1996: 452.

[38] Korah, 2000:232.

gação de ceder o acesso, dado que todos os seus custos seriam cobertos pela compensação. Todavia, este método não compensa o detentor da infra-estrutura pela perda de lucro pelo bem fornecido. Ridyard refere, igualmente, o método da "não-discriminação". Este método consiste na imposição ao requerente de uma compensação equivalente ao preço que um outro agente pague pelo acesso à infra-estrutura. Este método tem duas limitações importantes. Por um lado, só pode ser aplicado quando o detentor da infra-estrutura essencial permite o acesso a um outro agente económico; por outro, quando o agente a quem o detentor da infra-estrutura concede acesso faz parte do mesmo grupo, o preço pago visa maximizar o lucro total do grupo e não o lucro de cada elemento, pelo que a compensação assim determinada, não inclui esse lucro. Por fim, Ridyard defende que a compensação adequada deve corresponder ao valor que o bem produziria se sujeito a uma concorrência efectiva, o qual, necessariamente, será menor que o valor que o bem produz numa situação de monopólio.

François Lévêque (2005: 20) refere um outro método. A definição do "preço razoável" a pagar pelo acesso a uma infra-estrutura essencial pode basear-se, segundo este autor, no seguinte princípio: o preço razoável deverá ser superior ao preço mínimo pelo qual o detentor da infra-estrutura estaria disposto a aceitar ceder o acesso, numa negociação hipotética no momento em que ocorreu recusa do acesso, e inferior ao preço máximo que o requerente estaria disposto a pagar por esse acesso. Todavia, Lévêque entende que a aplicação deste método a casos de recusa de acesso a infra-estruturas essenciais, especialmente, ao caso *Microsoft*, envolve dificuldades acrescidas dado que a determinação da vontade hipotética das partes depende de informações normalmente inexistentes nestes casos.

Embora a compensação pela limitação do direito de propriedade sobre a infra-estrutura essencial seja um dos requisitos mais importantes para assegurar o investimento nessas infra-estruturas, as entidades que aplicam a obrigação têm preferido não decidir o montante da compensação adequada. Contudo, evitar o problema não o resolve. Apenas uma compensação que inclua lucros suficientes para sustentar o incentivo contínuo ao investimento em infra-estruturas essenciais pode evitar que este diminua pelo mero efeito da imposição da obrigação de facultar o acesso a concorrentes[39-40].

---

[39] Neste sentido, Ridyard, 1996: 451.

[40] Embora se refiram apenas ao caso australiano, Gans e Williams (1998) propuseram também uma fórmula para calcular uma compensação adequada que garanta quer

4. A aplicação da doutrina das infra-estruturas essenciais: entre a regulação sectorial e as regras de defesa da concorrência

A nova Lei da concorrência veio atribuir expressamente à Autoridade poderes de intervenção em matéria de recusa do acesso a infra-estruturas essenciais, pelo menos quando ela se traduza num caso de potencial abuso de posição dominante (artigo 6.°, da Lei da Concorrência).

Todavia, esse poder da Autoridade não exclui nem desaconselha a intervenção da autoridade reguladora sectorial, quando esta exista, na regulamentação *ex-ante* sobre partilha do acesso a infra-estruturas essenciais, em especial nas indústrias de rede, susceptível de resolver previamente o problema e prevenir conflitualidade futura.

A própria Lei da Concorrência se refere à articulação da Autoridade da Concorrência com autoridades reguladoras sectoriais em vários artigos. O artigo 15.°, da Lei 18/2003, de 11 de Junho (Lei da Concorrência), estabelece um princípio geral de colaboração entre a Autoridade da Concorrência e as entidades reguladoras sectoriais[41]. O artigo 29.° da mesma lei estabelece um dever de comunicação mútuo, sempre que a Autoridade da Concorrência, ou qualquer entidade reguladora sectorial, tomem conhecimento de factos que integrem uma violação das leis da concorrência, ocorridos num domínio submetido a regulação sectorial. Neste caso, a Autoridade da Concorrência pode abster-se de prosseguir o seu inquérito de modo a conhecer a decisão da entidade reguladora sectorial. O artigo 39.°, por sua vez, no que se refere ao controlo das operações de concentração, impõe à Autoridade da Concorrência um dever de pedir informações às entidades reguladoras sectoriais.

De facto, o funcionamento articulado das duas autoridades facilitará a integração dos sectores regulados no mercado, se esse objectivo for considerado prioritário. A colaboração entre os dois tipos de autoridade e o conhecimento especializado da autoridade sectorial poderá ajudar a autoridade transversal a fundamentar a sua intervenção, a delimitar o mercado relevante, a avaliar o poder de mercado das empresas em questão, a saber se a infra-estrutura é ou não essencial e se a recusa da partilha do acesso é ou não justificável. Mas é preciso definir previa-

---

a compensação do monopolista, quer um incentivo suficiente para o esforço de pesquisa e desenvolvimento.

[41] No mesmo sentido, cf. artigo 6.° do Decreto-Lei n.° 10/2003, de 18 de Janeiro, que criou a Autoridade da Concorrência.

mente como se faz essa articulação: se e quando é que é obrigatório recorrer a um parecer de um lado, ou do outro, e qual é a natureza desse parecer (vinculativo ou não). A verdade é que, mesmo que se admita nos sectores regulados que se encontram em processo de liberalização que haveria tendência para que a autoridade transversal venha, a prazo, a substituir a autoridade reguladora sectorial, ainda estaremos longe de atingir esse ponto.

Por estas razões, é importante que fiquem delimitados através de protocolo, mesmo que se possa tratar de uma delimitação transitória e susceptível de frequentes ajustamentos, os poderes de intervenção das duas autoridades, em especial, no que se refere aos problemas do acesso às infra-estruturas essenciais[42].

5. **Conclusão**

O acolhimento da doutrina das infra-estruturas essenciais na Lei da Concorrência, em Portugal, é uma expressão da relevância económica da questão do acesso às redes, particularmente na fase posterior à liberalização e privatização das indústrias de rede na Europa.

Perceber os requisitos da sua aplicação implica, como mostrámos, compreender não só o texto do artigo 6.°, n.° 3, alínea b, mas também toda uma construção jurisprudencial e dogmática sobre o problema do acesso às infra-estruturas essenciais.

A dificuldade desta tarefa, o conhecimento especializado que ela exige do sector, a importância em combinar prevenção com repressão, recomenda, por isso, nos sectores regulados, uma colaboração entre a Autoridade da Concorrência e cada uma das entidades de regulação sectorial em questão, o que, em Portugal, se encontra, aliás, expressamente previsto na própria Lei da Concorrência.

---

[42] É o que acontece, por exemplo, em Portugal, no domínio das telecomunicações, com o acordo de cooperação celebrado em 26 de Setembro de 2003 entre a Autoridade da Concorrência e ao ICP-ANACOM. O mesmo ocorre no Reino Unido, com o protocolo de colaboração em matéria de concorrência celebrado entre o *Office of Fair Trading* e o *Office of Communications* (OFCOM), de 18 de Dezembro de 2003. Situação semelhante sucede ainda em Itália, no sector das telecomunicações, com o acordo de colaboração entre a *Autorità per le garanzie nelle comunicazioni* e a *Autorità garante della concorrenza e del mercato*, em vigor desde Janeiro de 2004. Ver sobre esta questão Marques *et al.*, 2005.

Tendo-se tornado numa questão central para promover a concorrência em mercados tradicionalmente explorados em monopólio (como acontece em muitas das chamadas indústrias de rede), a partilha do acesso de uma infra-estrutura essencial não tem sido um problema exclusivo desses mercados. A doutrina aplicou-se já noutras circunstâncias, incluindo a obrigação de partilha de informação detida em exclusivo por uma dada empresa. Quanto mais ela se afasta das tradicionais indústrias de rede, mais se torna polémica e difícil a sua aplicação, nomeadamente, em virtude da dificuldade em determinar se a infra-estrutura é ou não essencial, e se há vantagens para o consumidor em sobrepor o valor da defesa da concorrência ao da tutela da propriedade.

Na verdade, mostra-se necessário evitar um uso exagerado e não criterioso da doutrina das infra-estruturas essenciais, de tal forma que ela se torne, por um lado, excessivamente penalizadora de uma posição legitimamente adquirida por uma empresa mais eficiente e inovadora, reduzindo o seu incentivo para investir nessa infra-estrutura e, por outro, facilitadora de um uso oportunista por parte de operadores menos eficientes. Para esse efeito, é importante consolidar os critérios que permitem saber exactamente quando é que uma infra-estrutura deve ser considerada essencial, quando é que a falta de acesso a essa infra-estrutura impede, de todo, a concorrência em mercados que dela dependem e quando é que essa falta de concorrência é efectivamente prejudicial para os interesses dos consumidores. E, depois disso, é ainda indispensável definir quais são os limites necessários, adequados e proporcionados que devem ser impostos ao direito do detentor da infra-estrutura essencial de dispor dela exclusivamente, bem como a compensação devida pela imposição desses limites.

É certo que a jurisprudência comunitária tem vindo a fornecer algumas pistas para a resolução destes problemas. Mas está longe de ter estabilizado o âmbito e circunstâncias em que pode recorrer-se à doutrina das infra-estruturas essenciais. Exige-se, portanto, um novo esforço de precisão das suas condições de aplicação e, em cada caso concreto, a definição de um ponto de equilíbrio entre protecção do acesso e concorrência, e tutela da propriedade.

BIBLIOGRAFIA

Creuss, Antonio; Agustinoy, Albert. 2000. *The operative System as Essential facility: An Open Door Windows?. in* World Competition Law and Economic Review, 1, vol 23, pp 79-107.

FOER, Albert. 2001. E-commerce Meets Anti-trust: a primer. *in* Journal of Public Policy & Marketing. V. 20 n.° 1, 51-63.

BERGMAN, Mats A. 2004. *When should an incumbent be obliged to share its infraestructure with an entrant under the general competition rules. in* http://www.nek.uu.se/Pdf/wp2003_25.pdf. (Fevereiro, 2005).

GANS, Joshua S.; WILLIAMS, Philip L. 1998. *Efficient Investment Pricing Rules and Access Regulation. in* http://www.mbs.edu/home/jgans/papers/acclaw.pdf. (Março, 2005).

HÄGGLÖF, Mikael. 1999. *Emissions trading and competition law – refusal to supply marketable pollution permits.* European University Institute.

HIRSH, Merril; RICHEIMER, Gabriela A. s/d..*The essential facilities doctrine: keeping the word "epithet" from becoming one. in* http://www.rdblaw.com/news/pressreleases/essentialfacilities.pdf. (Março 2005).

OCDE. 1996. *The Essential Facilities Concept. in* http://www.oecd.org/dataoecd/34/20/1920021.pdf. (Março, 2005).

LÉVÊQUE, François. 2005. *Innovation, leveraging and essential facilities: interoperability licensing in the EU Microsoft case. in* http://www.cerna.ensmp.fr/Documents/FL-Ms-WorldCompetition.pdf. (Fevereiro, 2005).

KORAH, Valentine. 2000. *Access to essential facilities under the commerce act in the light of experience in Australia, the European Union and the United States. in* http://www2.vuw.ac.nz/law_groups/nzacl/1%20%23%20Korah.pdf. (Fevereiro, 2005).

MARQUES, Maria Manuel Leitão; ALMEIDA, João Paulo Simões de; FORTE, André Matos. 2005. Autoridades de Defesa da Concorrência e Autoridades de Regulação Sectorial: Concorrência e Cooperação. CEDIPRE.

OESME (Observatory of European Small and Medium Enterprises). 2003. *SMEs and the liberalisation of Network Industries: telecommunications and electricity markets. in* http://europa.eu.int/comm/enterprise/enterprise_policy/analysis/doc/smes_observatory_2003_report3_en.pdf. (Fevereiro, 2005).

PEGO, José Paulo F. Mariano. 2001. A Posição Dominante Relativa no Direito da Concorrência, Almedina: Coimbra.

PITOFSKY, Robert. s/d. *The essential facilities doctrine under U.S. antitrust law. in* http://www.ftc.gov/os/comments/intelpropertycomments/pitofskyrobert.pdf. (Fevereiro, 2005).

PITOFSKY, Robert; PATTERSON, Donna; HOOKS, Jonathan. 2002. *The essential facilities doctrine under U.S. antitrust law. in* Antitrust Law Journal v. 70 (443--462). (http://www.arnoldporter.com/pubs/files/Antitrust_Law_Journal.pdf. Fevereiro, 2005).

RIDYARD, Derek. 1996. *Essential Facilities and the Obligation to Supply Competitors under UK and EC Competition Law. in* European Competition Law Review, n.° 8, pp 438-452.

SHEEHAN, Eileen. 1999. *Unilateral refusal to deal and the role of the essential facility doctrine – a US/EC comparative analysis. in* World Competition (22) 67-89. Kluwer Law International: Great Britain.

SULLIVAN, Lawrence A.; GRIMES, Warren S. 2000. *The law of antitrust: an integrated handbook*. West group: Minnesota.

WHISH, Richard. 2003. Competition Law. Lexis Nexis: Suffolk.

CAPÍTULO III

O novo regime do controlo das concentrações de empresas na Lei n.° 18/2003

SOFIA OLIVEIRA PAIS

1. Introdução

A generalidade dos países acredita que a concorrência é a melhor forma de aumentar a eficiência produtiva e distributiva, garantindo a inovação e o crescimento económico. A concorrência é considerada o meio mais eficaz para assegurar a disponibilidade de produtos de qualidade a preços reduzidos aos consumidores.

No plano europeu, o objectivo de instituir um sistema de defesa da concorrência comunitária é afirmado com a entrada em vigor do Tratado de Roma. São, deste modo, estabelecidos mecanismos que se mantêm até hoje: o art. 81.°, que proíbe, em geral, as práticas restritivas da concorrência, e o art. 82.°, destinado a fiscalizar os abusos de empresas em posição dominante no mercado. Observe-se, contudo, que nenhuma referência é feita nesse Tratado à necessidade de fiscalização das concentrações de empresas que limitem a concorrência. Tal imperativo só se manifestou, como veremos, vários anos mais tarde.

1.1. *A fiscalização das concentrações de empresas no plano europeu*

O controlo das concentrações de empresas, nos países europeus, é um problema que só recentemente encontrou solução em textos legislativos.

De facto, na Europa, poucos países possuíam, até à década de 1970, legislações nesse domínio[1], uma vez que as operações de concentrações eram consideradas necessárias pelos vários Estados – e Portugal não constituía uma excepção à regra – como forma de reestruturação da indústria nacional. As concentrações permitiam aumentar a competitividade internacional das empresas, através da realização de economias de escala e da racionalização do processo produtivo e distributivo, estando ainda embrionário, segundo alguns autores, o processo de consciencialização dos seus efeitos restritivos a nível da concorrência[2].

Com as grandes alterações sócio-económicas do final do século XX, os países europeus e a própria Comunidade Europeia começaram a sentir de forma premente a necessidade de instituírem um mecanismo regulador de tal tipo de situações. O surto de concentrações ocorrido dentro e fora da Europa tornaram evidentes os prejuízos que tais situações poderiam causar à concorrência. A eliminação dos concorrentes existentes no mercado, a criação de barreiras à entrada de novas empresas, as limitações à liberdade de escolha dos consumidores e fornecedores, são apenas alguns dos exemplos mais expressivos. A aproximação da data prevista para a realização do mercado interno exerce, igualmente, pressão sobre as autoridades da concorrência no sentido de adoptarem medidas de fiscalização adequadas, revelando-se o recurso às disposições dos Tratados comunitários pouco apropriado para resolver a questão.

Um passo significativo foi dado, sem dúvida, com a adopção do Regulamento comunitário n.° 4064/89, alterado mais tarde pelo Regulamento n.° 1310/97, não só pelas soluções consagradas no plano comunitário, mas também pela influência decisiva que o regime material, aí

---

[1] Cf. as legislações do Reino Unido – *Federal Trading Act* de 1973-, da Alemanha – *Gesetz gegen Wettbewerbsbeschränkungen,* de 1958, com as alterações introduzidas em 1973, – e da França – Lei 19 de junho de 1977, alterada depois em 1986. Para uma análise destas e de outras legislações europeias, no domínio do controlo das concentrações de empresas, pode consultar-se a seguinte obra: Peter Verloop (ed.), *Merger Control in the EEC. A survey of European Competition Laws*, Kluwer, 1993.

[2] Sobre as vantagens e inconvenientes das concentrações de empresas cf. HENRIQUE MEDINA CARREIRA, "Concentração de empresas e grupos de sociedades. Aspectos históricos, económicos e jurídicos", Documentos do IESF, n.° 3, edições ASA, 1992 pp. 25 e ss, T. ANTONY DOWNES e JULIAN ELLISON, "The legal control of mergers in the european communitites", Blackstone Press Limited, 1991, pp.2 e ss., e P.F.C. BEGG, "Corporate, Acquisitions & Mergers", Graham & Trotman, 1991, pp 8.58 e ss.

instituído, acabou por ter sobre as próprias legislações nacionais[3]. O Regulamento de 1989 criou um regime de controlo *a priori* e exclusivo – salvo situações excepcionais, previstas no próprio regulamento – pela Comissão Europeia, das operações de concentração de dimensão comunitária.

Volvida mais de uma década sobre a sua entrada em vigor, a Comissão, atenta aos problemas entretanto detectados pela aplicação do regime comunitário, publicou o Livro Verde sobre a revisão do Regulamento n.° 4064/89, no qual discutia a necessidade de introduzir alterações aos critérios substantivos e processuais existentes[4]. Após intensas discussões e negociações, surgiram o Regulamento (CE) n.° 139/2004, do Conselho, de 20 de Janeiro de 2004, relativo ao controlo das concentrações de empresas, que entrou em vigor em 1 de Maio de 2004, o Regulamento (CE) n.° 802/2004, da Comissão, de 7 de Abril de 2004, de execução do regulamento das concentrações comunitárias e as Orientações para a apreciação das concentrações horizontais[5]. Em 2005 foram publicadas várias

---

[3] Para um estudo dos regulamentos comunitários – Regulamento (CEE) n.° 4064/ /89, JO, L, 395 de 30.12.89 p. 1, e Regulamento (CE) n.° 1310/97, JO, L 180 de 9.7.97, p. 1 – sobre o controlo das concentrações de empresas cf. SOFIA OLIVEIRA PAIS, "O controlo das concentrações de empresas no direito comunitário da concorrência", Almedina, Coimbra, 1996, SOFIA OLIVEIRA PAIS, "Controlo das concentrações de empresas no direito comunitário – Algumas notas sobre as alterações introduzidas ao Regulamento n.° 4064/98 de 21.12.89 pelo Regulamento n.° 1310/97 de 30.6.97', *Direito e Justiça*, Revista da Faculdade de Direito da Universidade Católica Portuguesa, vol. XII, 1998, Tomo 2, pp. 275 e ss, DOMINIQUE BERLIN, "Contrôle communautaire des concentrations", ed Pedone, Paris, 1992, JOHN COOK e CHRIS S. KERSE, 'EEC Merger Control. Regulation 4064/89', Sweet & Maxwell, Londres, 1.ª edição (1991) e 3.ª edição (2000).

[4] COM (2001) 745 final. Note-se que a reforma do regulamento de 1989 era sentida de forma cada vez mais premente, em especial, neste últimos anos, com vários acórdãos do TPI a anularem as decisões da Comissão que declaravam operações de concentração incompatíveis com o mercado comum. Refiram-se apenas a título de exemplo o acórdão do TPI de 6 de Junho de 2002 (proc. T-342/99, Airtours/Comissão, Colectânea de Jurisprudência 2002, II-2585) e o acórdão do TPI de 25 de Outubro de 2002 (proc. T5/02, Tetra/Laval/Comissão, CJ 2002, II-4381, confirmado aliás pelo acórdão do TJCE de 15 de Fevereiro de 2005, proc. C-12/03 ainda não publicado em colectânea).

[5] Cf. Regulamento (CE) N.° 139/2004, JOUE, L 24/1 de 29.1.2004, Regulamento (CE) N.° 802/2004, JOUE, L 133/1 de 30.4.2004, Orientações para a apreciação das concentrações horizontais nos termos do regulamento do Conselho relativo ao controlo das concentrações de empresas, 2004/C 31/03, JOUE, C 31/5 de 5.2.2004. Note-se que, tal como tem feito regularmente até hoje, a Comissão fica obrigada a apresentar ao Conselho um relatório, até 1 de Julho de 2009, sobre a aplicação dos critérios e limiares fixados no regulamento, na sequência do qual o Conselho pode operar a revisão dos mesmos – cfr. art. 1.° n.ºs 4 e 5 do Regulamento(CE) N.° 139/2004.

Comunicações da Comissão com o objectivo de interpretar certas disposições dos regulamentos acabados de referir. Destacam-se, pelo seu relevo, a Comunicação 2005/C 56/02, relativa à remessa de casos de concentrações, a Comunicação 2005/C 56/03, relativa às restrições directamente relacionadas e necessárias às concentrações e a Comunicação 2005/C 56/ /04, relativa a um procedimento simplificado de tratamento de certas concentrações[6].

O Regulamento de 2004 aplica-se, tal como o anterior, às concentrações de dimensão comunitária desenvolvidas[7] no Espaço Económico Europeu, que abrange os 25 Estados-membros da União Europeia e ainda a Noruega, a Islândia e o Liechtenstein[8]. Nos termos do art. 3.°. do novo regulamento, existe concentração quando "uma mudança de controlo duradoura" resulta da fusão de duas ou mais empresas, da aquisição de outra ou outras empresas, ou da criação de uma empresa comum que desempenhe de forma duradoura todas as funções de uma entidade económica autónoma. Tal operação terá dimensão comunitária se preencher os limiares estabelecidos no art. 1.°, n.° 2, do mesmo regulamento, que man-

---

[6] Cf. Comunicação da Comissão 2005/C 56/02, JOUE, C 56/2 de 5.3.2005, Comunicação da Comissão 2005/C 56/03, JOUE, C 56/24 de 5.3.2005 e Comunicação da Comissão 2005/C 56/03, JOUE, C 56/32 de 5.3.2005. Refira-se por fim a publicação pela Comissão de certas orientações, intituladas *Best Practices on the conduct of EC merger control proceedings*, disponíveis em http://europa.eu.int/comm/competition/mergers/legislation, com o objectivo de prestar esclarecimentos, aos interessados, sobre os procedimentos habituais da autoridade comunitária nestes domínio, incentivando, de acordo com a terminologia da autoridade comunitária, a "cooperação" e a "compreensão" entre a "DG da Concorrência e a comunidade jurídica e empresarial".

[7] Note-se que o critério jurisdicional fixado pelo regulamento comunitário refere-se apenas à dimensão das empresas envolvidas na operação de concentração, e não ao efeito da concentração na concorrência ou no comércio intra-comunitário. Preenchidos os limiares dos volumes de negócios, mundial e comunitário, fixados no art. 1.°, e respeitada a regra de dois terços estabelecida na mesma disposição, o regulamento aplica-se, mesmo que a concentração seja entre empresas que não são europeias e cuja actividade principal é desenvolvida fora da Europa, e ainda que essa operação já tenha sido autorizada noutras jurisdições. Refira-se apenas a título de exemplo o caso GE/Honeywell (decisão da Comissão de 3 de Julho de 2001, proc. COMP/M2220, JOUE L 48 p. 1 de 18.2.04), no qual a autoridade comunitária proibiu uma operação entre duas empresas americanas, autorizada pelas autoridades norte-americanas, tendo a decisão sido objecto de recurso para o TPI (cf. proc. T 209 e 210/01). Este caso foi bastante divulgado, sendo utilizado como mais um exemplo das diferentes atitudes adoptadas pelas autoridades comunitárias e norte-americanas no domínio concorrência, e em especial quanto às concentrações conglomeradas.

[8] Cf. Decisão do Comité Misto do EEE n.° 78/2004, de 8 de Junho de 2004, JOUE, L 219/13 de 8.6.2004.

têm a referência ao volume de negócios realizado a nível mundial de 5000 milhões de euros, ao volume de negócios realizado a nível comunitário de 250 milhões de euros, e à necessidade de as empresas em causa não realizarem 2/3 da sua actividade num único Estado-membro; subsidiariamente, a concentração terá ainda dimensão comunitária se cumprir os valores estabelecidos no art. 1.°, n.° 3. As empresas envolvidas no projecto de concentração de dimensão comunitária continuam obrigadas a notificar previamente a Comissão, que adoptará uma decisão aplicável, em princípio, em toda a União Europeia. Note-se que o teste jurisdicional, aparentemente simples, fixado no art. 1.° do regulamento, com o objectivo de facilitar a aplicação do mesmo, tem contudo o inconveniente de obrigar à notificação prévia de projectos de concentração que, de forma evidente, não restringem significativamente a concorrência comunitária, pelo simples facto de terem dimensão comunitária. É o caso, por exemplo, de operações de concentração entre empresas que apenas desenvolverão actividades insignificantes no Espaço Económico Europeu[9]. Consciente destas desvantagens, a Comissão adoptou a Comunicação 2005/C 56/04, que fixa um procedimento simplificado de tratamento das concentrações que não levantem problemas de concorrência. Nesse documento foi estabelecido um formulário simplificado relativo à notificação prévia[10], bem como a possibilidade de a Comissão tomar uma decisão simplificada a autorizar a concentração no prazo de 25 dias úteis a contar da notificação[11]. Nos restantes casos, a Comissão analisará a concentração nos prazos do procedimento normal[12].

O teste substantivo para a apreciação das operações vem fixado no art. 2.°, n.° 3, nos termos do qual a autoridade comunitária declarará incompatíveis com o mercado comum "as concentrações que entravem significativamente uma concorrência efectiva, no mercado comum ou numa parte substancial deste, em particular em resultado da criação ou do reforço de uma posição dominante". Repare-se que o Conselho alterou a

---

[9] Vejam-se os exemplos referidos no ponto 5 da Comunicação 2005/C 56/04, já citada.

[10] Cf. JOUE, L 33/22 de 30.4.2004.

[11] Cf. ponto 17 da Comunicação 2005/C 56/04, já citada.

[12] Este divide-se em duas fases nos termos dos artigos 6.°, 8.° e 10.° do novo regulamento comunitário, que ampliou os respectivos prazos. Actualmente a primeira fase pode durar entre 25 a 35 dias úteis e a segunda fase entre 90 a 125 dias úteis, na hipótese da operação suscitar reservas à Comissão.

redacção dada ao art. 2.°, no regulamento de 1989, procurando eliminar eventuais riscos para a concorrência que poderiam resultar de certas operações de concentração que não conduzissem à criação ou reforço de uma posição dominante, sem optar pelo critério da 'redução substancial da concorrência' ('substantial lessening of competition").

A decisão adoptada pela Comissão, à luz deste critério mais amplo, será susceptível de recurso para o Tribunal de Primeira Instância.

1.2. *O controlo das concentrações de empresas em Portugal*

No ordenamento jurídico português, a primeira legislação de defesa da concorrência surgiu com o Decreto-Lei n.° 422/83 de 3 de Dezembro[13]. Este fixou um regime geral de protecção da concorrência no mercado nacional, em consonância com o objectivo do art. 81.° da Constituição da República Portuguesa de "assegurar a equilibrada concorrência entre as empresas". Não continha, todavia, qualquer referência ao controlo das concentrações. Com efeito, as operações de concentração de empresas aqui realizadas, ou produtoras de efeitos no território português, apenas começaram a ser fiscalizadas com o Decreto-Lei n.° 428/88, de 19 de Novembro[14], o qual tinha por finalidade evitar que conduzissem ao 'abuso de posição dominante no mercado do bem ou serviço'. Cumpriam-se, deste modo, os objectivos comunitários, e nacionais, de defesa de uma concorrência efectiva, e não falseada, no mercado comum e no mercado nacional.

O Decreto-Lei de 1988 criou um mecanismo de apreciação preventiva de concentrações de empresas, que envolvessem um volume anual de vendas "igual ou superior a 5 milhões de contos", ou detivessem uma quota de mercado igual ou superior a "20% quanto ao mercado português" ou "5% quanto ao mercado comunitário", ou conduzissem a uma alteração substancial da "estrutura concorrencial do mercado do tipo de bens ou serviços em causa". A fixação de limiares pouco elevados, a utilização de conceitos gerais, que não foram objecto de definição no Decreto-Lei n.° 428/88, como é paradigmático o caso da noção de 'volume anual de vendas', bem como a existência de certas discrepâncias face ao regula-

---

[13] Publicado no Diário da República, I Série-A, n.° 278, de 3.10.1983.

[14] Publicado no Diário da República, I Série-A, n.° 268, de 19.11.1988.

mento comunitário sobre o controlo das concentrações de empresas[15], acabaram por conduzir à sua revogação.

Em 29 de Outubro de 1993, foi publicado o Decreto-Lei n.° 371/93[16], que fixou novo regime para o controlo das concentrações nacionais e contemplou os auxílios do Estado e as práticas restritivas da concorrência, revogando o Decreto-Lei n.° 422/83 de 3 de Dezembro[17]. No seu texto, destaca-se o alargamento do campo de aplicação da legislação anterior, a ampliação dos limiares existentes – são fiscalizadas as concentrações que envolvam empresas com um volume de negócios, em Portugal, superior a 30 milhões de contos, ou com quotas superiores a 30% do mercado nacional-, a modificação dos trâmites processuais, e a resolução de algumas dificuldades de interpretação.

As vantagens adquiridas, com as alterações introduzidas por este Decreto-Lei, não são todavia suficientes para garantir o funcionamento eficiente dos mercados e a satisfação dos interesses dos consumidores, além de suscitarem certa insegurança jurídica, dadas as divergências existentes em relação ao tratamento comunitário das concentrações. Refira-se, apenas a título de exemplo, o facto de as concentrações realizadas pelas instituições de crédito e pelas empresas seguradoras escaparem, não se sabe por que motivo, ao controlo da legislação portuguesa.

Num mundo cada vez mais global, em que preocupações com a competitividade internacional das economia nacionais estão na ordem do dia, a necessidade de actualização e modernização das legislações concorrenciais surge de forma cada vez mais urgente. Um primeiro passo foi dado com a criação da Autoridade da Concorrência pelo Decreto-Lei n.° 10/2003, que revogou a anterior estrutura institucional. Procurou formar-se uma entidade autónoma que “contribua para criar em Portugal uma verdadeira cultura da concorrência”. Seguiu-se a inevitável revisão, pela

---

[15] Note-se que o primeiro regulamento comunitário foi adoptado em Dezembro de 1989, e o seu texto final afastou-se diversas vezes das soluções apresentadas na proposta, a qual tinha servido de molde ao Decreto-Lei português.

[16] Publicado no Diário da República, I Série-A, n.° 254, de 29.10.1993.

[17] Sobre o controlo das concentrações de empresas no domínio português, cf. Sofia Oliveira Pais, “O controlo das concentrações de empresas no direito português. Decreto-Lei n.° 371/93 de 29/10”, UCP editora, Porto, 1997, Gilberto Arantes, “A regulamentação das concentrações de empresas em Portugal: Decreto-lei n.° 428/88. Breves referências às legislações similares em vigor nos restantes países da CEE”, DGCeP, série cadernos, n.° 10, Dezembro, 1990, pp. 47 e ss. e Filipa Arantes Pedroso, “Análise do DL 428/88 de 19/2 – Concentrações”, ROA, ano 49, 1989, Lisboa, pp. 545 e ss.

Lei n.° 18/2003, dos aspectos processuais e substantivos da legislação de concorrência existente, de que nos ocuparemos de seguida[18].

2. A Lei n.° 18/2003

A Lei n.° 18/2003, de 11 de Junho, aprova o novo regime jurídico da concorrência, e aplica-se, nos termos do artigo 1.°, n.° 1, a "todas as actividades económicas exercidas, com carácter permanente ou ocasional, nos sectores privado, público e cooperativo".

2.1. *Campo de aplicação*

O n.° 2, do art. 1.°, da Lei n.° 18/2003, na linha da legislação anterior, e em consonância com o princípio da territorialidade objectiva, estipula que o Estado português é competente para fiscalizar não só as práticas restritivas da concorrência, e as operações de concentração de empresas, realizadas em território nacional, como aquelas praticadas fora do seu território mas que nele "tenham ou possam ter efeitos". Mais uma vez razões de eficácia na aplicação da legislação nacional prevaleceram sobre eventuais preocupações de conflitos de soberania, geradores de insegurança jurídica no comércio internacional. O objectivo do legislador é garantir ampla jurisdição ao Estado português.

2.1.1. *Operação de concentração*

No domínio específico das concentrações, a nova lei mantém, como condições de aplicação do regime jurídico português, a existência de uma operação de concentração de dimensão nacional.

Note-se, em primeiro lugar, que não encontramos no texto da nova lei, tal como não encontrávamos na legislação anterior, um conceito geral de "operação de concentração". De facto, ambas as legislações se limitam

---

[18] Cf. Decreto-Lei n.° 10/2003, Diário da República, I Série – A, n.° 15, de 18.1.2003 p. 251, e Lei 18/2003, Diário da República, I Série – A, n.° 134, de 11.6.2003, p.3450. Note-se que a legislação nacional de defesa da concorrência encontra-se, igualmente, disponível em www.autoridadedaconcorrência.pt.

a descrever os tipos mais frequentes de concentrações, deixando subentendidos os critérios para determinar se uma operação configura uma concentração. Repare-se que a omissão de um conceito geral estava igualmente patente nos regulamentos comunitários sobre o controlo das concentrações. Só em 1998, com a Comunicação da Comissão sobre o conceito de concentração de empresas é que o critério da mudança de controlo foi descrito de forma detalhada, encontrando-se actualmente uma referência a esse critério no art. 3.° do novo regulamento sobre o controlo das concentrações. Em suma, o objectivo do direito comunitário, tal como o da legislação portuguesa, é o de só abranger as operações que impliquem uma alteração no controlo da empresa, devendo tal controlo ser exercido numa base duradoura.

Em segundo lugar, é preciso assinalar que, ao contrário do que se passava no regime anterior, a nova lei faz apelo explícito, no plano interpretativo, à semelhança de outras legislações europeias, às soluções familiares e amadurecidas vigentes no direito comunitário. De facto, o art. 60.°, n.° 1, dispõe que as novas leis portuguesas – Lei n.° 10/2003 e Lei n.° 18/ /2003 – terão em conta "a evolução do regime comunitário aplicável às empresas, ao abrigo do disposto nos artigos 81.° e 82.° do Tratado que institui a Comunidade Europeia e dos regulamentos relativos ao controlo das operações de concentração de empresas". Trata-se de uma solução plenamente justificada, atendendo a que a coordenação das duas ordens jurídicas é não só desejável como inevitável[19], permitindo às autoridades nacionais dispor de orientações bastante completas, aquando da aplicação do novo regime legal. Revela-se, desta forma, útil e mesmo necessário o conhecimento, quer dos regulamentos comunitários sobre o controlo das concentrações de empresas, quer das Comunicações da Comissão[20] sobre os mais diversos conceitos utilizados nesses regulamentos, quer ainda das

[19] Repare-se que no domínio das concentrações, tal como no âmbito das práticas restritivas e abusos de posição dominante, as noções adoptadas a nível legislativo resultam claramente de soluções encontradas na legislação comunitária, na jurisprudência do Tribunal de Primeira Instância e do Tribunal de Justiça das Comunidades Europeias e nas decisões da Comissão Europeia.

[20] Comunicação da Comissão relativa ao conceito de empresas comuns que desempenham todas as funções de uma entidade económica autónoma, 98/C 66/01, JO, C 66, de 2.3.98 p.1, Comunicação da Comissão relativa ao conceito de concentração de empresas, 98/C 66/02, JO, C 66, de 2.3.98, p. 5, Comunicação da Comissão relativa ao conceito de empresas em causa, 98/C 66/03, JO, C 66, de 2.3.98, p. 14, Comunicação da Comissão relativa ao cálculo do volume de negócios, 98/C 66/04, JO, L 66, de 2.3.98, p. 25.

decisões das autoridades comunitárias adoptadas nestas matérias, pois reflectem a experiência obtida com a aplicação dos ditos regulamentos.

Em terceiro lugar, cumpre fazer uma breve menção aos dois tipos de concentração – fusão e aquisição de controlo – considerados relevantes no ordenamento jurídico nacional.

A primeira modalidade de concentração, pouco frequente no panorama nacional, refere-se ao caso de "fusão de duas ou mais empresas anteriormente independentes" (art. 8.°, n.° 1, al. a), da Lei n.° 18/2003). Sem entrarmos na querela doutrinal sobre o conceito de fusão, interessa-nos apenas destacar o facto de a nova lei continuar a seguir a terminologia comunitária, referindo-se à fusão entre 'empresas'[21] e não à fusão entre sociedades[22].

O segundo tipo de concentração refere-se, quer aos casos em que "uma ou mais pessoas singulares, que já *detêm* o controlo de pelo menos uma empresa, ou de uma ou mais empresas, *adquirem*, directa ou indirectamente, o controlo da totalidade ou de partes de uma ou de várias outras empresas", como ainda às hipóteses de "criação ou aquisição de uma empresa comum", desde que a "empresa comum desempenhe de forma duradoura todas as funções de uma entidade económica autónoma" (art. 8.° n.° 1, al. b) e n.° 2). Dito de outro modo, a aquisição de controlo pode assumir a forma de controlo exclusivo ou conjunto; essencial é a existência, tanto num caso como noutro, da possibilidade de uma ou mais empresas, ou pessoas que já detêm o controlo de uma empresa[23], exercerem uma

---

21 A noção de empresa é dada pelo art. 2.° da Lei n.° 18/2003.

22 Note-se que, na ordem jurídica comunitária, esta noção tem sido interpretada pela Comissão de forma lata, abrangendo quer a fusão entre empresas anteriormente independentes, em que pelo menos uma perde a sua identidade jurídica, quer a 'fusão' que conduz à criação de uma única unidade económica; tal será o caso quando "duas ou mais empresas, embora mantendo a sua personalidade jurídica própria estabelecem uma gestão económica comum por via contratual"; essencial neste último caso é a existência de uma "gestão económica permanente e única" – cf. pontos 6 e 7 da Comunicação da Comissão relativa ao conceito de concentração de empresas. Segundo a Comissão esta última hipótese pode aplicar-se aos "Gleichordnungskonzern", do direito alemão, aos "groupements d'intérêt économique" franceses e a certas "partnerships" do direito anglo-saxónico – v. nota 5 da Comunicação citada.

23 Neste caso, para efeitos da apreciação da dimensão nacional da concentração, parece-nos que a melhor solução será considerar, no cálculo do volume de negócios, a actividade desenvolvida pela empresa-alvo e ainda o volume de negócios das empresas controladas pela pessoa singular. Foi esta, aliás, a solução seguida no contexto comunitário – cf. Comunicação da Comissão relativa ao conceito de empresas em causa, ponto 52.

influência determinante sobre (a actividade de) uma outra empresa, com base em direitos, contratos ou qualquer outro meio[24].

Mais uma vez o legislador português, em sintonia com o legislador comunitário, optou por uma noção material e abrangente de controlo, que permite uma fiscalização mais eficaz das operações de concentração, ainda que à custa de uma certa segurança jurídica, que poderia ser fornecida através de critérios meramente formais. É, em todo o caso, uma noção com larga tradição no contexto comunitário, a propósito da qual a Comissão já esclareceu que a possibilidade de exercício de influência decisiva deve ser efectiva, e não meramente hipotética.

Quanto à hipótese de controlo exclusivo, as autoridades nacionais confirmaram que se trata geralmente de um controlo obtido mediante a compra de participações ou activos que conferem uma maioria de direitos de votos na outra empresa, podendo ainda tal controlo assentar numa base de facto, bastando para tal que o accionista minoritário, devido designadamente à dispersão do restante capital, indiferença dos outros accionistas, ou mesmo à existência de acordos que estabelecem direitos específicos, possa determinar a política empresarial, isto é, as decisões estratégicas da empresa adquirida[25].

No caso do controlo conjunto, a tónica tem sido colocada na possibilidade de as empresas-mãe bloquearem medidas que determinam o comportamento estratégico da empresa comum, tal sucederá, por exemplo, no caso de partilharem os direitos de voto na empresa-comum, ou ainda na hipótese de possuírem um direito de veto. Com efeito, o poder de as empresas-mãe rejeitarem as decisões estratégicas apresentadas é susceptível de criar uma situação de impasse, que é característica deste tipo de controlo[26].

É igualmente de realçar que na situação específica das empresas comuns – isto é, empresas controladas em conjunto por duas ou mais empresas –, continua a ser necessário, nos termos da nova lei, o desempenho "de forma duradoura (de) todas as funções de uma entidade económica autónoma". Tal significa, de acordo com a *praxis* comunitária e

---

24 De acordo com o n. 3, do art. 8.°, o controlo pode resultar, nomeadamente, da "aquisição da totalidade ou de parte do capital social", ou da "aquisição de direitos de propriedade, de uso ou de fruição sobre a totalidade ou parte dos activos de uma empresa", ou ainda "da aquisição de direitos ou celebração de contratos que confiram uma influência preponderante na composição ou nas deliberações dos órgãos de uma empresa".

25 Cf. SOFIA OLIVEIRA PAIS, 'O controlo...', UCP ed., pp. 44-52.

26 Cf. SOFIA OLIVEIRA PAIS, Ob. Cit., pp. 52-65.

nacional, que a empresa comum deve dispor de gestão própria, ter acesso aos recurso necessários, administrar a sua actividade com autonomia, tendo designadamente acesso ao mercado, pois só assim se verifica uma alteração duradoura da estrutura das empresas em causa[27].

Já a condição estabelecida no Decreto-Lei anterior, de que a empresa comum não tivesse "por objecto ou como efeito a coordenação do comportamento concorrencial entre as empresas fundadoras ou entre estas e a empresa comum" [28], desapareceu na Lei de 2003[29]. Tal alteração acompanhou, no fundo, a evolução da distinção feita tradicionalmente, no plano comunitário, entre empresas comuns com carácter de concentração, sujeitas ao Regulamento n.° 4064/89, e empresas comuns com carácter de cooperação, abrangidas inicialmente pelo Regulamento n.° 17/62 e por outros regulamentos de aplicação do actual art. 81.° do TCE, hoje substituídos pelo Regulamento n.° 1/2003[30]. Com efeito, a cisão da figura 'empresa comum', nos termos do regulamento de 1989, foi muito criticada pela doutrina, uma vez que se encontrava desfasada da realidade e a sua interpretação não era fácil. A Comissão acabou por abandonar esse conceito e passou a aceitar[31] que a permanência de uma das empresas-mãe no mercado, ou o facto de as empresas-mãe manterem actividades residuais no mercado em que opera a empresa filha, em nada afecta o carácter de concentração da empresa comum. Mais tarde, o Regulamento (CE) n.° 1310/97 retoma estas preocupações, e, com o intuito de garantir um tratamento global e harmonizado da figura, elimina a segunda condição negativa. Deste modo, estabelece que a "criação de uma empresa comum que desempenhe de

---

[27] Ob. Cit. Loc. Cit. Cf. Comunicação da Comissão relativa ao conceito de empresas comuns, cit.

[28] Como é sabido, a verificação desta segunda condição negativa – ausência de coordenação – era exigida inicialmente pelo Regulamento N.° 4064/89, e interpretada pela Comissão no sentido de que só não se presumia a coordenação do comportamento concorrencial quando as empresas-mãe se retirassem de forma irreversível do mercado da empresa comum, cf. ponto 20 da Comunicação 90/C 203/6, JO, C 203, de 14.8.90, p. 5.

[29] Mas, "se a criação da empresa comum tiver por objecto ou efeito a coordenação do comportamento concorrencial de empresas que se mantêm independentes tal coordenação (será) apreciada nos termos dos artigos 4.° e 5.° da presente lei" (art. 12.° n.° 6 da Lei n.° 18/2003).

[30] Cf. Regulamento (CE) N.° 1/2003 do Conselho de 16.12.2002., JOUE L1/1 de 4.1.2003. Note-se que este regulamento, em vigor desde 1 de Maio de 2004, foi adoptado com o objectivo de garantir uma aplicação descentralizada e uniforme do direito comunitário da concorrência.

[31] Ponto 17 da Comunicação 94/C 385/3, JO, C 385, de 31.12.94, p. 5.

forma duradoura todas as funções de uma entidade económica autónoma constitui uma concentração", redacção que se mantém, quer no art. 3.° do actual regulamento comunitário, quer em várias legislações nacionais, como é o caso da Lei portuguesa 18/2003.

Observe-se ainda que esta segunda modalidade de concentração – aquisição de controlo –, apesar de abranger realidades mais complexas, continua a ser, sem dúvida, a solução preferida pelas empresas. Tomando como referência o Relatório de Actividades sobre a Concorrência em Portugal, da Autoridade da Concorrência, para o ano de 2002, verificamos que, num universo de 70 operações de concentração notificadas à autoridade nacional, 64 assumem forma de aquisição de controlo[32].

Finalmente, importa salientar que ficam excluídas da noção de concentração a "aquisição de participações ou activos no quadro do processo especial de recuperação de empresas ou falências", a "aquisição de participações com meras funções de garantia" e a "aquisição por instituições de crédito de participações em empresas não financeiras" (art. 8.° n.° 4), uma vez que estão em causa operações em que a aquisição de participações não implica uma alteração duradoura do controlo.

Esta disposição, conjugada com a nova redacção dada ao art. 9.°, introduz uma alteração significativa ao regime português do controlo das concentrações, a saber, as concentrações realizadas pelas instituições de crédito, ou por outras instituições financeiras, bem como pelas empresas de seguro deixam de estar excluídas do campo de aplicação da nova legislação portuguesa. Recorde-se que no Decreto-Lei anterior estipulava-se expressamente, no art. 7.°, n.° 2, a imunidade de tal tipo de situações, em total oposição à solução consagrada no plano comunitário. De facto, o Regulamento n.° 4064/89 aplicava-se igualmente às instituições de crédito, financeiras e seguros, limitando-se a estabelecer regras de cálculo diferentes quanto à apreciação da dimensão comunitária das operações em causa. A nova lei de 2003 altera o regime existente, e em sintonia com a disciplina comunitária, passa a abranger operações realizadas pelas ditas instituições, substituindo o critério do volume de negócios, inadequado naquele tipo de casos, pela soma de certas 'rubricas de proveitos bancários", que abrangem designadamente 'juros, receitas de títulos, comissões' no caso das instituições de crédito, ou outras instituições financeiras,

---

[32] Cf. Relatório de Actividades sobre Concorrência em Portugal, Janeiro 2002 a Dezembro 2002, *in* http://www. autoridadedaconcorrencia.pt.

e pelo 'valor dos prémios' no caso das empresas de seguros, nos termos do n.° 5 do art. 10.°.

2.1.2. *Dimensão nacional*

Verificando-se uma das modalidades de concentração atrás descritas, é ainda necessário, nos termos do art. 9.° da nova lei, e à semelhança do que já se encontrava fixado anteriormente, que a operação "crie ou reforce uma quota superior a 30% no mercado nacional"; ou, em alternativa, que as empresas envolvidas na concentração tenham um "volume de negócios superior a 150 milhões de euros". A parte final da al. b), do art. 9.°, acrescenta um novo critério de ligação da concentração ao território nacional: além do volume de negócios superior a 150 milhões de euros, é preciso que o "volume de negócios realizado individualmente em Portugal, por pelo menos duas dessas empresas, seja superior a dois milhões de euros".

O objectivo desta disposição é garantir, por um lado, que o volume de negócios fixado em 150 milhões de euros traduza o poder económico das empresas que participam na concentração. Para o efeito, deverão ser considerados todos os recurso económicos e financeiros envolvidos de forma a que possa ser aferida, com rigor, a dimensão da operação projectada. Por outro lado, o limiar de 2 milhões de euros foi pensado para assegurar que a operação tem verdadeira dimensão nacional, e que se justifica por conseguinte a aplicação da legislação portuguesa; sendo, em princípio, excluídas empresas que não desenvolvam qualquer actividade no território português. Este último limiar tem sido criticado por fixar valores assaz baixos, obrigando inúmeras pequenas empresas a procederem à notificação prévia, com os inerentes custos envolvidos, sem que tal seja justificado por preocupações de defesa da concorrência[33].

Quanto ao cálculo de volume de negócios, a Lei de 2003, na tradição do Decreto-Lei anterior e do regulamento comunitário, faz apelo aos "valores dos produtos vendidos e dos serviços prestados a empresas e consumidores em território português líquidos dos impostos directamente relacionados com o volume de negócios", sendo relevante, em princípio,

---

[33] Cf. o Regulamento N.° 1/E/2003, relativo às taxas aplicáveis à apreciação de operações de concentração de empresas, e o Regulamento N.° 2/E/2003, relativo ao formulário de notificação de operações de concentração de empresas, disponíveis em www.autoridadedaconcorrência.pt.

o período do último exercício financeiro (art. 10.°, n.° 3)[34]. Note-se que este critério, assentando em limiares de ordem quantitativa, tem a vantagem imediata de permitir uma aplicação fácil, simples e objectiva, garantindo a segurança jurídica das empresas envolvidas quanto à questão da necessidade de procederem a notificação prévia. Todavia, o seu interesse económico pode ser diminuto, pois, como é sabido, grandes empresas, com volumes de negócios significativos, não detêm automaticamente um poder de mercado relevante. Em suma, trata-se de um critério que visa apenas determinar a jurisdição competente, e não tem em conta a estrutura do mercado, ou seja, não avalia o carácter muito ou pouco concentrado do mercado, a posição das partes no mercado ou o impacto da operação no mercado. Revela-se, portanto, de pouco utilidade na apreciação dos efeitos da concentração sobre a estrutura concorrencial do mercado.

Consciente das vantagens e desvantagens deste critério, o legislador português manteve como teste alternativo na nova lei a quota de mercado. Deste modo, estão igualmente obrigadas à notificação prévia as empresas envolvidas na operação que criem ou reforcem uma quota superior a 30% no mercado nacional, ou numa parte substancial deste (art. 9.°, n.° 1, al. a).

Recorde-se que a utilização do critério da quota de mercado foi afastada do texto do regulamento comunitário, atendendo às dificuldades existentes na delimitação do conceito de mercado relevante, resultantes designadamente da complexidade económica das suas componentes geográficas e materiais[35]. De facto, os óbices sentidos pelas autoridades comunitárias, na aplicação desse conceito, conduziram a Comissão a adoptar, com objectivos de transparência e clareza, uma Comunicação relativa à definição de mercado relevante, na sua dimensão material e geográfica, para efeitos do direito comunitário da concorrência[36].

---

[34] Cf. Comunicação relativa ao cálculo do volume de negócios para efeitos do Regulamento (CEE) N.° 4064/89 do Conselho, relativo ao controlo das operações de concentração, JO, C 66, de 2.3.98, p. 5.

[35] O legislador comunitário apenas faz apelo ao significado das quotas de mercado no plano da apreciação das operações de concentração, e presume que não são susceptíveis de entravar a manutenção de uma concorrência efectiva as concentrações entre empresas cujas quotas de mercado não ultrapassam 25% nem do mercado comum, nem de uma parte substancial deste – cf. ponto 32 do preâmbulo do regulamento de 2004.

[36] Cf. a Comunicação da Comissão relativa à definição de mercado relevante para efeitos do direito comunitário da concorrência, 97/C 372/03, publicada no JO C 372/3 de 9.12.97.

No plano nacional, o legislador limitou-se a destacar, no art. 9.°, n.° 1, al. a), da Lei de 2003, a dupla dimensão do conceito 'mercado relevante', que as autoridades portuguesas interpretam em total sintonia com as orientações comunitárias[37]. O mercado geográfico, isto é, o mercado nacional ou parte substancial deste, é entendido geralmente como a área em que é comercializado o produto, ou é prestado o serviço, e na qual se verificam condições de concorrência homogéneas; já a noção de mercado material tem sido interpretado como o mercado de determinado bem ou serviço, que abrange produtos idênticos e substituíveis na perspectiva do consumidor, atendendo às características, preços e utilização visada.

Finalmente, importa averiguar, para o cálculo do volume de negócios e da quota de mercado, quais são as empresas participantes na operação, bem como o grupo a que pertencem.

As empresas participantes na operação de concentração são aquelas que estão directamente envolvidas numa fusão ou numa aquisição de controlo. Equivale isto a dizer que, numa fusão, as empresas em causa são as empresas que se fundem, ao passo que na aquisição de controlo exclusivo as empresas em causa são a adquirente e a adquirida. Na hipótese de controlo conjunto de uma empresa comum, as empresas em causa são as 'empresas-mãe'; ficará excluída do conceito a empresa comum, visto esta ainda não existir, não possuindo, portanto, um volume de negócios próprio. É claro que se a empresa já existe, e o controlo exclusivo passa a conjunto, a melhor solução será considerar a empresa comum como " uma empresa em causa" e entender que o seu volume de negócios faz parte do volume de negócios da empresa-mãe inicial[38].

---

[37] Cf. SOFIA OLIVEIRA PAIS (1997), ob. cit, pp. 72 e ss.

[38] Comunicação cit., ponto 12. Questão diferente é a de saber quais são as empresas em causa no caso de aquisição de um controlo conjunto por uma empresa comum. A solução defendida, no plano comunitário, pela Comissão (cf. Comunicação da Comissão relativa ao conceito de empresa em causa, JO, 66 de 2.3.98 p. 14), é considerar a própria empresa comum ("que desempenha todas as funções de uma empresa") e a empresa-alvo como as empresas em causa. Já no caso da empresa comum ser um mero veículo para as empresas-mãe realizarem a aquisição da empresa-alvo, como sucederá por exemplo no caso de a empresa comum ser criada especialmente para esse efeito, a autoridade comunitária considerará nesse caso como empresas em causa a empresa alvo e as empresas-mãe (cfr. ponto 28). Finalmente no caso de passagem do controlo conjunto para o exclusivo, as empresas em causa seriam o adquirente e a empresa comum (pontos 30 e ss. da Comunicação cit.).

Além do volume de negócios das 'empresas em causa', é igualmente necessário definir, quando a empresa participante na operação de concentração pertence a um grupo, o volume de negócios do grupo, pois só assim se conseguirá aferir efectivamente a dimensão nacional da operação. Desta forma, nos termos do art. 10.° da nova lei, à semelhança do que já estava estipulado no Decreto-Lei, bem como no regulamento comunitário, é necessário ter em conta, o volume de negócios de todas as empresas envolvidas na concentração, a saber, o volume de negócios: "**a)** – das empresas participantes na concentração; **b)** – das empresas em que estas dispõem, directa ou indirectamente, de uma participação maioritária no capital, de mais de metade dos votos, da possibilidade de designar mais de metade dos membros do órgão de administração ou fiscalização, do poder de gerir os negócios da empresa; **c)** – das empresas que dispõem nas empresas participantes, isoladamente ou em conjunto, dos direitos ou poderes enumerados na alínea b); **d)** – das empresas nas quais uma empresa referida na alínea c) dispõe dos direitos ou poderes enunciados na alínea b); **e)** – das empresas em que várias empresas referidas nas alíneas a) a d) dispõem em conjunto entre elas, ou com empresas terceiras, dos direitos ou poderes enumerados na alínea b)".

Em síntese, na legislação portuguesa, tal como na comunitária, o volume de negócios do grupo abrange o das filiais da empresa em causa, o das suas empresas-mãe, o das outras filiais das empresas-mãe e ainda o volume de negócios de qualquer empresa controlada em conjunto por duas ou mais empresas pertencentes ao grupo.

A regra enunciada será, no entanto, afastada "se a operação de concentração consistir na aquisição de partes com ou sem personalidade jurídica própria, de uma ou mais empresas". Nesse caso, "o volume de negócios a ter em consideração relativamente ao cedente ou cedentes será apenas o relativo às parcelas que são objecto de transacção" (n.° 4 do art. 10.°). Esta solução parece-nos razoável, dado que o vendedor apenas é necessário para a realização do contrato de compra e venda, não desempenhando qualquer função após a entrada em vigor do contrato.

Por fim, o n.° 2 do art. 10.°, com o objectivo de evitar a duplicação contabilística e reflectir, na medida do possível, o poder económico das empresas participantes na operação, estabelece que o volume de negócios resultante das vendas de produtos, e prestações de serviços, realizadas entre "a empresa-comum e cada uma das empresas participantes na operação de concentração", não é tido em conta. Já não padecerão destes vícios, e serão portanto contabilizados, os casos em que o volume de negócios resultar "da venda de produtos e da prestação de serviços realizados entre a empresa comum e qualquer outra empresa terceira".

3. **Critérios substantivos de apreciação das operações de concentração**

Delimitado o campo de aplicação da legislação portuguesa, importa agora indagar do regime substantivo fixado para a apreciação das operações de concentração nacionais.

Observe-se, desde logo, que a Lei n.° 18/2003, na linha do Decreto-Lei anterior, reserva, aparentemente, o mesmo tratamento às concentrações horizontais, (isto é, entre empresas que são concorrentes efectivas ou potenciais no mesmo mercado relevante[39]), verticais (quando as empresas envolvidas na operação não são concorrentes, encontrando-se geralmente em diferentes níveis da cadeia de produção e distribuição), e conglomeradas (ou seja, entre empresas que não se encontram directamente numa relação horizontal ou vertical)[40]. O legislador português não adoptou orientações específicas para as concentrações horizontais, consideradas geralmente mais problemáticas para a concorrência do que os outros tipos de concentração[41]. Não é esta a solução seguida noutros ordenamentos jurídicos, como é o caso dos E.U.A., em cujo território se aplicam as *Horizontal Merger Guidelines*[42], ou do ordenamento comunitário, no qual vigoram, desde Maio de 2004, as *Orientações relativas às concentrações horizontais*[43]. De facto, há já algum tempo que as autoridades da concorrência,

---

[39] Definição dada pela Comissão no ponto 5 da Orientação 2004/C 31/03, cit.

[40] Segundo Simon Bishop e Mike Walker as concentrações conglomeradas são "as concentrações entre empresas que não têm relações concorrenciais como concorrentes ou como fornecedores e clientes, não suscitando questões verticais ou horizontais", cfr. *The economics of EC Competition Law*, 2nd ed., Sweet and Maxwell, Londres, 2002, p. 290.

[41] As Orientações da Comissão Europeia, relativas às concentrações horizontais, apontam como possíveis efeitos anticoncorrenciais das concentrações horizontais a eliminação de "pressões concorrenciais importantes sobre uma ou mais empresas, que consequentemente, beneficiarão, de um aumento do poder de mercado, sem recorrer a um comportamento coordenado (efeitos não coordenados)"; e alteração da natureza da concorrência, isto é empresas que anteriormente não coordenavam o seu comportamento passam a fazê-lo, ou, se já o faziam, a concentração facilita essa coordenação, cf. ponto 22 das Orientações já citadas.

[42] Cf. http://www.usdoj.gov/atr/public/guidelines/horiz_book/hmg1.html.

[43] Em 2004, a Comissão adoptou, como já referimos, as Orientações para a apreciação das concentrações horizontais, nos termos das quais, uma vez identificado o mer-

designadamente as norte-americanas, influenciadas claramente pela Escola de Chicago[44], optaram por dar um tratamento mais favorável às concentrações verticais e conglomeradas[45]. Curiosamente, nestes últimos anos, assistimos ao aparecimento de novas teorias económicas, designadas por pós-chicago, algumas delas associadas às doutrinas da nova organização industrial, que começam a questionar as premissas de Chicago, e nomeadamente o carácter inócuo das concentrações verticais e conglomeradas[46].

---

cado relevante, a investigação das concentrações problemáticas parte da análise dos níveis de quota de mercado e de concentração. Para avaliar os níveis de concentração a Comissão utiliza o *índice Herfindahl-Hirschman*, que é calculado adicionando os quadrados das quotas de mercado individuais de todas as empresas no mercado, fornecendo um valor aproximado da variação da concentração no mercado. Em seguida, pondera a possibilidade de a concentração produzir efeitos anticoncorrenciais no mercado, através de efeitos coordenados ou não, na ausência de factores de compensação (como, por exemplo, o poder dos compradores, a entrada de novas empresas, os ganhos de eficiência ou o argumento da empresa insolvente). Quanto ao argumento da empresa insolvente refira-se a decisão Kali-Salz (de 14.12.93, JO, L 186/38 de 21.7.4)) enquanto exemplo da aplicação do dito argumento no contexto de uma operação comunitária de concentração. De facto, apesar do regulamento comunitário nada esclarecer sobre esse assunto, a Comissão tem autorizado operações de concentração com base no argumento de que a empresa adquirida (ou os seus activos) na ausência da operação de concentração teria de sair do mercado, revelando-se o projecto de concentração a solução preferível. Para mais desenvolvimentos sobre o assunto cf. Sofia Pais *Failing Firm Defense in Merger Cases: A First Look, págs. 1249-1262 in* Juris et de Jure Nos vinte anos da Faculdade de Direito da Universidade Católica Portuguesa – Porto, ed. Universidade Católica Portuguesa (Porto), 1998

44 A Escola de Chicago, que ganhou preponderância nos E.U.A. durante as décadas de 70 e 80, defende que o único objectivo do direito *antitrust* deve ser o de garantir a eficiência económica, alegando ainda que o mercado tem capacidade para se autoregular. As concentrações são vistas como uma forma de se atingir a eficiência económica, pelo que devem ser objecto de tratamento favorável, por parte das autoridades da concorrência, especialmente as concentrações verticais. Para mais desenvolvimentos cf. Richard Posner, *Antitrust Law*, 2nd edition, University of Chicago Press, 2001 e Robert Bork, *The antitrust paradox: a policy at war with itself*, Basic books, NY,1978, reimpressão de 1993.

45 No plano comunitário, os objectivos políticos de integração europeia influenciaram decisivamente o tratamento mais severo dado pela Comissão às operações verticais, consideradas sistematicamente anticoncorrenciais à luz do art. 81.°, n.° 1, ainda que depois, frequentemente, beneficiassem da isenção do n.° 3 da mesma disposição. Hoje, a problemática das operações verticais, e em especial das coligações verticais, no contexto comunitário, é apreciada a uma luz totalmente distinta, como o revelam sintomaticamente as soluções consagradas no Regulamento n.° 2790/1999, JO, L 336, de 29.12.1999, p. 21, e nas Orientações relativas às Restrições Verticais, COM (2000), 582 final.

46 Para mais desenvolvimentos sobre a questão da contribuição das doutrinas pós-chicago neste domínio cf. Herbert Hovenkamp, *The reckoning of post-Chicago antitrust,*

Apesar do amplo debate que estas questões têm suscitado, o legislador português não adoptou medidas específicas consoante o tipo de concentração, sendo aliás raras as decisões da Autoridade da Concorrência a proibirem operações de concentração. Com efeito, até 2005 apenas foram proibidas a concentração entre os grupos *Arriva e Barraqueiro* e a compra pela *Galp* das estações de serviço de gasóleo corado da *Esso*[47].

O teste substantivo, a aplicar pela Autoridade da Concorrência às operações de concentração, vem fixado no art. 12.° da nova lei. Este começa por destacar a necessidade de a apreciação das concentrações ser feita com o intuito de "determinar os seus efeitos sobre a estrutura da concorrência, tendo em conta a necessidade de preservar e desenvolver, no interesse dos consumidores intermédios e finais, uma concorrência efectiva no mercado nacional"[48]; nessa apreciação serão tidos em conta vários factores, designadamente "a estrutura dos mercados relevantes, "a posição" e o "poder económico e financeiro" das empresas participantes no mercado, "a concorrência potencial" as "barreiras à entrada e a "evolução do progresso técnico e económico". Por outras palavras, na apreciação dos efeitos da operação sobre a estrutura da concorrência a Autoridade da Concorrência deve ter em conta, uma série de factores estáticos, geral-

---

in Post-Chicago Developments in Antitrust Law, ed, by A.Cucinotta, R. Pardolesi, R. Van den Bergh e outros, New Horizons in Law and Economics, Edward Elgar, UK, 2002

[47] No primeiro caso, a Autoridade da Concorrência invocou o perigo da redução de dois para um do número de concorrentes efectivos, que juntos deteriam uma quota de mercado na ordem dos 96%, para justificar a proibição, em Novembro de 2005, da aquisição do controlo conjunto pelos grupos Barraqueiro e Arriva da empresa Arriva Transportes da Margem Sul (ATMS)– cf. Comunicado n.° 12/2005, www.autoridadedaconcorrência.pt. No segundo caso, a Autoridade da Concorrência proibiu, em Dezembro de 2005, a aquisição de certas estações da Esso pela Galp, alegando que tal operação seria susceptível de criar entraves significativos à concorrência nos mercados da comercialização de gasóleo corado nas estações de serviços em seis portos portugueses, cf. Comunicado n.° 13/2005, www.autoridadedaconcorrência.pt.

[48] Esta norma reflecte, de certo modo, as preocupações afirmadas igualmente pelo direito comunitário e pelo direito norte-americano, no sentido da protecção da concorrência, considerada indispensável à inovação, ao crescimento económico, e ao bem estar dos consumidores. Sobre os recentes desenvolvimentos ocorridos nesta área cf. Sven Norberg, 'Developments in EU Competition Policy. Decisions by the European Commission in the Field of Antitrust and Mergers Adopted during the Last Year', pp. 3 e ss, e Lino A. Graglia, 'Recent developments in American Antitrust Law', pp. 181 e ss.. Os dois artigos encontram-se publicados na 'Neueste Entwicklugen im europaischen und internationalen Kartellrecht', ed. Carl Baudenbacher, Helbing& Lichtenhahn, Munique, 2002.

mente ligados a critérios quantitativos e de curta duração, como é o caso das quotas de mercado, e dinâmicos, em regra associados a uma visão qualitativa e a longo prazo da concorrência, como é o caso da concorrência potencial. Todos esses factores fazem parte do 'acervo' da defesa da concorrência, devendo ser ponderados pela autoridade nacional na avaliação da concentração. A inexistência de uma hierarquia entre eles permite uma aplicação mais flexível da norma, autorizando maior adaptação à realidade económica, e facilitando o papel da Autoridade da Concorrência. É de salientar também que a nova lei desloca a referência feita à "contribuição da concentração para a competitividade internacional da economia nacional" do domínio da autorização das concentrações (ex – art. 10.°, n.° 2, do Decreto-Lei) para a sua sede própria, ou seja, para o campo dos critérios a ter em conta na apreciação da dita operação (art. 12.°, n.° 2, da Lei de 2003). Aliás, o entendimento do reforço da competitividade internacional como um ganho de eficiência, que devia ser ponderado ao lado de outros factores, como os efeitos da concentração sobre a estrutura da concorrência, já tinha sido defendido pelo Conselho, nos casos Lactogal e Sapec, ao abrigo da legislação anterior[49].

Em seguida, o n.° 4, do art. 12.°, da nova lei, alicerça a proibição da concentração na noção de posição dominante que, uma vez criada ou reforçada, pode originar restrições à concorrência. Não se verificando tal situação, a operação será autorizada nos termos do n.° 3 da mesma disposição.

Repare-se, por um lado, que a decisão de autorização da operação de concentração abrange igualmente, nos termos do art. 10.°, n.° 5, da nova lei, as restrições acessórias, isto é, restrições directamente relacionadas e necessárias à realização da concentração. Esta é, aliás, a solução consagrada no novo regulamento comunitário, e confirmada pela Comunicação da Comissão de 2005[50], relativa às restrições directamente relacionadas e necessárias às operações de concentração[51]; espelham sua intenção de simplificar o método vigente e de abandonar a prática seguida de apreciar individual e formalmente as restrições.

Note-se, por outro lado, que a posição dominante criada ou reforçada, no contexto nacional, só pode ser apreciada em relação a um determinado

---

[49] Sofia Oliveira Pais (1997) ob. cit. pp. 106-111.

[50] Comunicação da Comissão relativa à restrições directamente relacionadas e necessárias às concentrações, cf. JOUE C 56/24 de 5.3.2005, 2005/C 56/03.

[51] JO, C 188, de 4.7.2001, p. 5.

mercado. A definição do mercado relevante, de que já nos ocupámos, adquire, assim, um duplo interesse no contexto português. Desde logo, funciona como um dos requisitos da jurisdição do Estado português, isto é, permite a actuação das autoridades nacionais nos casos em que as empresas envolvidas na operação de concentração detenham uma quota de mercado razoável; além disso, é um factor a considerar na determinação da posição dominante da empresa em causa, constituindo um dos elementos do teste substantivo para a apreciação da operação de concentração.

Observe-se ainda que a noção tradicional, e bem conhecida, de 'posição dominante' encontra-se referida no art. 6.°, n.° 2, da Lei n.° 18/2003, que, ao contrário do que estava fixado na legislação anterior, não estabelece qualquer presunção de situações de domínio no mercado[52]. Limita-se a referir, em termos genéricos, que "dispõem de posição dominante relativamente ao mercado de determinado bem ou serviço: **a)** A empresa que actua num mercado, no qual não sofre concorrência significativa ou assume preponderância relativamente aos seus concorrentes; **b)** Duas ou mais empresas que actuam concertadamente num mercado no qual não sofrem concorrência significativa ou assumem preponderância relativamente a terceiros". Enquanto a alínea a) desta disposição apenas reitera o conceito clássico de posição dominante, dado na jurisprudência United Brands e Hoffmann-La-Roche[53], a alínea b) faz apelo à noção complexa de posição dominante colectiva, a qual apesar de não encontrar paralelo no texto do regulamento comunitário, já tem sido abordada pelos tribunais comunitários e pela Comissão Europeia em algumas decisões[54].

Finalmente, convém assinalar que a redacção do n.° 4 do art. 12.°, da lei nacional, segundo a qual são incompatíveis com o mercado comum as "operações de concentração que criem ou reforcem uma posição domi-

---

[52] Nos termos do art. 3.°, n.° 3, do Decreto-Lei 371/93, presumia-se que uma empresa estava em posição dominante quando detinha uma quota no mercado nacional igual ou superior a 30%; a posição dominante colectiva presumia-se, nos termos da mesma disposição, quando as empresas detivessem no conjunto do mercado nacional "uma participação igual ou superior a 50%, tratando-se de três ou menos empresas" ou "65% tratando-se de cinco ou menos empresas".

[53] Acórdão United Brands, de 14.2.78, proc. 27/76, Rec. 78 p. 208, e acórdão Hoffmann-La-roche, de 13.2.79, proc. 85/76, Rec. 79 p. 461.

[54] Cf. o acórdão Gencor, de 25.3.99, proc. T-102/96, CJ 1997, II-879, e o acórdão Airtours, de 6 de Junho de 2002, proc. T342/99, CJ II-2585, relativo à aplicação do regulamento à criação de uma posição dominante colectiva. Cf. ainda a decisão Nestlé/Perrier de 22.7.92, JO, L 356, de 3.12.92.

nante da qual possam resultar entraves significativos à concorrência efectiva no mercado nacional ou numa parte substancial deste", corresponde literalmente à proibição fixada no art. 2.° do regulamento de 1989. Todavia, como já tivemos oportunidade de referir, a redacção dessa disposição foi alterada no regulamento de 2004.

De facto, as desvantagens de centrar a apreciação das concentrações no conceito formal, e algo rígido, de posição dominante tornaram-se óbvias no contexto europeu com o aparecimento de situações oligopolistas. Formalmente estas pareciam escapar à aplicação da legislação comunitária, ainda que a prática das autoridades comunitárias tenha sido no sentido da aplicação do Regulamento comunitário às hipóteses de oligopólio. Evidenciou igualmente as limitações do teste substantivo a discussão, na doutrina e na jurisprudência, nem sempre comunitárias, de casos em que as empresas, objecto de concentração, estavam em condições de exercer o seu poder de mercado, designadamente através do aumento de preços, sem recorrerem à coordenação e sem deterem necessariamente a quota de mercado mais significativa. Exemplo clássico é o caso norte-americano Heinz/Minolta-Beech Nut, relativo à concentração de duas empresas americanas que ocupavam o segundo e terceiro lugar no mercado relevante da comida para bebé, sendo consideradas substitutas próximas[55]. Após a operação as empresas continuariam a ser menores do que a empresa líder no mercado, pelo que a concentração não conduziria aparentemente à criação ou reforço de uma posição dominante, singular ou colectiva, escapando assim ao teste tradicional de 'posição dominante'[56]. A *Federal Trade Commission* decidiu, não obstante, que a concentração reduziria substancialmente a concorrência, pois as empresas envolvidas na operação deixariam de concorrer para se afirmarem como o fornecedor n.° 2 dos supermercados, e deixariam de competir em termos de inovação e diferenciação dos produtos, acabando por poder conduzir a um aumento de preços no mercado[57]. Surgindo uma situação deste tipo no contexto

[55] Cf. o processo FTC v. H.J. Heinz Company et al., in www. Ftc.gov/os/2000/07/heinzmemo.htm

[56] As quotas de mercado das empresas em causa, nesse processo, poderiam quando muito atingir os 35%, cf. caso citado *supra*. Ora, de acordo com as orientações dos tribunais comunitários, um dos indícios da posição dominante de um empresa, no contexto do art. 82.°, é a posse de quotas de mercado superiores a 40%. Cf. acórdão do TPI, de 17.12.2003, British Airways v. Comissão, proc. T-219/99, CJ 2003.

[57] Note-se que o conceito de 'efeitos não coordenados' ou 'efeitos unilaterais', exemplificados com o caso Heinz, acabado de citar, consta igualmente do ponto 27, das

comunitário a Comissão Europeia, antes de 2004, não podia reagir, uma vez que o critério seguido era o da posição dominante.

As dificuldades sentidas, no plano comunitário, com a noção clássica de posição dominante, levaram a autoridade comunitária a procurar critérios alternativos no Livro Verde relativo à revisão do Regulamento (CEE) n.° 4064/89[58]. Foi sugerida a comparação da eficácia do critério da posição dominante, utilizado no regulamento comunitário, para apreciação das concentrações, com o critério da 'redução substancial da concorrência' ('substantial lessening of competition", doravante designado por SLC), perfilhado pelos Estados Unidos, Canadá e Austrália. Foram vários os argumentos esgrimidos em defesa do SLC: a adopção deste teste permitiria alinhar o regime comunitário pelos critérios aplicados noutras grandes jurisdições, facilitando a cooperação entre as várias autoridades da concorrência, bem como o trabalho das empresas envolvidas no projecto de concentração; o teste da 'posição dominante' subjacente ao art. 82.° do TCE, que pressupõe um controlo *a posteriori*, passaria a distinguir-se claramente do teste SLC que permitiria o controlo *a priori* no domínio das concentrações; certas operações de concentração produzem 'efeitos unilaterais anticoncorrenciais' e não são convenientemente fiscalizados pelo teste da posição dominante.

Apesar da vantagem que representaria, segundo alguns Estados-membros[59], em termos de clareza, de flexibilidade e de análise económica, a mudança para o critério tradicional americano, a verdade é que, vários países, como a Alemanha, Itália, Holanda, Dinamarca e Portugal, continuaram a defender a manutenção do conceito de posição dominante. Entre os argumentos invocados para justificar esta opção destacam-se os seguin-

---

Orientações sobre concentrações horizontais, segundo o qual as "concentrações realizadas em mercados oligopolísticos, que implicam a eliminação de importantes pressões concorrenciais que anteriormente as partes na concentração exerciam mutuamente, juntamente com uma redução da pressão concorrencial sobre os restantes concorrentes, podem, mesmo quando existam poucas probabilidades de coordenação entre os membros do oligopólio, resultar também num entrave significativo à concorrência".

[58] COM 2001, 745 final.

[59] Assim, por exemplo, o Reino Unido e a Irlanda. No plano doutrinal a questão também não é consensual. Preferindo claramente a solução americana do LSC v. Richard Whish, *Competition Law*, Butterwoths, UK, 2003 pp. 788-789. Em sentido contrário, afirmando que o teste substantivo fixado no art. 2.° do regulamento de 1989 era capaz de cumprir a sua função, desde que interpretado de forma economicamente coerente, v. Bishop e Walker, ob. cit pp. 310 e ss.

tes: a posição dominante é um critério "capaz de se adaptar a uma grande diversidade de situações em que existe poder de mercado", aliás o conceito tem sido apurado, permitindo a sua adaptação aos desenvolvimentos das teorias económicas; o teste do regulamento comunitário e o critério norte-americano têm vindo a produzir resultados geralmente próximos, fundamental é interpretá-los de forma convergente[60]; a generalidade dos Estados-membros adoptaram nas suas legislações o teste da 'posição dominante, logo, a alteração do teste substantivo pela Comissão Europeia poderia suscitar disparidades de apreciação no seio da União Europeia; deve ser aproveitada a vasta jurisprudência e a prática decisória existentes nesta matéria, tanto mais que as situações de oligopólio referidas nunca foram excluídas pelas autoridades comunitárias do campo de aplicação do regulamento.

Dada a dificuldade dos vários Estados-membros chegarem a consenso, a solução no seio do Conselho foi, mais uma vez, de compromisso: não adoptou o teste SLC, mas ampliou o teste substantivo, proibindo as "concentrações que entravem significativamente a concorrência no mercado comum", mesmo que não criem ou reforcem uma posição dominante. O novo teste desenvolve os poderes da Comissão, ainda que esta considere que "a maior parte dos casos de incompatibilidade de uma concentração com o mercado comum continuarão a basear-se na existência de uma posição dominante". Decide, por isso, " preservar na íntegra as orientações que podem ser extraídas da prática decisória anterior e tomar plenamente em consideração a jurisprudência anterior dos tribunais comunitários"[61]. O novo teste substantivo tem, deste modo, o duplo objectivo de manter as decisões adoptadas pela Comissão e pelos tribunais comunitários, e de abranger concentrações em mercados oligopolistas, que dêem origem

---

[60] Assim Bishop e Walker, ob. cit. p. 310 a 313, para quem a diferença entre estes dois testes reside no papel desempenhado pela definição de mercado e nas quotas de mercado. Se em certas situações o mercado relevante for definido restritivamente de forma a "capturar os efeitos unilaterais", e se em certos casos a atenção da autoridade da concorrência não se centrar exclusivamente nas quotas de mercado, o teste da 'posição dominante' pode conduzir ao mesmo resultado do SLC. Essencial para estes autores é que o conceito de 'posição dominante' seja identificado com o de 'poder de mercado significativo', caso em que seriam mínimas, ou mesmo inexistentes, as diferenças entre os dois testes. Por outras palavras, o objectivo das autoridades da concorrência deve ser o de proibir concentrações que restringem a concorrência; ora, isto só será possível, segundo os mesmos autores, se a concentração permitir um poder de mercado significativo.

[61] Cf. pontos 4 e 5 das Orientações para a apreciação das concentrações horizontais, já citada.

a efeitos anticoncorrenciais "não coordenados", de empresas que "não teriam uma posição dominante no mercado"[62].

Em síntese, desde 1 de Maio de 2004, com a entrada em vigor do Regulamento (CE) n.° 139/2004, existem critérios algo díspares para a apreciação das operações de concentração na legislação nacional e na comunitária. É claro que a solução proposta pela Comissão de manter as decisões e os acórdãos adoptados às luz da legislação anterior acaba por facilitar, de certo modo, a actuação das autoridades nacionais. Em todo o caso, as novas soluções comunitárias neste domínio, e em especial a extensão do teste substantivo, nos termos já referidos no regulamento de 2004, deve ser tida igualmente em conta pelas autoridades nacionais.

Por fim, é preciso sublinhar que a nova lei portuguesa mantém a solução de poder ser considerada justificada uma operação proibida nos termos do art. 12.°, uma vez cumpridas as condições fixadas no art. 5.°. Repare-se ainda que a redacção dada ao art. 5.° segue claramente o texto do art. 81.°, n.° 3, do Tratado CE, ainda que esta última disposição tenha um alcance mais restrito, pois visa apenas declarar isentas as práticas restritivas da concorrência proibidas pelo art. 81.°, n.° 1. Além disso, nos termos do art. 34.°, n.° 1, do Decreto-Lei n.° 10/2003, a operação de concentração, proibida pela Autoridade da Concorrência, pode ainda ser objecto de recurso extraordinário para o ministro responsável pela área da economia, com fundamento no facto de os benefícios resultantes da concentração para "a prossecução de interesses fundamentais da economia nacional (superarem) as desvantagens para a concorrência inerentes à sua realização". Esta solução, inspirada no modelo alemão, suscita algumas reservas, pelo facto de introduzir critérios 'subjectivos' num domínio que se pretendia transparente e pautado pela defesa da concorrência e do bem estar dos consumidores. Observe-se, ainda, que no contexto alemão o papel desempenhado pela norma equivalente tem-se revelado bastante reduzido, sendo raros os casos em que as empresas alemãs decidiram utilizar esse recurso[63].

---

[62] Cf pontos 25 e 26 do regulamento de 2004.

[63] Sobre esta questão cf. Antje MATTFELD, "Federal republic of Germany", *in Merger Control in the EEC*, cit., p. 69

4. Trâmites processuais

Os trâmites processuais do controlo das concentrações de empresas vêm fixados nos artigos 17.° a 21.° e 30.° a 41.° da Lei n.° 18/2003, aplicando-se subsidiariamente o Código do Procedimento Administrativo.

O processo inicia-se com uma notificação obrigatória dirigida à Autoridade da Concorrência apresentada pelas empresas envolvidas na concentração (art. 31.°), ficando a operação suspensa, nos termos do art. 11.°[64], até decisão de autorização da Autoridade. Se as empresas em causa não cumprirem a obrigação de notificação (ou outras obrigações que lhe incumbam por força do art. 35.° n.° 3), a Autoridade pode dar início a um procedimento oficioso, e aplicar ainda sanções pecuniárias (art. 40.°).

Após a notificação completa e pagamento das taxas devidas, que podem atingir valores avultados, a Autoridade tem 30 dias para instruir o processo nos termos do art. 34.°, (observa-se, deste modo, uma redução do prazo de 40 dias fixado na anterior legislação). A Autoridade deve ainda decidir, até ao fim desse prazo (e já não no prazo de 50 dias como estipulava o decreto-lei), e depois de ouvir os interessados, nos termos do art. 38.° (e as autoridades reguladoras sectoriais, nos termos do artigo 39.°), não se opor à concentração, iniciar uma investigação aprofundada ou considerar que a operação escapa à obrigação de notificação prévia (art. 35.°). A ausência de decisão da Autoridade nos prazos fixados na lei, vale como decisão de não oposição (art. 35.°, n.° 4). Na hipótese da Autoridade da Concorrência planear proceder a uma investigação aprofundada, dispõe de 90 dias para realizar "diligências de investigação complementares que considere necessárias" (art. 36.°). Findo tal prazo, pode decidir não se opor à operação, caso em que a decisão pode ser acompanhada da imposição de obrigações, ou pode proibir a concentração, nos termos do art. 37.° (decisão susceptível de recurso para o Tribunal de Comércio de Lisboa, nos termos do art. 50.°). Note-se que neste último caso, a Autoridade tem ainda a faculdade, caso a concentração se tenha realizado, de ordenar, nos termos da referida disposição "medidas adequadas ao restabelecimento de uma concorrência efectiva, nomeadamente a separação das empresas ou dos activos agrupados ou a cessação do controlo". A inobservância das decisões da Autoridade de Concorrência que proíbam a operação, impo-

---

[64] Note-se que, no regime anterior, o art. 7.°, n.° 4, estipulava o seguinte: "são ineficazes até autorização expressa ou tácita da concentração, os negócios jurídicos celebrados com o intuito de a realizar".

nham condições, ou ordenem medidas com vista ao restabelecimento da concorrência efectiva, acarreta a nulidade dos negócios jurídicos relacionados com a concentração, nos termos do art. 41.°.

Observe-se igualmente que a obrigação de notificar uma concentração antes da sua realização, bem como a obrigação de suspender a realização de uma concentração notificada antes da decisão de autorização, ou não oposição, da Autoridade da Concorrência, são expressões do princípio do controlo *ex ante* das operações de concentração. Esta opção continuada do legislador nacional pelo sistema de controlo preventivo funda-se em preocupações várias. Por um lado, procura garantir a segurança jurídica das empresas envolvidas na concentração, evitando custos muitas vezes irreversíveis. De facto, uma outra solução que passasse pela fiscalização *a posteriori* das concentrações poderia gerar efeitos nefastos a nível do mercado, na medida em que uma autoridade da concorrência decidisse aplicar, passado certo lapso de tempo, sanções como a separação das empresas ou activos agrupados. Por outro lado, o facto de a operação notificada ficar suspensa, nos termos do art. 11.° da nova lei, afasta o perigo da produção de danos imediatos e irreparáveis na estrutura concorrencial do mercado. Em síntese, razões de segurança e previsibilidade prevaleceram sobre considerações ligadas às dificuldades na efectivação de um juízo de prognose, exigido quanto aos efeitos da operação no mercado.

5. **Relação da Lei n.° 18/2003 com o Regulamento (CE) n.° 139/2004**

Analisado o regime substantivo aplicável às concentrações de empresas, vamos finalizar esta breve exposição referindo as relações vigentes entre o direito nacional e o direito comunitário da concorrência.

No domínio específico das concentrações de empresas, a Lei n.° 18/ /2003 deve continuar a ser considerada como complementar e alternativa da legislação comunitária. Esta é a conclusão a que chegamos, atendendo ao critério de repartição de competências estabelecido no art. 21.° do Regulamento (CE) n.° 139/2004. Nos termos desta disposição, o critério a ter em conta é o da dimensão comunitária da operação, sendo afastada a fórmula tradicional ainda hoje vigente nos artigos 81.° e 82.° do Tratado CE. Assim, se a concentração em causa tiver dimensão comunitária, isto é, atingir os limiares previstos no regulamento comunitário, será apenas apreciada pela Comissão Europeia, de acordo com o regulamento comunitário; por outras palavras, tal operação é da competência exclusiva da

Comissão. Se não obtiver tal dimensão, a concentração poderá ficar sujeita, em alternativa, à competência das autoridades nacionais, que poderão aplicar as respectivas leis internas. Põe-se, deste modo, em prática o princípio da subsidiariedade, solução justificada pela vantagem que o controlo comunitário das concentrações, exercido pela Comissão, proporciona, ao assegurar uma avaliação das concentrações transfronteiras de forma uniforme e exclusiva, garantindo celeridade e segurança jurídica.

É claro que os benefícios inerentes a este sistema de 'balcão único' poderão ficar comprometidos quando os limiares fixados no texto do regulamento não consigam apreender todas as concentrações com efeitos transfronteiriços significativos. De facto, um dos problemas detectados pela Comissão, ao longo destes últimos anos, referia-se à necessidade de redução do número de notificações múltiplas. O Livro Verde sugeria como solução, para resolver os problemas geralmente associados à intervenção de múltiplas jurisdições, a obrigação de se conferir competência à Comissão nos casos em que a operação de concentração devesse ser notificada em três ou mais Estados. Não foi esta, todavia, a via seguida na proposta de revisão do regulamento comunitário. Com efeito, a Comissão[65], após análise cuidada do assunto, chegou à conclusão que o sistema conhecido por "sistema obrigatório 3 +" seria igualmente susceptível de gerar incerteza jurídica, na medida em que notificações múltiplas não são necessariamente sinónimo da existência de um interesse comunitário. Daí que o legislador comunitário tenha optado por um critério mais flexível no regulamento de 2004, como forma de optimizar o processo de repartição das competências neste domínio.

Nos termos do novo regulamento, presume-se a dimensão comunitária de uma concentração susceptível de ser apreciada em três ou mais Estados e remetida, antes de qualquer notificação nacional, à Comissão Europeia. Esta não adquire, todavia, competência exclusiva automaticamente. De facto, é necessário que nenhum dos Estados competentes tenha manifestado o seu desacordo com a remessa, para que esta possa ser apenas apreciada pela autoridade comunitária[66].

Observe-se, por outro lado, que o novo regulamento mantém a possibilidade de os Estados-membros decidirem certos assuntos estreitamente

---

[65] Ponto 13 e ss da proposta citada.

[66] Cf. art. 4.°, n.° 5 do novo regulamento.

ligados a interesses nacionais[67], e reforça o recurso aos mecanismos de remessa já existentes[68]: é o caso da autoridade comunitária que remete certo processo para a autoridade nacional, nos termos do art. 9.°, bem como a situação inversa, prevista no art. 22.°, em que a autoridade nacional 'reenvia' o processo para a Comissão. Com este objectivo, foi alargado o campo de aplicação da cláusula alemã. Com efeito, o pedido de remessa pode ser feito pelo Estado-membro, por sua iniciativa ou a convite da Comissão, o qual tem de provar a existência de um mercado distinto e que a concentração ameaça afectar significativamente a concorrência naquele Estado; ou pode ser feito, antes da notificação formal, pelas partes intervenientes na operação de concentração[69]. A decisão de remessa cabe à Comissão, devendo esta e as autoridades nacionais cooperarem estreitamente, "utilizando mecanismos eficazes de troca de informações e de consulta com o objectivo de garantir que (o) caso é tratado pela autoridade mais adequada à luz do princípio da subsidiariedade"[70]. Relativamente ao art. 22.°, verificam-se, igualmente, algumas mudanças na sua aplicação. Note-se que esta disposição, conhecida por cláusula holandesa, foi adoptada inicialmente para fornecer aos Estados-membros, desprovidos de normas de fiscalização das concentrações, um mecanismo de controlo adequado. Hoje parece reduzido o seu interesse, quando é apenas o Luxemburgo, em 25 Estados-membros, que não dispõe de legislação nesse domínio. Na prática, esta norma tem sido invocada por Estados que têm legislação para o controlo das concentrações de empresas, mas que remetem o caso para a Comissão por considerarem que se trata da entidade competente para apreciar os efeitos transfronteiriços da operação de concentração[71].

---

[67] Nos termos do art. 21.°, n.° 4, os "Estados-membros podem tomar as medidas apropriadas para garantir a protecção de interesses legítimos", designadamente "segurança pública, pluralidade dos meios de comunicação social e as regras prudenciais".

[68] Consagrados nos artigos 4.°, n.os 4 e 5, 9.° e 22.° do regulamento de 2004, e desenvolvidos pela Comunicação 2005/C 56/02.

[69] Cf arts. 9.° e 4.°, n.° 4, do novo regulamento.

[70] Cf. ponto 14 do regulamento de 2004.

[71] Foi o que sucedeu no caso Promatech Spa/Sulzer AG em que as autoridades de vários Estados, designadamente Espanha, Portugal, França, Itália, Reino Unido, Alemanha e Áustria, decidiram remeter a análise da operação para a Comissão que acabou por autorizar a concentração, ainda que impondo certas obrigações cf. COMP/M 2698.

6. Conclusão

Uma década volvida sobre a publicação do Decreto-Lei n.° 371/93, o tema do controlo das concentrações de empresas volta a ser objecto de um amplo debate no plano nacional e comunitário. A introdução do euro, o alargamento da União e o processo de globalização dos mercados são, desde logo, factores determinantes das reformas iniciadas no domínio da concorrência. Acresce a consciência de que a competitividade internacional das empresas comunitárias em geral, e das portuguesas em especial, está claramente ligada à natureza das soluções legislativas adoptadas, bem como à eficácia da sua aplicação. É neste contexto que o legislador português criou, por um lado, uma entidade "prestigiada e independente" – a Autoridade da Concorrência – com capacidade para analisar as questões jurídicas e económicas suscitadas neste domínio, e, por outro lado, reformulou o regime da concorrência vigente, modernizando-o e adaptando-o às inúmeras alterações que têm sido introduzidas, recentemente, no plano comunitário. A harmonização ensaiada, na nova Lei n.° 18/2003, entre as soluções nacionais e comunitárias, é, deste modo, mais uma etapa de um longo processo, iniciado em 1983-1988, no sentido de instituir em Portugal "uma verdadeira cultura da concorrência".

CAPÍTULO IV

A Nova Lei da Concorrência e o Regime dos Auxílios de Estado: *algumas interrogações*

ANTÓNIO CARLOS DOS SANTOS

1. **Introdução**

As questões da atribuição, pelo Estado, de vantagens a empresas ou funções empresariais, sectores e regiões e do controlo dessa atribuição prendem-se com as formas de acção económica dos poderes públicos em economia de mercado.[1] Em regra, estamos, nestes casos, perante uma forma de acção pública indirecta que integra o que antes se designava por política de fomento, assente em técnicas de natureza *behaviorista* (o incentivo, como reforço positivo, em vez da proibição). Tal forma de acção normalmente surge e justifica-se em casos em que o mercado e a concorrência não dão resposta, ou não dão resposta suficiente a uma coordenação óptima da actividade económica (necessidades de redistribuição ou de reforço da coesão territorial, falhas de mercado, etc.).

A sua relevância decorre do facto de, na actual fase do capitalismo, caracterizada pela globalização económica e financeira, pela disseminação de novas tecnologias de informação e comunicação, pela exportação anglo-saxónica da doutrina neoliberal erigida em norma, existir uma profunda erosão dos poderes e da soberania dos Estados, que torna difícil

---

[1] A questão é politicamente muito sensível pois não vivemos apenas em economias de mercado, mas, para utilizar a expressão de Fitoussi, em democracias de mercado.

a manutenção das tradicionais políticas públicas.[2] De facto, as formas de acção económica do Estado típicas do modelo social-keynesiano encontram-se em regressão. As empresas públicas, a intervenção pública directa na gestão das empresas, a regulação discricionária dos serviços públicos, o controlo de preços, o planeamento, etc., são hoje, pelo menos no espaço da OCDE, ao contrário do que ocorria até aos anos oitenta, fenómenos tendencialmente marginais.

A essas formas de intervenção sucederam-se outras, de natureza indirecta. De facto, o recurso a incentivos e benefícios públicos a empresas passou a ser visto como uma técnica mais consentânea com as características de uma economia liberal: o Estado não coage nem impõe, antes propõe e estimula comportamentos empresariais, muitas das vezes como resultado de prévia concertação com entidades representativas dos interesses privados. Assim, estamos perante uma técnica de intervenção pública que, reconhecendo que os mecanismos mercantis não resolvem tudo, é inerente à economia de mercado e, embora com riscos de deriva neocorporativa, às formas não autoritárias de exercício do poder.

No entanto, mesmo essas formas de acção, típicas de um compromisso entre intervencionismo e liberalismo, podem criar distorções de concorrência, podem constituir barreiras ao comércio ou podem significar esbanjamento de recursos. Daí que, no plano internacional (por exemplo, no quadro da Organização Mundial do Comércio), no plano comunitário, ou, mais raramente, no plano nacional, elas sejam objecto de maior ou menor regulação. Este artigo refere-se, no essencial, à dimensão interna da regulação dos auxílios de Estado. Mas esta não é compreensível sem a sua inserção no quadro da regulação comunitária desse fenómeno.

2. A dimensão comunitária da regulação dos auxílios de Estado

A regulação dos auxílios de Estado é, por certo, o elemento mais original do regime de defesa da concorrência na União Europeia. Esta regulação visa simultaneamente evitar distorções na concorrência interempresarial, contribuir para a realização do mercado interno e, tendo em conta

---

[2] Fase actual plena de contradições, como o demonstra a política norte-americana (neoliberal para o exterior, proteccionista para o interior, incentivando o equilíbrio das contas públicas nos outros Estados, mas acentuando o desequilíbrio dessas mesmas contas no plano interno).

as noções de concorrência-meio e de concorrência praticável, colmatar lacunas ou falhas no mercado comunitário (ou nos mercados nacionais) e contribuir para a prossecução de objectivos relevantes da União (ou, quando compatíveis com estes, dos Estados membros). Nos últimos anos, a regulação comunitária dos auxílios de Estado começou também a ser utilizada como instrumento complementar da prossecução dos objectivos de estabilidade orçamental e de combate a formas de concorrência fiscal prejudicial.

O enquadramento jurídico-constitucional do regime comunitário dos auxílios de Estado está fundamentalmente previsto no Tratado de Roma, em termos quase inalterados até aos nossos dias. O regime geral é regulado pelos artigos 87.° a 89.° e os regimes especiais relativos à agricultura, aos transportes e à produção ou comércio de armamento, respectivamente, pelos artigos 36.°, 73.° e 296.°. Esse regime é completado por diversos diplomas de direito derivado, em particular pelo Regulamento n.° 659/ /1999, do Conselho, de 10 de Março de 1999, que estabelece as regras processuais nesta matéria e pelos Regulamentos da Comissão que, ao abrigo do Regulamento n.° 994/98, de 7 de Maio de 1998, vieram isentar da obrigação de comunicação prévia certas categorias de auxílios, respectivamente os auxílios a favor das PME, incluindo os auxílios destinados a investigação e desenvolvimento (Regulamento n.° 70/2001, de 12 de Janeiro, modificado pelo Regulamento n.° 364/2004, de 25 de Fevereiro), os auxílios à formação (Regulamento n.° 68/2001, de 12 de Janeiro, modificado pelo Regulamento n.° 363/2004), os auxílios ao emprego (Regulamento n.° 2204/2002, de 5 de Dezembro, rectificado em 24 de Dezembro de 2002), os auxílios às PME agrícolas (Regulamento n.° 1/2004, de 23 de Dezembro de 2004) e consagrar expressamente a isenção dos auxílios *de minimis* (Regulamento n.° 69/2001, de 12 de Janeiro de 2001). Ele é ainda coadjuvado por uma ampla produção quase-normativa (*soft law*) da Comissão, sob a forma de comunicações, linhas directrizes, orientações, regras de enquadramento, cartas, etc., que sustenta uma política comunitária de auxílios em quase todos os níveis de acção pública nacional ou comunitária (política industrial, regional, de emprego, de investigação e desenvolvimento, ambiental, cultural, etc.).

As traves-mestras do regime comunitário são:

– o princípio da incompatibilidade dos auxílios de Estado com o mercado comum, independentemente da sua forma ou dos seus objectivos (art. 87.°);

– a comunicação prévia e em tempo útil, a efectuar pelos Estados membros, dos auxílios novos e da modificação dos existentes (art. 88.°, n.° 3), para que a Comissão possa produzir as suas observações, sendo os auxílios não notificados considerados ilegais;

– a possibilidade de, automaticamente ou por intervenção discricionária da Comissão, serem aprovados certos auxílios ou regimes de auxílios nos casos previstos nos n.os 2 e 3 do art. 87.° (auxílios sectoriais, regionais, horizontais), após análise casuística efectuada pela Comissão, tendo em conta a conformidade do auxílio com o direito comunitário em geral, o cumprimento dos parâmetros estabelecidos nos referidos actos de *soft law*, o respeito de certos princípios ou critérios por ela elegidos (interesse comunitário, transparência, subsidiariedade, proporcionalidade) e um balanço económico, ainda que muito menos exaustivo do que aquele que ocorre em sede de legislação *anti-trust*;

– o exame permanente pela Comissão (em colaboração com os Estados membros) dos auxílios existentes e a possibilidade de a Comissão propor medidas adequadas em relação a estes auxílios, quando o desenvolvimento ou o funcionamento do mercado comum assim o exijam (n.° 1 do art. 88.°);

– e a obrigação (de origem jurisprudencial, mas hoje constante do mencionado Regulamento de processo) de os Estados membros, embora com recurso às regras processuais nacionais, recuperarem os auxílios que concederam ilegalmente junto das empresas que deles tenham beneficiado.

A aplicação deste regime pressupõe obviamente que estejamos perante um auxílio de Estado, conceito que a lei não define e que a doutrina da Comissão e a jurisprudência têm entendido de modo muito amplo e, frequentemente, controverso. Assim, podem ser considerados auxílios de Estado não apenas as subvenções ou subsídios a fundo perdido ou reembolsáveis, mas medidas ou acções tão díspares como a bonificação de juros, as garantias pessoais (avales, fianças), os incentivos e perdões fiscais, as transferências de fundos para empresas públicas, etc. Confundindo, a meu ver, o que são elementos do conceito e condições de aplicabilidade do princípio da incompatibilidade, a Comissão analisa a questão da aplicação do art. 87.°, n.° 1, em função de uma resposta positiva aos quatro seguintes testes:

– existência de uma *vantagem* para o beneficiário (empresa em sentido amplo) que não advenha do funcionamento normal do mercado;

– que essa vantagem tenha cumulativamente *origem* no Estado e em *recursos públicos* (ambos entendidos em sentido amplo);

– que a vantagem tenha sido concedida de forma *selectiva* e não como medida de política geral (selectividade);

– e que a vantagem possa *distorcer a concorrência* ou perturbar o *comércio intracomunitário.*

A incompatibilidade de um auxílio poderá, porém, ser afastada se a Comissão, após efectuar as análises atrás referidas, entender que ele é aceitável nos termos do n.° 3 do art. 87.°. A Comissão, apoiando-se numa orientação algo discutível, tende a equiparar o regime previsto no n.° 2 do art. 86.° do TCE, que estabelece um regime específico para as empresas encarregadas da gestão de serviços de interesse económico geral, às derrogações previstas no n.° 3 do art. 87 .° do TCE.

A título excepcional, também o Conselho, deliberando por unanimidade, pode decidir que um auxílio, instituído ou a instituir por um determinado Estado, seja considerado compatível com o mercado comum (art. 88.°, n.° 2).

3. A dimensão nacional da regulação dos auxílios de Estado

3.1. *Antecedentes*

3.1.1. *A Lei da Concorrência de 1993*

A Lei da Concorrência de 1993 (Decreto-Lei n.° 371/93, de 29 de Outubro, entrado em vigor em 1 de Janeiro de 1994), inspirando-se vagamente na experiência comunitária, introduziu, pela primeira vez, um embrião de regime geral de auxílios de Estado.[3]

Assim, o artigo 11.° do citado diploma estatuía que "os auxílios a empresas concedidos pelo Estado ou qualquer ente público não poderão

[3] Nem o Decreto-Lei n.° 422/83, de 3 de Dezembro, nem a anterior Lei n.° 1/72, de 24 de Março, se preocupavam com os efeitos potencialmente lesivos da concorrência provocados pelos auxílios públicos.

restringir ou afectar de forma significativa a concorrência no todo ou em parte do mercado". A redacção deste artigo evocava a do n.° 1 do art. 87.° do Tratado CE que, como vimos, consagra o princípio comunitário da incompatibilidade dos auxílios de Estado. A exemplo do regime comunitário, também a lei portuguesa não definia auxílio de Estado, remetendo assim a densificação deste conceito em aberto para a *praxis* interpretativa.

No entanto, mesmo descontadas as questões inerentes ao diferente âmbito de aplicação dos regimes comunitário e nacional, a formulação do artigo 11.° dava ensejo a uma certa ambiguidade. Comparando com a redacção do Tratado, duas diferenças ressaltavam relativamente aos elementos que integram o conceito comunitário de auxílios de Estado: a inexistência de referência a "recursos estatais" e a não expressa restrição do regime a "certas empresas e produções", inerente ao elemento da selectividade. Para além disso, introduzia a necessidade de a alteração da concorrência ser *significativa* para que o regime dos auxílios se aplicasse, daí parecendo decorrer a eventual consagração de uma excepção ao regime, abrangendo os chamados auxílios *de minimis,* cuja admissão era então posta em causa pela doutrina e jurisprudência comunitárias.

Mais importantes, porém, eram as diferenças de regulamentação. Assim, ao contrário do regime comunitário, o regime português não previa um verdadeiro controlo dos auxílios de Estado. Com efeito, a lei não previa a necessidade de notificação ou comunicação prévia dos auxílios por parte das entidades outorgantes, limitando-se a atribuir ao ministro responsável pela área do comércio a faculdade de examinar os auxílios que provocavam distorções, após eventual consulta do Conselho da Concorrência, e a possibilidade de propor ao ministro competente as medidas conducentes à manutenção ou ao restabelecimento da concorrência. Mais: a lei não consagrava um princípio de incompatibilidade dos auxílios públicos com o mercado nacional, antes se limitava a formular uma mera declaração de princípio sem prever qualquer eventual sanção para os auxílios que restringissem ou afectassem significativamente a concorrência. A disciplina dos auxílios era assim consagrada de forma muito prudente para não prejudicar a acção das entidades competentes para a sua concessão. E, na prática, na ausência de um verdadeiro regime relativo à concessão de auxílios, cada entidade outorgante seguia os seus próprios procedimentos.

Acresce que o âmbito de aplicação da lei havia sido limitado em questões essenciais. Assim, eram expressamente excluídos do regime dos auxílios de Estado as indemnizações compensatórias e os benefícios concedidos ao abrigo de programas de incentivos e outros regimes específicos aprovados pelo Governo ou pela Assembleia da República, os quais se encontravam ainda à margem de um rigoroso controlo financeiro, quer no plano das despesas a eles subjacentes, quer no plano da sua eficácia e eficiência. A excepção relativa aos benefícios concedidos ao abrigo de programas de incentivos e outros regimes específicos foi considerada descabida pelo Conselho da Concorrência, pois, ao deixar de fora a maioria dos auxílios, retirava qualquer interesse prático à regulamentação introduzida.

Não espanta que, tanto quanto se saiba, o regime dos auxílios previsto na Lei da Concorrência de 1993 apenas tenha tido existência no papel. De facto, não se conhecem quaisquer casos a que tenha sido aplicado.

3.1.2. *O projecto de diploma relativo ao regime jurídico dos auxílios públicos proposto em Dezembro de 1998*

Em Dezembro de 1998, entregou o seu relatório final o Grupo de Trabalho constituído pelo despacho do Ministro das Finanças n.° 213/98, de 28 de Maio, para proceder ao estudo do regime legal dos auxílios públicos e apresentar um projecto de diploma legislativo destinado a adequar a verdadeira manta de retalhos que era a legislação vigente relativa à concessão de auxílios públicos às condições jurídico-financeiras em que tal concessão se processava.[4]

Mesmo que o objecto deste relatório fosse o controlo *financeiro* dos auxílios e não o seu controlo em sede de direito da concorrência, a verdade é que a proposta de diploma genérico sobre a criação de auxílios públicos não podia deixar de considerar, ainda que de forma indirecta, esta dimensão. De facto, os auxílios estão sujeitos a vários princípios jurídicos decorrentes da Constituição, como os da legalidade, da prossecução de um interesse público constitucionalmente relevante, da igualdade (incluindo o da não discriminação na repartição dos encargos públicos) e o da defesa da concorrência. Recorde-se, aliás, quanto a este último, que a al. e) do art. 81.° da Constituição integra, entre as incumbências prioritárias do Estado,

[4] Cf. MINISTÉRIO DAS FINANÇAS, *Regime Jurídico Relativo aos Auxílios Públicos*, 1998. Este projecto tem como antecedentes o Projecto de Lei n.° 514/III apresentado pelo Partido Comunista Português (DAR, II série, n.° 96, de 31 de Maio de 1985) e a proposta de diploma legal de Eduardo Paz Ferreira, integrada no seu estudo "O controlo das subvenções financeiras e dos benefícios fiscais" (in *Revista do Tribunal de Contas*, n.° 1, Janeiro-Março de 1989).

a de assegurar o funcionamento eficiente dos mercados, de modo a garantir a equilibrada concorrência entre empresas.

O projecto de diploma continha seis capítulos: no primeiro o diploma ocupava-se da definição, do âmbito de aplicação e dos princípios gerais aplicáveis; do segundo ao quarto, tratava, respectivamente, da criação dos regimes de auxílios públicos, da sua autorização e da sua concessão; no capítulo quinto, estabelecia as obrigações dos beneficiários, fiscalização e controlo; no último, eram contempladas as disposições finais e transitórias.

O projecto continha uma expressa definição de auxílio público ("toda e qualquer vantagem financeira ou monetária atribuída, directa ou indirectamente, pelo Estado ou por outras pessoas colectivas de direito público, qualquer que seja a designação ou modalidade adoptada") e apenas excluía do seu âmbito de aplicação os auxílios fiscais, que eram objecto de regulamentação autónoma no Estatuto dos Benefícios Fiscais, as garantias pessoais do Estado (reguladas igualmente em diploma próprio, a Lei n.° 112/97, de 16 de Setembro) e a atribuição de prestações sociais decorrentes da aplicação dos regimes da segurança social, dada a sua especificidade e regulamentação própria. Para além disso, sublinhava o carácter excepcional da concessão de auxílios, a qual deveria ser fundamentada em motivo de interesse público constitucionalmente tutelado (nesse sentido o auxílio nunca é uma verdadeira liberalidade) e respeitar os princípios da igualdade, da publicidade e da transparência, bem como as regras da concorrência nacionais e comunitárias. A criação de regimes de auxílios dependeria de acto legislativo e da prévia quantificação da respectiva despesa.

O projecto previa também a reposição das quantias recebidas, com pagamento de juros, no caso de utilização irregular dos auxílios ou de os beneficiários não cumprirem as obrigações decorrentes da concessão.

Infelizmente, este projecto nunca viu a luz do dia. A sua aprovação teria certamente contribuído para tornar mais efectivo o combate contra o desperdício orçamental e mais transparente e eficaz a disciplina da concorrência.

3.2. *A nova Lei da Concorrência e os auxílios de Estado*

3.2.1. *O regime da nova lei: objectivos*

A Lei que aprova o novo regime jurídico da concorrência (Lei n.° 18/ /2003, de 11 de Junho de 2003), reconhecendo a falência do sistema anterior, pretende, na secção IV do diploma, constituída por um único artigo – o 13.° – sobre a epígrafe "Auxílios de Estado", introduzir algumas alterações às regras vigentes sobre a matéria.

Este artigo, que manteve, sem quaisquer alterações, a redacção da proposta de lei (62/Prop/2002, de 20 de Dezembro de 2002), estabelece o seguinte:

> "1. Os auxílios a empresas concedidos por um Estado ou qualquer ente público não devem restringir ou afectar de forma significativa a concorrência no todo ou em parte do mercado.
>
> 2. A pedido de qualquer interessado, a Autoridade pode analisar qualquer auxílio ou projecto de auxílio e formular ao Governo as recomendações que entenda necessárias para eliminar os efeitos negativos desse auxílio sobre a concorrência.
>
> 3. Para efeitos do disposto no presente artigo, não se consideram auxílios as indemnizações compensatórias, qualquer que seja a forma que revistam, concedidas pelo Estado como contrapartida da prestação de um serviço público."

Este dispositivo é completado pela al. i) do n.° 1 do art. 6.°, pelo n.° 1 e al. b) do n.° 4 do art. 7.° dos Estatutos da Autoridade da Concorrência (criada pelo Decreto-Lei n.° 10/2003, de 18 de Janeiro) e pela al. e) do art. 17.° do mesmo diploma, as quais atribuem ao Conselho, órgão executivo da referida Autoridade, competência para se pronunciar, nos termos previstos na lei, relativamente a auxílios públicos susceptíveis de afectar a concorrência.

Segundo a exposição de motivos da nova lei, duas foram as razões que presidiram às alterações agora introduzidas em relação ao regime anterior: por um lado, proceder-se à "eliminação de algumas incorrecções relativas à noção de auxílio"; por outro, substituir um regime em que o controlo dos auxílios era, no fundo, confiado à própria entidade que os conferia, por "um sistema de verificação pela Autoridade, que poderá formular as recomendações que entenda convenientes para eliminar os efeitos negativos desse auxílio sobre a concorrência".

Note-se, porém, que a regulação de medidas que constituem regime dos auxílios públicos não se cinge ao estatuído na antiga ou na nova legislação da concorrência. Certos tipos de auxílios continuam sujeitos a regulamentações específicas, justificadas por razões de preservação da concorrência ou de disciplina financeira, como ocorre com o caso das garantias do Estado e dos auxílios tributários ou sob forma tributária.

3.2.2. *Observações Preliminares*

3.2.2.1. O carácter secundário do regime

O regime dos auxílios de Estado tem sido, e continua a ser, o parente pobre da legislação nacional da concorrência. O carácter secundário deste regime explica-se, pelo menos em parte, pelo facto de não existirem regimes deste tipo nem na ordem interna dos Estados membros, nem na experiência de Estados federais como o norte-americano. O regime comunitário é, como se disse, muito original. E assim é, porque ele não visa apenas defender a concorrência, mas também construir o mercado único (evitar que os auxílios substituam as fronteiras) e servir, de algum modo, a política económica e social da Comunidade (política regional, industrial, ambiental, cultural, etc.), ainda que exercida por interposta pessoa (os Estados membros).

A Lei da Concorrência de 2003 visa sobretudo a concorrência entre empresas, isto é, pretende reger as práticas empresariais restritivas ou lesivas da concorrência, tais como os acordos entre empresas, as decisões de associações de empresas, as práticas concertadas, os abusos de posição dominante e abusos de dependência económica e as operações de concentração empresarial.

É, aliás, isso mesmo que se deduz do art. 1.° do diploma, que tem por epígrafe "âmbito de aplicação". Por um lado, o n.°. 1 deste artigo refere que "a presente lei é aplicável a todas as actividades económicas exercidas (...) nos sectores privado, público e cooperativo". Ora, a acção de fomento económico levada a cabo pelo Estado não é em si mesma uma actividade económica exercida por agentes inseridos nos diversos sectores de propriedade dos meios de produção, mas uma acção exercida por uma autoridade que visa impulsionar ou favorecer, por razões de índole jurídico-política (ex: para promover certas discriminações positivas consagradas na Constituição) ou económicas (ex: para colmatar a existência de falhas de mercado), certas actividades económicas ou empresas através da concessão de benefícios. Por outro lado, o n.° 2 do artigo 1.° da nova lei não faz qualquer referência específica aos auxílios públicos.

Se cingíssemos o âmbito de aplicação da lei ao disposto neste artigo, chegaríamos à conclusão (errada) que os auxílios de Estado não eram verdadeiramente objecto de regulamentação no novo regime da concorrência, sendo certo que, entre nós, um regime de efectivo controlo dos auxílios de Estado é plenamente justificado.

3.2.2.2. Questões de terminologia

O novo regime oscila na terminologia. A Lei da Concorrência de 2003 fala de "auxílios de Estado". Os Estatutos da Autoridade em "auxílios públicos". No contexto de uma lei nacional, esta última terminologia parece mais adequada. Com efeito, os auxílios poderão ser concedidos por entidades públicas que, do ponto de vista orgânico, não integram o Estado.

A exemplo do regime anterior (e do regime comunitário), a nova lei não define o que se entende por "auxílio público", tornando-se deste modo algo obscura a referência da exposição de motivos da nova lei à "eliminação de incorrecções" relativas à noção de auxílio. Tal como a lei anterior, a nova lei limita-se a enunciar descritivamente algumas características que delimitam a aplicação do regime e a pressupor uma noção de auxílio público que, no essencial, não se afasta da noção decorrente do direito anterior.

3.2.3. *Âmbito de aplicação*

O âmbito de aplicação do novo regime é delimitado, por um lado, pela legislação comunitária e, por outro lado, pela legislação interna.

Relativamente à legislação comunitária, recorde-se que o n.° 1 do artigo 87.° do Tratado CE (ex-artigo 92.°) dispõe que "salvo disposição em contrário do presente Tratado, são incompatíveis com o mercado comum, na medida em que afectem as trocas comerciais entre os Estados-Membros, os auxílios concedidos pelos Estados ou provenientes de recursos estatais, independentemente da forma que assumam, que falseiem ou ameacem falsear a concorrência, favorecendo certas empresas ou certas produções". Não existe unanimidade na doutrina e na prática das instituições comunitárias relativamente à interpretação deste artigo.

Quanto a nós, a melhor doutrina é, como atrás se sugeriu, a que estabelece a distinção entre elementos do conceito de auxílio de Estado (existência de uma vantagem anormal para os beneficiários, origem pública da vantagem e dos recursos consumidos na sua atribuição, selectividade relativamente aos beneficiários) e as condições de aplicação do princípio da incompatibilidade (afectação do intercâmbio intracomunitário, falseamento da concorrência), comuns ao regime das práticas restritivas ou lesivas da concorrência previstas nos artigos 85.° e 86.° do Tratado. Uma destas últimas condições – a da afectação das trocas comerciais entre os Estados-Membros – delimita, aliás, o campo de aplicação territorial do regime comunitário em relação a eventuais regimes internos dos Estados membros.

Assim sendo, o regime português apenas será susceptível de aplicação *autónoma* aos auxílios que apenas tenham efeitos internos. O mercado relevante para esse efeito – o mercado referido na lei da concorrência – é, do ponto de vista geográfico, o mercado português. Relativamente a auxílios que afectem as trocas comunitárias o regime português poderá, quando muito, ter aplicação meramente auxiliar em relação ao comunitário, assumindo uma função de natureza preventiva.

Quanto aos limites provindos do regime interno, este não se aplica a todos os auxílios. Inspirando-se na técnica da lei anterior, a própria lei exclui (em termos não desprovidos de ambiguidade) as indemnizações compensatórias que sejam contrapartida de serviços públicos. Já os benefícios concedidos ao abrigo de programas de incentivos, ou regimes específicos aprovados pelo Governo ou pelo Parlamento, passam a cair no campo de aplicação do novo regime.

Acresce que, como se disse e melhor veremos adiante, leis especiais regulam a questão das garantias de Estado e dos benefícios fiscais susceptíveis de serem considerados como auxílios.

3.3. *Noção de auxílio de Estado*

Dissemos que a lei nacional, a exemplo da comunitária, não define auxílio de Estado, limitando-se a enunciar certas características que poderão identificar um auxílio de Estado. Em relação ao texto anterior, a redacção do novo texto tem apenas duas diferenças: onde dizia "pelo Estado" passou a dizer "por um" Estado; onde dizia "não poderão" passou a dizer "não devem". A primeira alteração não parece ser muito feliz; a segunda, embora aperfeiçoe a redacção do texto, não traz alteração de sentido.

Assim sendo, a nova lei mantém, no essencial, os elementos da noção de auxílio de Estado que provinham da lei anterior: a origem pública da medida (a concessão "por um Estado ou ente público) e o facto de haver qualquer tipo de apoio ou ajuda (um "auxílio") a empresas, ou seja, o desfrute por parte destas empresas de vantagem concedida por uma entidade pública que não obteriam através do normal funcionamento do mercado.

A existência de um auxílio pressupõe, com efeito, uma ajuda por parte do outorgante e uma vantagem por parte do beneficiário (directa ou indirectamente, uma empresa ou um grupo de empresas). Esta vantagem, tendo em conta a doutrina comunitária, traduz-se numa redução de custos, ou num aumento de proveitos que não advém das regras normais de mercado. Por outro lado, a ideia de vantagem não se reduz a uma doação, podendo perfeitamente ser compatível com a existência de contrapartidas a cargo dos beneficiários. A questão é que não haja uma equivalência entre a vantagem e a contrapartida: a avaliação que daquela se faça deve suplantar a avaliação da contrapartida. Deste modo, a não consideração como auxílio de Estado das indemnizações compensatórias concedidas como contraprestação de um serviço público só fará sentido se a contrapartida for equivalente ao preço que esse serviço teria em regime normal de mercado.

Quanto à origem pública da medida, a lei portuguesa tem uma formulação diferente da anterior, mas não necessariamente melhor. Com efeito, mesmo como hipótese meramente académica, vê-se dificilmente como outro Estado que não o português possa, em território nacional, outorgar uma vantagem a empresas aqui sedeadas. Mas, aceitando tal hipótese, concluir-se-ia que se estivéssemos perante um Estado da União Europeia, a lei aplicável seria a comunitária. Se se tratasse da Noruega, do Liechtenstein ou da Islândia, a lei aplicável seria o Tratado que instituiu o Espaço Económico Europeu. Se se tratasse de um Estado que integre a Organização Mundial do Comércio, haveria que ter em conta o direito internacional, no caso o disposto no Acordo sobre Subvenções e Medidas Compensatórias. Na prática, os únicos auxílios a que a lei nacional se poderá aplicar são os concedidos pelo Estado português, entendido este de forma ampla, englobando o poder legislativo e executivo, a administração central, regional ou local, e outros entes públicos.

A expressão "qualquer ente público", herdada da lei anterior, não é igualmente muito feliz, aparecendo como muito restritiva. De facto, se tivermos em conta o direito comunitário, os auxílios de Estado poderão ser atribuídos por entidades privadas, relativamente às quais os poderes públicos detenham o controlo ou forte influência.

Acresce que a lei, a exemplo da anterior, omite a referência, constante no direito comunitário, à origem financeira dos auxílios. Deste modo, ao não se exigir que os auxílios provenham de recursos estatais, alarga-se demasiado o conceito que passaria a abranger também os chamados subsídios regulamentares ou normativos.

Mas a questão mais importante que a redacção da lei suscita (questão que já vem, também ela, da redacção da lei anterior) é a que se prende com a ausência do elemento da selectividade como parte integrante da noção de auxílio de Estado. Enquanto a lei comunitária fala de auxílios atribuídos "a certas empresas ou produções", fórmula que possibilitou que a doutrina afastasse do conceito as chamadas medidas de política económica geral, o mesmo não se passa com a formulação portuguesa que está redigida de forma tão ampla que, se não for interpretada restritivamente, poderia ser aplicada a todas as medidas de acção económica do Estado.

3.4. *Procedimento de controlo*

Aqui reside uma das maiores alterações introduzidas pela nova lei. Institui um controlo dos auxílios sujeitos à aplicação do regime actual à nova Autoridade da Concorrência. Esse passo é positivo, uma vez que, ao contrário do que ocorria com o antigo Conselho da Concorrência, a nova entidade é configurada como uma autoridade administrativa independente. Deste modo, procura-se garantir, numa fase inicial do procedimento aprovado, a intervenção de uma entidade que possa levar a cabo uma efectiva hetero-regulação.

No entanto, o novo regime é frouxo quanto aos mecanismos que garantam um controlo eficaz dos auxílios. Por um lado, continua a não existir na lei geral qualquer obrigatoriedade de notificar a Autoridade relativamente aos auxílios que o Estado ou outros entes públicos outorguem. O acto que desencadeia a intervenção da Autoridade é, segundo a lei, o pedido de qualquer interessado. A noção de interessado não é precisada, mas a lei ao referir a expressão "qualquer" parece ter querido dar-lhe um sentido bastante amplo (englobando, nomeadamente, os concorrentes, os fornecedores, os trabalhadores e seus representantes, as associações de defesa de consumidores). No entanto, vê-se mal como, na prática, os interessados não se cinjam a entidades de natureza privada.

Por outro lado, a nova Autoridade não dispõe de verdadeiros poderes vinculativos em sede de controlo de auxílios de Estado. Limita-se a poder analisar "qualquer auxílio ou projecto de auxílio" (ao contrário do direito comunitário, não se exige que o conhecimento da Autoridade se verifique antes do auxílio se ter tornado efectivo) e a formular "recomendações que entenda necessárias para eliminar os efeitos negativos desse auxílio sobre a concorrência". Ora estas recomendações não são, por definição, actos vinculativos. Ao Governo competirá assim a decisão final quanto à erradicação ou alteração, directa ou indirecta, dos auxílios ou regime de auxílios. Ele é a autoridade em última instância, ou seja, a ele compete decidir sobre a eliminação, ou não, dos efeitos negativos da acção pública.

Por fim, a lei é omissa quanto aos efeitos de uma eventual decisão negativa (parcial ou total) que venha a ser tomada relativamente a um auxílio entretanto já atribuído. Note-se que, ao contrário do direito comunitário, como não há obrigação de prévia notificação, não se pode falar neste caso de ilegalidade do auxílio. O pedido de apreciação dos interessados também não funciona como causa de suspensão. Assim sendo, mesmo que o auxílio venha a ser erradicado, por ser lesivo da concorrência e incompatível com o mercado nacional, dificilmente se poderá sustentar que haja fundamento jurídico bastante na nova lei da concorrência para a sua recuperação junto dos beneficiários, com eventual acréscimo de juros, como ocorre no direito comunitário. Esta solução será porventura conforme à segurança jurídica e à protecção da confiança dos beneficiários. Mas ela pode produzir entorses a uma sã concorrência, uma vez que a situação anterior à concessão do benefício não será susceptível de reposição.[5]

4. **Auxílios públicos e legislação complementar específica**

4.1. ***Uma questão específica: a publicidade de certos auxílios***

A obrigatoriedade de publicação dos benefícios concedidos pela Administração Pública (ministérios, instituições de segurança social, fundos e serviços autónomos, institutos públicos, executivos municipais) a particulares, sob a forma de transferências correntes e de capital, efectuadas a título de subsídio, subvenção, bonificação, ajuda, donativo ou incentivo foi instituída pela Lei n.° 26/94, de 19 de Agosto.

A mesma publicidade deve ser dada às dilações, por acto administrativo, de dívidas de impostos e de contribuições à segurança social quando

[5] Note-se que, apesar da insuficiência do regime geral, a Autoridade da Concorrência, segundo palavras do seu presidente, abriu já, relativamente aos mercados regulados e auxílios de Estado, vários inquéritos nos sectores financeiro, das telecomunicações e dos transportes aéreos, e iniciou vários processos contra-ordenacionais em importantes áreas, Ela tem ainda sido chamada a pronunciar-se sobre regimes jurídicos de auxílios, tendo elaborado vários pareceres e emitido respostas a queixas e exposições relativas a possíveis infracções das regras da concorrência (Abel Mateus, “A Autoridade da Concorrência e os Advogados da Concorrência”, seminário *Direito da Concorrência* organizado pela CIP e PLMJ, Lisboa, Novembro de 2004).

superiores a 90 dias, bem como a concessão por contrato ou acto administrativo de competência governamental de isenções e outros benefícios fiscais não automáticos cujo acto de reconhecimento implique margem de livre apreciação. A lei exige para a publicação que os montantes dos auxílios atribuídos excedam o valor equivalente a três anualizações do salário mínimo nacional, salvo nos casos das dilações de dívidas tributárias, onde esse valor é elevado para o dobro.

A publicitação destas medidas efectua-se, em regra, através de publicação semestral no Diário da República, com indicação da entidade decisora, do beneficiário, do montante transferido ou do benefício auferido e da data da decisão. No caso de auxílios municipais, em jornal local e em boletim municipal ou, na sua falta, em editais.

Duvida-se, no entanto, que esta lei esteja a ser cumprida por todos os destinatários.

4.2. *O regime da transparência das relações financeiras entre as entidades públicas e certas empresas*

A Directiva n.° 80/723, de 25 de Junho de 1980 (alterada em 1985 e em 2000) estabeleceu um regime de transparência das relações financeiras entre os Estados membros e as empresas públicas (conceito que o direito comunitário recebe de forma muito ampla) que visa determinar se as transferências de fundos públicos de que estas empresas beneficiam devem ser ou não considerados como auxílios de Estado. Este regime implica que os Estados membros disponham de informações pormenorizadas sobre a estrutura interna dessas empresas, nomeadamente no plano financeiro e organizacional, e as disponibilizem à Comissão.

O Decreto-Lei n.° 148/2003, de 11 de Julho, que procurou transpor para a legislação portuguesa a Directiva n.° 2000/52/CE, da Comissão, de 26 de Julho (a qual havia alargado o regime da transparência às empresas que prestam serviços de interesse económico geral), estabelece que as empresas públicas, independentemente da sua forma, que não sejam excluídas do regime da transparência financeira ao abrigo de uma regra *de minimis*, são, pelo menos, obrigadas a prestar informações sobre a compensação de perdas de exploração, as entradas de capital, dotações ou liberalidades e respectivas condições, os subsídios não reembolsáveis ou empréstimos em condições privilegiadas, a concessão de vantagens financeiras sob a forma de não percepção de benefícios ou de não cobrança de créditos, a renúncia a uma remuneração normal dos recursos públicos utilizados e a compensação de encargos impostos por qualquer entidade pública. Para o efeito, o diploma prevê a apresentação por estas empresas de contas de exploração separadas.

A Comissão, após análise da lei portuguesa, concluiu que a transposição efectuada não era conforme à Directiva de 2000, tendo solicitado formalmente a Portugal a sua transposição integral. O recente Decreto-Lei n.° 120/2005, de 26 de Julho, veio dar satisfação a essa posição, acolhendo de forma expressa os objectivos da directiva, clarificando certas situações de exclusão, completando o elenco da informação a transmitir com a menção das convocatórias das assembleias de sócios e outras informações pertinentes, e alargando o âmbito de exigência de contas de exploração separadas.

4.3. *O regime das garantias pessoais do Estado*

Em 1997, na sequência do projecto de diploma legislativo apresentado pelo Grupo de Trabalho constituído pelo despacho do Ministro das Finanças n.° 447/96-XIII, de 8 de Outubro, foi publicada a Lei n.° 112/97, de 16 de Setembro, a qual estabelece o regime jurídico da concessão de garantias pessoais pelo Estado ou por outras pessoas colectivas de direito público.[6]

As garantias pessoais destinam-se a assegurar a realização de operações de crédito ou de outras operações financeiras, nacionais ou internacionais, de que sejam beneficiárias entidades públicas, empresas nacionais ou outras empresas que legalmente gozem de igualdade de tratamento (art. 6.°) e podem ter a forma de fiança ou aval (art. 7.°), apenas podendo ser prestadas relativamente a empreendimentos ou projectos de manifesto interesse nacional.

A sua concessão reveste-se de carácter excepcional e fundamenta-se em motivo de manifesto interesse para a economia nacional (a proposta de lei referia-se, de forma mais correcta, a interesse público constitucionalmente protegido) e faz-se com respeito pelo princípio da igualdade e pelas regras da concorrência nacionais e comunitárias (n.° 2 do art. 1.°).

---

[6] A Lei 112/97 revoga expressamente o Decreto-Lei n.° 45337, de 4 de Novembro de 1963 e a Lei n.° 1/73, de 2 de Janeiro, bem como os diplomas que contrariem as suas disposições.

A Exposição de Motivos da proposta de lei (seguindo a filosofia do relatório final do referido Grupo de Trabalho) refere, a propósito, que se trata de compatibilizar os princípios da igualdade e da defesa da concorrência com a existência de um interesse público relevante que justifique o tratamento discriminatório dos beneficiários do auxílio face a outros cidadãos (contribuintes).

A assunção de garantias pessoais pelo Estado em violação do disposto na Lei n.° 112/97 é ferida de nulidade, incorrendo os membros do Governo responsáveis por tal acto em crime de responsabilidade, punível nos termos do artigo 14.° da Lei n.° 34/87, de 16 de Julho.

A Lei n.° 112/97 define ainda os critérios de autorização (cap. III), o processo de concessão e de execução (cap. IV) e as garantias de que o Estado usufrui pela atribuição desta forma de auxílio (cap. V).

4.4. *O controlo dos auxílios tributários*

O controlo específico dos auxílios de natureza fiscal e parafiscal (auxílios tributários) é feito, essencialmente, por razões de disciplina orçamental: visa controlar a despesa fiscal, importante elemento da despesa pública. No entanto, as preocupações de defesa da concorrência não estão arredadas deste controlo.

Vários dispositivos legais concorrem para estes objectivos. Muitos auxílios tributários assumem a forma de benefícios fiscais. E a expressão financeira destes benefícios é dada pelo conceito de despesa fiscal.

Quanto ao controlo das despesas fiscais, veja-se, antes de tudo, a Constituição da República Portuguesa, onde se prevê a obrigatoriedade de a proposta de Orçamento de Estado ser acompanhada de relatórios sobre os benefícios fiscais e da estimativa da receita cessante" (al. g) do art. 106.° da CRP). Estes documentos respondem a exigências de transparência e são importantes auxiliares do controlo político. A Lei do Enquadramento Orçamental (cf. Artigos 6.°, n.2, 8.°, n. 4, 12.°, n.° 1 e 34.°, n. 1, al. r), da Lei n.° 91/2001, de 20 de Agosto) vem reforçar esta exigência, em termos mais concretos do que os contidos no Estatuto dos Benefícios Fiscais (cf. o art. 2.°, n.° 3 e o art. 3.°, n.os 1 e 2 do EBF). Em qualquer dos casos, estamos perante a necessidade de dar satisfação ao princípio da transparência e criar instrumentos que permitam, a nível macro, poder realizar uma avaliação do destino de dinheiros públicos (controlo político e de mérito).

Noutro plano, a Lei Geral Tributária (LGT), na esteira da CRP, estabelece a sujeição ao princípio da legalidade da matéria dos benefícios fiscais e a obrigatoriedade da sua criação depender da clara definição dos seus objectivos, e da prévia quantificação da despesa fiscal. Para além disso, a LGT determina que, sem prejuízo dos direitos adquiridos ou de prazo distinto previsto em lei, as normas que prevêem benefícios fiscais (que, por natureza, não tenham carácter estrutural) vigoram durante um período de cinco anos (art. 12.°, n.° 1). E, ainda, que "os titulares de benefícios fiscais de qualquer natureza são sempre obrigados a revelar ou a autorizar a revelação à Administração Tributária dos pressupostos da sua concessão, ou a cumprir outras obrigações previstas na lei, sob pena de os referidos benefícios ficarem sem efeito" (art. 12.°, n.° 4).

Quanto à relação entre o regime de benefícios e a concorrência, o n.° 5 do EBF estipula que "a formulação genérica dos benefícios fiscais deve obedecer ao princípio da igualdade, de modo a não falsear ou ameaçar falsear a concorrência".

A violação dos princípios da legalidade e da igualdade é susceptível de controlo judicial. O volume da despesa fiscal e a sua adequação aos objectivos é essencialmente objecto de controlo político. Em qualquer caso, a redacção do n.° 3 do art. 11.° da nova Lei da Concorrência permite a aplicação do regime preventivo nela contido aos benefícios fiscais a empresas que revistam forma de auxílio tributário.

5. **Conclusão**

Do exposto decorre que não existe na ordem jurídica interna um regime único relativo a auxílios de Estado, que dê resposta simultaneamente a exigências de disciplina financeira e de defesa da concorrência, que se preocupe com o controlo da legalidade e do mérito dos auxílios.

O regime instituído pela Lei n.° 18/2003, na realidade em pouco se distingue do regime anterior, sendo mesmo, no plano técnico, em certos aspectos mais deficiente. Para lá das diversas insuficiências que apresenta, não pretende, como vimos, regular a criação dos regimes particulares, a autorização e concessão, a fiscalização e controlo sistemáticos dos auxílios, as obrigações genéricas dos beneficiários. Existe, assim, uma clara omissão a este respeito. Essa omissão de regulamentação genérica em relação à grande maioria dos auxílios torna ainda mais patente o desequilíbrio existente, uma vez que dois tipos de auxílios – os relativos às garantias pessoais do Estado e aos benefícios e incentivos fiscais e parafiscais – dispõem de regulamentação específica, embora a relativa aos benefícios e incentivos fiscais se mostre bastante desajustada. A concessão da generalidade das medidas susceptíveis de constituírem auxílios de Estado está actualmente sujeita a várias centenas de diplomas heterogéneos, a uma dispersão e diversidade legislativa e a uma ausência de transparência tais que o seu controlo e fiscalização, quer no plano financeiro, quer no plano da concorrência, é tarefa votada ao insucesso.

A via para uma clarificação desta selva havia sido delineada pelo Grupo de Trabalho constituído pelo XIII Governo Constitucional, mas até à data sem qualquer seguimento. Quando a disciplina da concorrência e a disciplina orçamental são, entre nós, graves problemas, talvez fosse boa ideia retomar o caminho anteriormente traçado. Em meu entender, seria extremamente útil a instituição de um regime geral unificado que regulasse as diversas dimensões da problemática dos auxílios de Estado.

BIBLIOGRAFIA

A literatura sobre auxílios de Estado, nacional ou estrangeira, não se tem debruçado, de forma sistemática, sobre os regimes internos dos Estados membros da União Europeia (quando existam), mas sobre o regime comunitário. Da bibliografia mais recente, merecem referência os livros de natureza geral e as monografias ou artigos seguintes:

ALMEIDA, J. J. Nogueira, *A Restituição das Ajudas de Estado Concedidas em Violação do Direito Comunitário*, Coimbra: Universidade de Coimbra, Coimbra Editora, 1997

CHÉROT, J-Y., *Les Aides d'État dans les Communautés Européennes*, Paris: Economica, 1998

COMISSÃO EUROPEIA, *Direito da Concorrência nas Comunidades Europeias* (vol II A, *Regras aplicáveis aos auxílios estatais*, e vol. II B, *Explicação das regras aplicáveis aos auxílios estatais*), Luxemburgo: SPOCE, respectivamente, 1999 e 1996

COMMISSION DROIT ET VIE DES AFFAIRES, *Les Aides d'État en droit communautaire et en droit national* (Actes du séminaire organisé à Liège en mai 1998), Bruxelles: Bruylant, 1999

COMMUNIER, J-M., *Le droit communautaire des aides d'État*, Paris: LGDJ, 2000

DONY, M./SMITS, C. (ed.), *Aides d'État,* Bruxelles: IEE, Éditions de l'Université de Bruxelles, 2005

D'SA, Rose, *European Community Law on State Aid*, London: Sweet & Maxwell, 1998

EVANS, Andrew, *European Community Law of State Aid*, Oxford: Clarendon Press, 1997

FERREIRA, Eduardo Paz, "O Controlo das Subvenções Financeiras e dos Benefícios Fiscais", *Revista do Tribunal de Contas*, n.° 1, Janeiro.Março de 1989

HANCHER/OTTERVANGER/SLOT, *EC State Aids*, London: Sweet & Maxwell, 1999

KEPPENNE, J.-P., *Guide des aides d'État en droit communautaire (réglementation, jurisprudence et pratique de la Commission)*, Bruxelles: Bruylant, 1999

MARTINS, M., *Auxílios de Estado no Direito Comunitário*, Lisboa: Principia, 2002

MINISTÉRIO DAS FINANÇAS, *Regime Jurídico das Garantias Pessoais do Estado*, Relatório do Grupo de trabalho coordenado por Albuquerque Calheiros, Lisboa: Maio de 1997

MINISTÉRIO DAS FINANÇAS, *Regime Jurídico Relativo aos Auxílios Públicos*, Relatório do Grupo de Trabalho coordenado por Albuquerque Calheiros, Lisboa: Dezembro de 1998

PINOTTI, Cinthia, *Gli Aiuti di Stato alle Imprese nel Diritto Comunitario della Concorrenza*, Padova: Cedam, 2000

QUIGLEY, C./COLLINS, A., *EC State Aid Law and Policy*, Oxford: Hart Publishing, 2003

ROBERTI, G. M., *Gli Aiuti di Stato nel Diritto Comunitario*, Padova: CEDAM., 1997

RYDELSKY, M., *Handbuch EU Beihilferecht*, Baden-Baden: Nomos Verlagsgesellschaft, 2003

SANTACRUZ, J. A., *Las Ayudas Públicas ante el Derecho Europeo de la Competencia*, Elcano: Arandazi Editorial, 2000

SANTOS, A. Carlos, *Auxílios de Estado e Fiscalidade*, Coimbra: Almedina, 2003

SANTOS, A. Carlos, *La régulation communautaire de la concurrence fiscale: une approche institutionelle*, Louvain-la-Neuve: UCL, 2005

CAPÍTULO V

O Processo na Lei da Concorrência

NORBERTO SEVERINO

1. Introdução

A primeira tentativa de introduzir no sistema jurídico português um regime processual administrativo concorrencial sistemático, com a natureza de processo sancionatório e jurisdicionalmente controlável, apareceu com a publicação do Decreto-Lei n.° 232/79, de 24 de Julho.

Este diploma evidenciava o propósito legislativo de criar um novo regime para um conjunto de ilícitos de natureza parapenal (tipos, *fattispecie*) cuja ilicitude se materializava na violação de comandos normativos destinados a pôr em prática medidas que visavam desenvolver a estrutura económica e social e elevar os índices de qualidade de vida e de bem-estar material e cultural das populações.

Expressamente, pretendia separar as águas entre o **direito criminal** – protector de valores fundamentais para a vida, e da vida em sociedade (vida e integridade física e moral dos indivíduos, propriedade individual e familiar...) e dotado de sanções penais (privação da liberdade, multa, ...) que, pela sua gravidade, se revelam capazes não apenas de punir gravemente os responsáveis, mas, ainda, de desenvolver efeitos inibidores – e o **direito de mera ordenação social**, justificado pela necessidade de fazer respeitar iniciativas económica e socialmente desenvolvimentistas, e perseguidoras da justiça social e da elevação da qualidade de vida das populações, que os Estados europeus, após a 2.ª Grande Guerra, foram adoptando e implementando.

Todavia, por razões de natureza jurídica, política administrativo-aparelhística e sociológica[1], poucos meses volvidos sobre a sua entrada em vigor, viu serem-lhe truncados, por efeito da norma derrogatória do art. único do Decreto-Lei n.° 411-A/79, de 1 de Outubro, os pressupostos mínimos das suas eficácia e operacionalidade. Na verdade, os n.os 3 e 4 do art. 1.° – os revogados por aquele diploma – de acordo com a estrutura[2] deste artigo, abarcavam quer a subordinação dos ilícitos com outras designações – "contravenções, transgressões" – anteriormente sancionados com sanções pecuniárias, quer a definição futura de novos ilícitos como tipos contra-ordenacionais.

Apesar da sua curta eficácia, o DL n.° 232/79 merece, do ponto de vista da história do direito contra-ordenacional, uma significativa atenção. Ele continha uma regulação do **processo contra-ordenacional** que, se não funcionou na pendência da sua curta vigência potencial, teve a virtualidade de servir de modelo a novo diploma – o DL n.° 433/82 de 27 de Outubro – que mais tarde veio preencher o vazio deixado por efeito da referida derrogação, e que continua sendo o conformador do regime das contra-ordenações em geral, das sanções aplicáveis pelas autoridades administrativas e do **processo contra-ordenacional**, regulador dos actos processuais de instrução e de aplicação efectiva de coimas e sanções acessórias[3] aos seus autores ou responsáveis. Diploma para o qual, aliás, vêm remetendo os diplomas reguladores da concorrência – quer o recém revogado DL n.° 371/93 de 29.10[4], quer a actual lei da concorrência, Lei

---

[1] O preâmbulo do DL 411-A/79 refere que "o ordenamento criado implicaria... alterações mais ou menos sensíveis na actividade e organização de vários serviços da Administração, que passariam eles próprios a aplicar sanções previstas no diploma. Impor-se-ia, assim, uma prévia readaptação das entidades intervenientes, com exacta identificação dos problemas que teriam de ser enfrentados, e que deveriam estar resolvidos, quando o novo ordenamento entrasse em vigor."

[2] Artigo 1.° (Definição)

1 – Constitui contra-ordenação todo o facto ilícito e subjectivamente censurável que preencha um tipo legal no qual se comine uma coima.

2 – A lei determinará os casos em que uma contra-ordenação pode ser imputada, independentemente do carácter censurável do facto.

3 – São equiparáveis às contra-ordenações as contravenções ou transgressões previstas pela lei vigente a que sejam aplicadas sanções pecuniárias.

4 – Ao mesmo regime podem ser submetidos os casos indicados na lei.

[3] Ver art. 33.° do DL n.° 433/82

[4] Ver n.° 1 do art. 21.°

n.° 18/2003 de 11 de Junho[5], cujas normas especiais de regulação processual constituem o objecto fundamental deste estudo.

2. Do processo na Lei da Concorrência

2.1. *Sede legal*

O processo na lei da concorrência – Lei n.° 18/2003, de 11.06, abaixo designada simplesmente como Lei – está regulado, com remissões para outros diplomas, no capítulo III desta, sob a epígrafe "**Do Processo**" e contém três secções:

- a primeira, de "**disposições gerais**", integra os artigos 17.° a 21.°, com remissões, no art. 19.°, para o Código de Procedimento Administrativo (CPA) e para o regime geral dos ilícitos de mera ordenação social aprovado pelo Decreto-Lei n.° 433/82, de 27.10, na redacção resultante da Lei n.° 109/2001 de 24.12;
- a segunda – **processos relativos a práticas proibidas** – integra os artigos 22.° a 29.°, com remissões, quanto às práticas proibidas, para os art.os 4.°, 6.° e 7.° do próprio diploma, e 81.° e 82.° do Tratado que institui a Comunidade Europeia;
- A terceira – **procedimento de controlo das operações de concentração –** contém também remissões para a SECÇÃO I do mesmo capítulo e para o CPA.

2.2. *Tipos de processos previstos*

2.2.1. Delimitação terminológica: após epigrafar o Capítulo III com a expressão "do Processo", a Lei usa os vocábulos "**processo**" e "**procedimento**" com sentidos que podem parecer coincidentes. Este é usado para epigrafar os artigos 19.° (Procedimentos sancionatórios), 20.° (Procedimentos de supervisão) e 21.° (Procedimentos de regulamentação).

[5] Ver art. 19.°

Note-se, porém, que quer na doutrina quer na lei, aqueles vocábulos têm vindo a sofrer um processo de conceptualização com sentidos precisos e diferentes. Assim, e apenas para dar um exemplo, o art. 1.° do CPA define, no seu n.° 1, o **procedimento administrativo** como "*a sucessão ordenada de actos e formalidades tendentes à formação e manifestação da vontade da Administração Pública ou à sua execução*". E o n.° 2 define o **processo administrativo** como "o conjunto de documentos em que se traduzem os actos e formalidades que integram o procedimento administrativo". Esta tendência, que reflecte uma cada vez maior preocupação do legislador com a sujeição da Administração Pública à legalidade democrática, não abrange ainda todas as práticas procedimentalizadas, deixando fora daquela conceitualização um dos mais avançados sectores de procedimentalização da administração, a Administração da Justiça. Na verdade, os grandes diplomas da procedimentalização da actividade dos tribunais continuam a adoptar a designação tradicional de códigos de processo.

Não admira, pois, que o legislador, na Lei da Concorrência, tenha epigrafado o capítulo da procedimentalização da actuação da Autoridade da Concorrência com a aludida expressão "Do Processo" num sentido que não pode ser o do n.° 2 do citado art. 1.° do CPA.

2.2.2. Dois outros conceitos podem ajudar a precisar a terminologia utilizável e a esclarecer o seu conteúdo quando usados: o de *processo gracioso*, e o de processo *contencioso*.

O primeiro, usá-lo-emos como a generalidade da doutrina: para significar a cadeia de actos praticados pela Administração Pública, com a colaboração ou não dos administrados, para produzir uma decisão ou deliberação fundamentada e juridicamente inovadora (deferimento ou indeferimento de uma pretensão; concessão ou recusa de licença ou alvará; decisão de um recurso hierárquico; exclusão de um concurso ou deliberação sobre a ordenação dos concorrentes, nomeação de um candidato para um lugar ou cargo, adjudicação de uma empreitada...).

O segundo, para designar uma cadeia de actos praticados pelos tribunais e pelas partes, com o objectivo de aplicar de forma definitiva o direito aos casos conflituais concretos.

2.2.3. Os processos objecto deste estudo são, em grande parte, processos graciosos, isto é, cadeias de actos da Administração Pública, com a colaboração ou participação dos administrados, orientados para a tomada de decisões administrativas. Mas as decisões administrativas podem ser impugnadas pelos administrados numa instância independente da Administração e especialmente vocacionada para declarar o que está ou não em conformidade com a lei, os tribunais. E nos processos relativos à prática de contra-ordenações que terminem pela aplicação de uma coima, os administrados podem sempre recorrer para os tribunais das decisões que os afectem.

Nesta fase de composição dos conflitos – processo contencioso – a sindicalização da legalidade dos actos administrativos é, em regra, feita nos tribunais administrativos e fiscais.

Mas a impugnação das decisões da Autoridade, nomeadamente das decisões punitivas, não foi integrada na competência daqueles tribunais, mas antes no **Tribunal do Comércio.**

3. **Processos relativos à Concorrência**

A lei da concorrência prevê, entre os processos graciosos, dois tipos de processos:

- **os de supervisão**
- **os sancionatórios.**

Os processos de supervisão têm por objecto:

- a apreciação prévia das **operações de concentração** e a **justificação, por "balanço económico e social"**[6], das práticas proibidas pelo art. 4.° da Lei, quando justificáveis; e
- a apreciação oficiosa das operações de concentração de que tomou conhecimento por meio diferente da notificação prévia.

Os **processos sancionatórios** são processos instaurados pela Autoridade da Concorrência para sancionar práticas ou comportamentos legalmente tipificados e declarados puníveis como contra-ordenações, de que tomou conhecimento, directamente, por intermédio dos seus serviços, ou indirectamente, por efeito de denúncias privadas, participações, publica-

[6] De acordo com o disposto no art. 5.° n.° 2 da Lei.

ções, ou autos de notícia provindos de outras entidades ou organismos públicos. Terminam, em geral, pela aplicação de uma coima, com possibilidade de aplicação de medidas acessórias.

3.1. *Poderes inquisitoriais*

3.1.1. No âmbito dos processos acima referidos, os órgãos, serviços e funcionários da Autoridade da Concorrência incumbidos da respectiva investigação gozam de todos os direitos, poderes e faculdades postos à disposição dos órgãos e agentes da polícia criminal, e estão sujeitos a deveres idênticos aos que sobre estes impendem.

Podem, consequentemente:

- Inquirir os representantes legais das empresas e associações de empresas envolvidas nas práticas sob investigação;
- Solicitar documentos e outros elementos de informação (disquetes, cassetes/video, cd, cd-r, e outros suportes informáticos) que entendam convenientes ou necessários ao esclarecimento dos factos;
- Inquirir representantes legais de outras empresas ou associações de empresas e quaisquer pessoas que considerem pertinentes e solicitar-lhes documentos ou informações;
- Proceder a buscas, exames, recolha e apreensão de cópias ou extractos de escrita e demais documentação que se mostre conveniente à obtenção de prova[7];
- Selar os locais das instalações das empresas em que se encontrem ou possam encontrar-se elementos de escrita ou outra documentação, durante o período e na medida estritamente necessária à produção de prova;
- Requerer a quaisquer outros serviços da Administração Pública, incluindo aos de polícia criminal, através dos respectivos gabinetes ministeriais, a colaboração que se revele necessária ao cabal desempenho de suas funções.

---

[7] Com a crescente informatização das práticas comerciais e industriais, quer internas quer no relacionamento com clientes e o arquivamento informático de dados, designadamente contabilísticos, também a investigação se deslocará cada vez mais para o campo informático.

3.1.2. *Condicionantes legais dos poderes de investigação*

As buscas, exames, recolha e apreensão de cópias ou extractos de escrita e demais documentação nas instalações das empresas não dependem apenas do arbítrio dos agentes ou funcionários da autoridade da concorrência. Estão legalmente condicionados à emissão de ***despacho da autoridade judiciária*** que os autorize e que tem de ser previamente solicitado em requerimento devidamente fundamentado.

A realização no exterior (da sede dos serviços da Autoridade) de diligências de inquirição dos representantes legais das empresas ou das associações de empresas envolvidas nas práticas a investigar ou dos representantes legais de outras empresas ou associações de empresas, ou de quaisquer outras pessoas cujas declarações sejam consideradas pertinentes, bem como a solicitação de documentos e outros elementos de informação considerados convenientes ou necessários para o esclarecimento dos factos, ***depende de*** **credencial, emitida pela Autoridade, em que conste a respectiva finalidade** e a identificação do(s) funcionário(s) **incumbido(s) da acção.**

Sempre que a Autoridade, no exercício dos poderes sancionatórios e de supervisão que lhe são atribuídos por lei, solicitar às empresas, associações de empresas ou a quaisquer outras pessoas ou entidades, documentos e outras informações que se revelem necessários, esse pedido deve ser instruído com os seguintes elementos:

- o respectivo fundamento jurídico e o objectivo do pedido;
- o prazo para a comunicação das informações ou o fornecimento dos documentos;
- as sanções a aplicar na hipótese de incumprimento do requerido pela AC;
- a informação de que as empresas deverão identificar, de maneira fundamentada, as informações que consideram confidenciais, juntando, sendo caso disso, uma cópia não confidencial dos documentos em que se contenham tais informações.

As informações e documentos solicitados às empresas ou associações de empresas ou a outras pessoas pela Autoridade ao abrigo da Lei devem ser fornecidos no prazo de 30 dias, salvo se por esta for fixado prazo diferente. Mas tal decisão deverá ser fundamentada.

3.2. *Apreciação prévia das operações de concentração*

As operações de concentração[8] que ultrapassem determinados limites relativos ao controle de mercado ou à dimensão – volume – de negócios, fixados na Lei, devem ser **previamente notificadas** à Autoridade da Concorrência. Sê-lo-ão, pois, sempre que:

• em consequência da concentração se crie ou reforce uma quota superior a 30% no mercado nacional de determinado bem ou serviço; ou

• o conjunto das empresas participantes na operação de concentração tenha realizado em Portugal, no último exercício, um volume de negócios superior a 150 milhões de euros, líquidos dos impostos com este directamente relacionados e desde que o volume de negócios realizado individualmente em Portugal por, pelo menos, duas dessas empresas seja superior a 2 milhões de euros.

3.2.1. *Prazo para a notificação*

A notificação prévia das operações de concentração deve ser feita nos seguintes prazos:

• de 7 dias a contar da conclusão do acordo que configura a concentração;

• até à data da publicação do anúncio da oferta pública de aquisição ou de troca, quando a operação de concentração se faça por estes meios, ou da aquisição de uma participação de controlo[9].

---

[8] As operações de concentração, de acordo com o disposto no art. 8.° da Lei n.° 18/ /2003 compreendem: as fusões de duas ou mais empresas, anteriormente independentes, numa só; a aquisição, directa ou indirectamente, por parte de uma ou mais pessoas singulares que já detinham o controle de pelo menos uma empresa, do **controle da totalidade ou de partes de uma ou de várias outras empresas**; a criação ou aquisição de uma **empresa comum** que desempenhe de forma duradoura as funções de uma entidade económica autónoma; a aquisição, por uma empresa, do **controlo** – aquisição da totalidade ou de parte do capital social – **de outra ou outras**; aquisição de direitos de propriedade, de uso ou de fruição sobre a totalidade ou parte dos activos de uma empresa; aquisição de direitos ou celebração de contratos que confiram uma influência preponderante na composição ou nas deliberações dos órgãos de uma empresa.

[9] Nos termos do disposto no n.° 3 do art. 8.° da Lei da Concorrência *"o controlo decorre de qualquer acto, independentemente da forma que este assuma, que implique a*

3.2.2. *Quem deve apresentar a notificação*

A notificação deve ser apresentada pelas pessoas singulares ou empresas que sejam os sujeitos activos da concentração. Quando forem conjuntas – por exemplo, quando se trate de criação ou de aquisição de uma filial comum – devem ser apresentadas por um representante comum, com poderes para enviar e receber documentos em nome de todas as partes.

3.2.3. *Forma da notificação*

A notificação é apresentada em formulário aprovado pela Autoridade da Concorrência e deve conter as informações e documentos nele exigidos. O formulário contém várias secções, devendo, em princípio, todas ser preenchidas. Quando as notificações sejam apresentadas por representantes das partes notificantes, devem ser acompanhadas de documento(s) que comprove(m) os seus poderes de representação (cópias de actas, mandatos, procurações ...)[10].

3.2.4. *A quem e onde deve ser apresentada a notificação*

Ao contrário da tendência genérica da administração pública, que vai no sentido de admissão de apresentação de requerimentos e outros do-

---

possibilidade de exercer, isoladamente ou em conjunto, e tendo em conta as circunstâncias de facto ou de direito, uma influência determinante sobre a actividade de uma empresa, nomeadamente:

a) Aquisição da totalidade ou de parte do capital social;

b) Aquisição de direitos de propriedade, de uso ou de fruição sobre a totalidade ou parte dos activos de uma empresa;

c) Aquisição de direitos ou celebração de contratos que confiram uma influência preponderante na composição ou nas deliberações dos órgãos de uma empresa."

Mas (ver n.° 4 do mesmo artigo) não são havidas como concentração de empresas:

a) A aquisição de participações ou de activos no quadro do processo especial de recuperação de empresas ou de falência;

b) A aquisição de participações com meras funções de garantia;

c) A aquisição por instituições de crédito de participações em empresas não financeiras, quando não abrangida pela proibição contida no artigo 101.° do Regime Geral das Instituições de Crédito e Sociedades Financeiras, aprovado pelo Decreto-Lei n.° 298/92, de 31 de Dezembro.

[10] Regulamento N.° 2/E/2003.

cumentos pelo correio e até por suporte electrónico, a Lei exige que a notificação prévia de operação de concentração seja apresentada **à Autoridade da Concorrência,** e na **sua sede**[11]**.**

3.2.5. *Produção de efeitos da notificação e pagamento* de *taxa*

A apresentação de notificação **não produz efeitos até à data do pagamento de uma taxa base**, determinada no seu quantitativo por três escalões do volume de negócios, no último exercício, do conjunto das empresas envolvidas na concentração:

- no primeiro escalão, cujo limite máximo é de **€ 150 000 000** (cento e cinquenta milhões de euros) a taxa base é de **€ 7 500 (sete mil, e quinhentos euros)**;
- no segundo, compreendido entre os limites mínimo de **€ 150 000 001** (cento e cinquenta milhões e um euros) e máximo de € 300 000 000 (trezentos milhões de euros), a taxa base é de **€ 15 000 (quinze mil euros)**;
- no terceiro, cujo limite mínimo é de € 300 000 001 (trezentos milhões e um euros) a taxa é de **€ 25 000**. O volume de negócios é calculado nos termos do n.° 3 do art. 10.° da Lei[12].

O pagamento da taxa é feito por transferência bancária para uma conta da Autoridade da Concorrência[13].

O início da produção de efeitos ocorrerá, em princípio, na data do pagamento da taxa base. Todavia, a produção de efeitos pode ser diferida para momento posterior se as informações ou documentos que acompanham a notificação estiverem incompletos ou se mostrarem inexactos.

---

[11] Av.ª Visconde Valmor, n.° 72, 5.° andar, 1069-041 Lisboa

[12] "*Compreende os valores dos produtos vendidos e dos serviços prestados a empresas e consumidores em território português, líquidos dos impostos directamente relacionados com o volume de negócios, mas não inclui as transacções efectuadas entre as empresas*" em processo de concentração.

[13] conta n.° 27912514 10, com o NIB 007600002791251410124, do FINIBANCO, S.A., em nome da Autoridade da Concorrência. IBAN: PT50007600002791251410124; BIC: FBCOPTPP; BALCÃO: Av. Berna

Quando tal aconteça, a Autoridade convidará, por escrito e no prazo de sete dias úteis, os autores a completarem ou corrigirem a notificação, fixando-lhes um prazo para o efeito. O momento da produção de efeitos será então o *da recepção da notificação corrigida ou aperfeiçoada.*

3.2.6. *Publicação*

No prazo de 5 dias após o início da produção de efeitos da notificação, a Autoridade ordena a publicação, em dois jornais de expansão nacional, dos elementos essenciais da notificação, a fim de que eventuais terceiros interessados possam apresentar observações no prazo para tal fixado, mas nunca inferior a dez dias.

3.2.7. *Instrução e decisão*

A instrução do processo, efectuada pelos serviços da Autoridade, deve ser completada no **prazo de trinta dias** a contar do início da produção de efeitos. Na pendência da instrução podem os elementos e/ou informações fornecidos revelar-se insuficientes ou incorrectos. Se e quando tal acontecer, a Autoridade comunica o facto aos autores da notificação e fixa-lhes um prazo para fornecerem os elementos em falta, ou procederem às correcções indispensáveis. Esta comunicação suspende o prazo da instrução. A suspensão começa a contar no primeiro dia útil seguinte ao do envio daquela comunicação e termina no dia seguinte ao da recepção dos elementos solicitados pela Autoridade.

Na pendência da instrução, a Autoridade pode ainda solicitar a quaisquer outras entidades públicas ou privadas informações que considere convenientes para a decisão do processo. Estas diligências, ao invés do que ocorre quando tais elementos são pedidos às empresas abrangidas no processo, não suspendem o prazo da instrução.

A decisão do processo, que deve ser tomada pela Autoridade até ao termo do prazo de instrução, pode ter um dos seguintes sentidos:

- **não se encontrar a operação abrangida pela obrigação de notificação prévia;**
- **não se opor a Autoridade à operação de concentração.** Esta decisão pode ser acompanhada de imposição de condições e obrigações destinadas a garantir compromissos assumidos pelos autores da notificação e a manutenção da concorrência;

• **dar início a uma investigação aprofundada** por considerar que é susceptível de, à luz dos elementos recolhidos, criar ou reforçar uma posição dominante de que possam resultar entraves à concorrência efectiva no mercado nacional, ou numa parte substancial deste.

3.2.8. *Autorização tácita*

A ausência de tomada de decisão no prazo referido vale como **não oposição à operação de concentração.** Passado, pois, o prazo de trinta dias, seguidos ou, se tiver ocorrido alguma suspensão, perfeitos trinta dias sem que as empresas tenham sido notificadas de qualquer decisão, deve entender-se o silêncio da AC como de **não oposição à operação de concentração.**

3.2.9. *Investigação aprofundada*

Quando a decisão seja "**dar início a uma investigação aprofundada**", esta investigação, que implica obviamente a recolha de mais informação, deve ser efectuada no prazo de noventa dias.

Na pendência desta investigação, a Autoridade pode, além de pedir informações a outras entidades públicas ou privadas, pedir novos elementos às empresas autoras da notificação.

Quando isto aconteça, ocorrerá igualmente suspensão do prazo da investigação cuja duração é contada nos mesmos termos da suspensão da instrução (ver acima, ponto 3.1.7.).

3.2.10. *Decisão*

A decisão desta fase do processo, que deve ser tomada também dentro do **prazo** de **noventa dias**, pode ter um dos seguintes sentidos:

• **não se opor à operação de concentração**. Esta decisão pode também ser acompanhada de condições e imposições visando garantir a efectiva concorrência;

• **proibir a operação de concentração**, ordenando, se ela já se tiver realizado, medidas adequadas ao restabelecimento da concorrência efectiva, nomeadamente, a separação das empresas ou dos activos agrupados, ou a cessação da situação de controlo.

Também aqui, **a ausência de decisão dentro do prazo (de 90 dias)** vale como **decisão tácita** de **não oposição à operação de concentração.**

3.2.11. *Audição Prévia*

Para evitar esse efeito, a AC deve, dentro daquele prazo, notificar as empresas autoras da notificação de concentração do projecto de decisão e para se pronunciarem em audição prévia. Esta audição, que não é obrigatória quando – e apenas quando – a decisão for de não oposição à concentração e sem condições ou imposições, suspende o prazo dos 90 dias para decisão.

3.2.12. *Recurso Extraordinário para a tutela da Autoridade*[14]

Quando a decisão da Autoridade tenha sido de proibição da operação de concentração, os autores da notificação podem ainda **interpor recurso para o membro do Governo responsável pela economia**. Os fundamentos do recurso devem incidir basicamente nas vantagens que a operação possa representar para os interesses específicos da economia nacional. Aquele membro do Governo pode, mediante decisão fundamentada no facto de os benefícios da operação para a prossecução de interesses fundamentais para a economia nacional serem superiores às desvantagens para a concorrência decorrentes da sua realização, autorizar a operação que a Autoridade havia decidido proibir.

Este recurso é, ainda, um processo de natureza administrativa. Apresenta características semelhantes ao recurso hierárquico. Mas dada a atribuição à AC da qualidade de entidade independente, a designação de recurso hierárquico colidiria com esta qualidade. Daí a designação de recurso extraordinário.

3.2.12.1. Prazo deste recurso

O prazo para a interposição deste recurso extraordinário é de **30 dias** a contar da data da notificação da decisão da Autoridade proibitiva da operação de concentração.

---

[14] art. 34 dos Estatutos da Autoridade da Concorrência que integram o DL n.° 10/ /2003 de 18.01.

3.2.12.2. Conteúdo da decisão do Ministro

A decisão do recurso pode, além de autorizar a operação de concentração, impor condições e obrigações que minorem o impacte negativo da operação sobre a concorrência.

3.3. *Processo de avaliação prévia das práticas proibidas previstas no n.° 1 do art. 4.° da Lei, mas justificáveis nos termos do art. 5.°*

O n.° 1 do art. 4.° da Lei da Concorrência proíbe todas as práticas de colaboração entre empresas que tenham por objecto ou como efeito impedir, falsear ou restringir de forma sensível a concorrência no todo ou em parte do mercado nacional e exemplifica algumas das modalidades em que tais práticas se materializam[15].

Todavia, o n.° 1 do artigo 5.° abre a possibilidade de tais práticas, desde que **contribuam para melhorar a produção ou a distribuição de bens e serviços ou para promover o desenvolvimento técnico ou económico e preencham alguns requisitos de ordem económica e social cumulativos**[16], serem consideradas **justificadas**.

---

[15] – Fixar, de forma directa ou indirecta, os preços de compra ou de venda ou interferir na sua determinação pelo livre jogo do mercado, induzindo, artificialmente, quer a sua alta quer a sua baixa;

– Fixar, de forma directa ou indirecta, outras condições de transacção efectuadas no mesmo ou em diferentes estádios do processo económico;

– Limitar ou controlar a produção, a distribuição, o desenvolvimento técnico ou os investimentos;

– Repartir os mercados ou as fontes de abastecimento;

– Aplicar, de forma sistemática ou ocasional, condições discriminatórias de preço ou outras relativamente a prestações equivalentes;

– Recusar, directa ou indirectamente, a compra ou venda de bens e a prestação de serviços;

– Subordinar a celebração de contratos à aceitação de obrigações suplementares que, pela sua natureza ou segundo os usos comerciais, não tenham ligação com o objecto desses contratos.

[16] – Reservem aos utilizadores desses bens ou serviços uma parte equitativa do benefício daí resultante;

– Não imponham às empresas em causa quaisquer restrições que não sejam indispensáveis para atingir esses objectivos;

– Não dêem a essas empresas a possibilidade de eliminar a concorrência numa parte substancial do mercado dos bens ou serviços em causa.

E no n.° 2 do mesmo artigo admite a avaliação prévia das referidas práticas pela Autoridade da Concorrência – nos termos do **Regulamento n.° 9/2005 de 11 de Junho, abaixo designado apenas por Regulamento. Este diploma veio substituir** a **Portaria n.° 1097/93 de 29.10,** que se encontrava transitoriamente em vigor.

3.3.1. *Âmbito do processo*

Note-se antes de mais que a entrada em vigor do Regulamento (CE) n.° 1/2003, do Conselho, de 16 de Dezembro de 2002, relativo à execução das regras de concorrência estabelecidas nos artigos 81.° e 82.° do Tratado, limita fortemente o alcance do regime de controlo prévio instituído no n.° 2 do artigo 5.° da Lei n.° 18/2003.

Na verdade, se relativamente às práticas abrangidas pelo artigo 81.°do Tratado CE o regime a aplicar é o decorrente daquele Regulamento (CE), o procedimento de controlo prévio previsto no n.° 2 do artigo 5.° da Lei n.° 18/2003 não terá lugar sempre que, relativamente às práticas referidas no artigo 4.° da Lei, seja igualmente aplicável o artigo 81.° do Tratado.

3.3.2. *Início do processo*

O processo de avaliação prévia das práticas, acordos e decisões previstos no art. 4.° da Lei é desencadeado por **pedido feito** de acordo com o formulário[17] constante do Anexo II ao Regulamento, apresentado à Autoridade da Concorrência em triplicado, um original e duas cópias, em suporte de papel, devidamente assinados, por uma, várias ou todas as empresas interessadas. O pedido deve respeitar a estrutura do formulário do Anexo II ao Regulamento, e é obrigatoriamente acompanhado de todos os documentos nele exigidos, salvo dispensa concedida pela AC a pedido fundamentado da(s) requerente(s). Tais documentos devem conter a nota de "confidencial", e fundamentação da confidencialidade.

[17] O formulário está estruturado em 6 secções: 1 – Objecto do Pedido; 2 – Identificação dos Participantes; 3 – Descrição da Prática; 4 – Mercado Relevante; 5 – Fundamentos do Pedido; 6 – Declaração e Assinatura.

3.3.3. *Taxas*

Tal como acontece com a notificação prévia das operações de concentração, a alínea b) do n.° 1 do art. 56.° da Lei também sujeita ao pagamento de uma taxa o processo de avaliação prévia para apreciação de acordos entre empresas previstos no n.° 2 do art. 5.°. Esta vertente da Lei foi regulamentada pelo art. 10.° do Anexo I ao Regulamento[18].

O pedido de avaliação prévia das práticas supra identificadas só produz efeitos a partir do dia do pagamento da aludida taxa. Pelo que o respectivo comprovativo deve ser nesse mesmo dia entregue ou enviado à AC.

3.3.4. *Publicação do pedido*

Tal como no processo relativo às operações de concentração, também neste a AC promove, no prazo de 15 dias contados a partir da data da produção de efeitos do pedido de avaliação prévia, a publicação em dois jornais de expansão nacional, a expensas do(s) requerente(s), do conteúdo essencial do pedido, a fim que terceiros interessados possam apresentar as suas observações no prazo que for fixado, o qual não poderá ser inferior a 30 dias.

3.3.5. *Instrução*

A instrução do processo, efectuada pelos serviços da AC, envolve a investigação e enquadramento quer dos elementos apresentados pela(s) empresa(s) interessada(s), quer dos apresentados por eventuais terceiros contra-interessados, quer de outros que considere necessários para decidir se as práticas avaliandas têm os efeitos desenvolvimentistas apontados pelo(s) requerente(s) e não têm efeitos de eliminação da concorrência no

---

[18] O pagamento da taxa é efectuado a partir da data da apresentação do pedido de avaliação prévia, através de transferência bancária para a conta da AC referida acima, na página 134, na nota de pé de página n.° 13, devendo o respectivo comprovativo ser remetido àquela no dia da realização do pagamento. As taxas são dos montantes de € 7 500, € 15 000 ou € 25 000 conforme o volume de negócios realizado em Portugal, no último exercício, pelo conjunto das empresas participantes na prática em causa, calculado de acordo com o disposto no artigo 10.° da Lei n.° 18/2003, de 11 de Junho, seja inferior ou igual a € 150 000 000; seja superior a € 150 000 000 e inferior ou igual a € 300 000 000; ou seja superior a € 300 000 000.

mercado relevante (balanço económico e social). Deve ser completada no **prazo de 90 dias.** Mas a contagem deste prazo pode também ser interrompida e o prazo suspenso se a AC, quando tal se revelar necessário, solicitar ao(s) requerente(s) informações ou documentos adicionais ou que complete(m) ou corrija(m) os já fornecidos. A suspensão inicia-se então no dia útil seguinte ao do envio da respectiva notificação, e termina no dia útil seguinte ao da recepção, pela AC, dos elementos solicitados.

3.3.6. *Decisão*

A decisão deve ser tomada após o termo da instrução. Quando desfavorável, deve ser precedida de audição prévia do(s) requerente(s) e/ou de terceiros contra-interessados. Poderá ter os seguintes conteúdos:

a) Declarar a legalidade da prática em causa face ao n.° 1 do artigo 4.° da Lei n.° 18/2003, caso conclua que esta não se encontra abrangida pela proibição constante do referido preceito;

b) Declarar a inaplicabilidade à prática em causa do disposto no n.° 1 do artigo 4.° da Lei n.° 18/2003, caso conclua que esta se encontra justificada à face do disposto no n.° 1 do artigo 5.° da referida lei; ou

c) Declarar a ilegalidade da prática, caso conclua que esta viola o disposto no n.° 1 do artigo 4.° e que não se verificam os pressupostos de justificação previstos no artigo 5.°, n.° 1.

3.3.6.1. Decorrido que seja o prazo de noventa dias da instrução, antes da decisão própria do processo, que implica geralmente a audição de interessados e/ou contra-interessados, o(s) requerente(s) pode(m) solicitar à AC que considere provisoriamente válida a prática sob avaliação. Tal decisão é tomada no prazo de 10 dias contados da data da recepção do pedido;

3.3.6.2. As decisões descritas nas alíneas a) e b) valem e vinculam a AC dentro dos limites e do conteúdo do pedido enquanto não houver modificação das circunstâncias em que as mesmas foram emitidas e na medida em que não tenham sido obtidas com base em informações falsas ou inexactas relativas a circunstâncias essenciais para a decisão;

3.3.6.3. A decisão referida na alínea *b*) é sempre concedida por um período determinado e pode ser acompanhada de condições e obrigações, sendo susceptível de renovação, caso se mantenham as condições de aplicação do n.° 1 do artigo 5.° da Lei n.° 18/2003;

3.3.6.4. O conteúdo essencial das decisões nesta matéria é publicado no sítio da AC na Internet;

3.3.7. *Decurso do prazo sem decisão*

O efeito do silêncio da Autoridade é, neste processo, diferente do verificado no processo de avaliação prévia das operações de concentração. Passados noventa dias sobre o começo da Instrução sem haver decisão, não se presume a justificação das práticas proibidas pelo art. 4.° da Lei. Dá-se apenas aos interessados a possibilidade de solicitarem a declaração – expressa – de consideração provisória das práticas como justificadas. Esta decisão deve ser tomada no prazo de 10 dias a contar da data da recepção do pedido, que nos termos da lei processual se presume ocorrer no terceiro dia útil seguinte ao da expedição do registo ou, se esse dia não for útil, no primeiro dia útil seguinte a este.

O sentido da decisão parece-nos não dever ser, necessariamente, de deferimento do pedido. Deverá antes ser aquele que mais conforme se apresentar com a decisão final da avaliação: se a prova produzida apontar para uma provável decisão de justificação, será de deferir o pedido de consideração provisória das práticas como justificadas ou não abrangidas na previsão do art. 4.°; se a prova apontar para a provável não justificação, então a decisão do pedido não deverá ser de deferimento.

Isto é, o facto de o legislador impor uma resposta breve, não vincula a AC a uma resposta de sentido único.

4. **Processo sancionatório e princípios norteadores**

O processo sancionatório é, como acima deixámos dito, destinado à punição – aplicação de coimas e outras sanções acessórias – dos responsáveis por: práticas previstas nos art.os 4.°, 6.° e 7.°; realização de operações de concentração de empresas que se encontrem suspensas nos termos do n.° 1 do artigo 11.° ou que hajam sido proibidas por decisão adoptada ao abrigo da alínea b) do n.° 1 do artigo 37.°; desrespeito por decisão que decrete medidas provisórias, nos termos previstos no artigo 27.°; desrespeito de condições ou obrigações impostas às empresas pela Autoridade, nos termos previstos no n.° 4 do artigo 11.°, no n.° 3 do artigo 35.° e no n.° 2 do artigo 37.°; falta de notificação de uma operação de concentração sujeita a notificação prévia nos termos do artigo 9.°; não prestação de informações, ou prestação de informações falsas, inexactas ou incompletas, em resposta a pedido da Autoridade, no uso dos seus poderes sancionatórios ou de supervisão; não colaboração com a Autoridade, ou obstrução ao exercício, por esta, dos poderes previstos no artigo 17.°; falta de comparência injustificada, em diligência de processo para que tenham sido regularmente notificados, de testemunhas, peritos ou representantes das empresas queixosas ou infractoras, (todas estas previstas em normas da Lei 18/2003), e as práticas dos arts. 81.° e 82.° do Tratado da Comunidade Europeia, qualificadas – tipificadas – como contra-ordenações e declaradas puníveis pelo Cap. IV da Lei (artigos 42.° e seguintes).

4.1. ***Princípios***

Sendo este, como é, um processo contra-ordenacional, está sujeito aos princípios enunciados na própria lei da concorrência e, por força da remissão que nela é feita, também aos consagrados no capítulo II do DL n.° 433/82, de 27.10. E porque, apesar de sancionatório, não deixa de ser um processo administrativo – instruído por órgãos e funcionários administrativos e decidido por entidade, ainda que "independente", de natureza administrativa, a Autoridade da Concorrência[19] – está igualmente sujeito aos princípios consagrados no CPA.

Vejamos, pois, alguns dos princípios mais importantes:

4.1.1. *Da legalidade*

Compreende os princípios penais de "*nullum* ***crimen*** *sine lege*" e "*nulla* ***poena*** *sine lege*". Quer as contra-ordenações, quer as coimas cominadas, devem estar previamente previstas na lei, sem o que não poderão

[19] No art. 2.° do DL n.° 10/2003, que institui e aprova os Estatutos da Autoridade da Concorrência, esta é definida como "uma pessoa colectiva de direito público, de natureza institucional, dotada de órgãos, serviços, pessoal e património próprios e de autonomia administrativa e financeira,… "

punir-se os autores de pretensos factos contra-ordenacionais. E as diligências processuais devem igualmente sujeitar-se às normas, quer da própria Lei da Concorrência, quer do CPA, quer do DL n.° 433/82, aplicáveis ao processo por normas remissivas constantes daquela.

4.1.2. *Da não ajuramentação das testemunhas*

A audição de testemunhas não envolve juramento de qualquer ordem. Não quer isto dizer que os depoimentos das testemunhas não devam ser avaliados pelo funcionário ou serviço de instrução. Designadamente, nada impede que se inquiram cuidadosamente sobre as razões de ciência que estão na base do seu conhecimento dos factos e se utilizem meios como a acareação de testemunhas com depoimentos contraditórios.

4.1.3. *Da comunicação das decisões*

Todas as decisões, despachos e medidas tomadas pela Autoridade nestes processos devem ser comunicadas às pessoas a quem se dirigem. Tratando-se de medida que admita impugnação, deve revestir a forma de notificação e conter toda a informação necessária sobre a sua admissibilidade, prazo e forma.

4.1.4. *Da audição prévia*

As decisões a tomar pela Autoridade devem ser precedidas de audição prévia, quer das empresas ou associações de empresas autoras ou envolvidas nas práticas contra-ordenacionais, quer dos denunciantes e contra-interessados quando o projecto de decisão seja no sentido do arquivamento dos autos.

4.1.5. *Da recorribilidade jurisdicional das decisões*

As medidas e decisões finais tomadas pela Autoridade no âmbito do processo são jurisdicionalmente recorríveis, para o Tribunal do Comércio.

4.1.6. *Da imparcialidade e igualdade de tratamento*

O tratamento dos arguidos não deve ser discriminatório. Todos os agentes económicos devem, em circunstâncias iguais, ser tratados de forma idêntica pela Autoridade.

4.1.7. *Da participação e colaboração dos administrados*

Embora estes processos sejam sancionatórios, eles não deixam de ser graciosos, do foro administrativo. O princípio da audição prévia, genericamente consagrado no CPA, e várias vezes aflorado na Lei da Concorrência, deve ser respeitado pela Autoridade.

4.1.8. *Da nomeação de defensor*

Se os arguidos não estiverem representados por advogado, deverá ser-lhes nomeado defensor oficioso.

4.2. ***Iter processual***

O processo sancionatório desenvolve-se, em princípio, em duas fases: uma primeira, ***de inquérito***, na qual os órgãos da Autoridade investigam indícios das práticas contra-ordenacionais denunciadas, ou que de qualquer forma tomaram conhecimento, e de quem são os respectivos autores ou responsáveis; a segunda, que só terá lugar se a primeira permitiu a identificação das referidas práticas e dos responsáveis, constitui a ***instrução*** do processo.

4.2.1. *Inquérito*

O processo é iniciado pela abertura de **inquérito,** ordenada pela Autoridade logo que tome conhecimento, através de denúncia particular, participação de autoridades policiais ou fiscalizadoras, auto de notícia, ou, como refere o legislador, por qualquer via, de eventual prática proibida pelas normas supra referidas[20].

---

[20] "Todos os serviços da administração directa, indirecta ou autónoma do Estado, bem como as autoridades administrativas independentes, têm o dever de participar à Au-

No despacho de abertura do inquérito, a Autoridade deve logo ordenar as diligências de investigação necessárias à identificação das práticas e dos respectivos agentes.

4.2.2. *Decisão do inquérito*

Realizadas as diligências ordenadas pela Autoridade, o instrutor elaborará um relatório com proposta de decisão. E a Autoridade decidirá, em alternativa:

- mandar arquivar o processo, se entender que não existem indícios suficientes de infracção[21];
- dar início à instrução do processo, através de notificação dirigida às empresas ou associações de empresas arguidas, sempre que conclua, com base nas investigações levadas a cabo, que existem indícios suficientes de infracção às regras de concorrência.

4.3. ***Instrução***

Quando o Inquérito termine com a decisão "**de instrução**", esta é notificada às empresas ou associações de empresas arguidas. E na notificação é fixado prazo **para se pronunciarem por escrito** sobre as acusações formuladas, provas produzidas e demais questões que importem para a decisão, e requererem diligências complementares de prova que julguem convenientes.

4.3.1. *Audição oral*

As empresas ou associações de empresas podem, se o preferirem, requerer que a audição por escrito seja substituída ou complementada por

toridade os factos de que tomem conhecimento susceptíveis de serem qualificados como práticas restritivas da concorrência." (art. 24.°, n.° 2 da Lei).

[21] "Se o inquérito tiver sido instaurado com base em denúncia de qualquer interessado, a Autoridade não pode proceder ao seu arquivamento sem dar previamente conhecimento das suas intenções ao denunciante, concedendo-lhe um prazo razoável para se pronunciar." (art. 25.°, n.° 2 da Lei).

audição oral. O prazo para apresentação de tal requerimento é de cinco dias contados da data da recepção da notificação. A audição oral terá lugar em data a fixar pela Autoridade, mas que não será anterior ao termo do prazo fixado para audiência por escrito. São estes os momentos em que os agentes económicos (empresas – pessoas singulares ou colectivas) arguidos podem apresentar novos meios de prova que infirmem os incorporados nos autos pelo serviço instrutor, na fase de inquérito, e oferecer novos meios de prova, ou requerer novas diligências de prova. A Autoridade pode recusar a produção de novas diligências com fundamento quer em manifesta irrelevância quer em intuito dilatório. Porém, é óbvio que os administrados também podem recorrer desta decisão, se a fundamentação da recusa não corresponder à verdade.

4.3.2. *Medidas cautelares*

As práticas proibidas objecto deste tipo de processos podem desde logo acarretar prejuízo iminente, grave e irreparável, ou de difícil reparação, para a concorrência no mercado nacional e lesar os interesses de outros agentes económicos.

Quando se verifiquem indícios deste prejuízo efectivo ou iminente, pode a **Autoridade**, oficiosamente ou a requerimento de qualquer interessado, e em qualquer momento do inquérito ou instrução, **ordenar preventivamente** a imediata suspensão das referidas práticas, ou quaisquer outras medidas provisórias necessárias à imediata reposição da concorrência, ou indispensáveis ao efeito útil da decisão a proferir no termo do processo.

Estas medidas vigorarão até à sua revogação pela Autoridade, mas, em todo o caso, por período não superior a 90 dias. Podem, porém, mediante decisão devidamente fundamentada, sofrer prorrogação.

4.3.2.1. Audição prévia

A aplicação destas medidas é precedida, como todas as medidas que afectem os interesses dos agentes económicos visados, de audição prévia dos interessados.

Mas se a audição puser em sério risco o objectivo, ou a eficácia da providência, a sua aplicação dispensa a audição prévia.

4.3.2.2. Quando esteja em causa um mercado objecto de regulação sectorial, a Autoridade solicita parecer prévio à respectiva autoridade reguladora, o qual deverá ser emitido no prazo máximo de cinco dias úteis. Mas também nestas hipóteses a urgência pode sobrepor-se à cautela, e a tomada de medidas provisórias anteceder a emissão de parecer.

4.3.3. A instrução termina com a elaboração de um relatório pelo serviço instrutor. É com base neste relatório que a Autoridade toma uma decisão, que poderá ser:

- Ordenar o arquivamento do processo;
- Declarar a existência de uma prática restritiva da concorrência e, se for caso disso, ordenar ao infractor que adopte as providências indispensáveis à cessação dessa prática, ou dos seus efeitos, no prazo que lhe for fixado;
- Aplicar as coimas e demais sanções previstas nos artigos 43.°, 45.° e 46.°;
- Autorizar um acordo, nos termos e condições previstos no artigo 5.° – balanço económico e social[22].

Quando estiverem em causa práticas com incidência num mercado objecto de regulação sectorial (saúde, actividade bancária, seguros) a adopção de uma decisão **é precedida de parecer prévio da respectiva autoridade reguladora sectorial,** o qual será emitido num prazo razoável, fixado pela Autoridade da Concorrência.

5. **Recursos contenciosos**

Como acima se referiu, as decisões da Autoridade da Concorrência são contenciosamente impugnáveis. Mas com algumas diferenças con-

---

[22] ... que contribuam para melhorar a produção ou a distribuição de bens e serviços ou para promover o desenvolvimento técnico ou económico desde que, cumulativamente:

a) Reservem aos utilizadores desses bens ou serviços uma parte equitativa do benefício daí resultante;

b) Não imponham às empresas em causa quaisquer restrições que não sejam indispensáveis para atingir esses objectivos;

c) Não dêem a essas empresas a possibilidade de eliminar a concorrência numa parte substancial do mercado dos bens ou serviços em causa.

forme se trate de decisão proferida em processo contra-ordenacional (com aplicação de coima), ou decisão meramente administrativa.

5.1. *Recursos em processo contra-ordenacional*

5.1.1. A impugnação contenciosa das decisões punitivas (aplicadoras de coimas, ou de outras sanções previstas na lei) em processo contra-ordenacional faz-se mediante **recurso** para o **Tribunal de Comércio de Lisboa** e tem efeito **suspensivo**.

Tratando-se de decisões ou medidas administrativas não punitivas no processo contra-ordenacional, o respectivo efeito será meramente **devolutivo**.

5.1.2. O recurso é interposto na sede da Autoridade que, no prazo de vinte dias úteis, o remete, juntamente com os autos e, querendo, as suas alegações, para o Ministério Público.

A Autoridade goza de algumas prerrogativas enunciadas quer pelo art. 51.° da Lei, quer no art. 70.° do DL n.° 433/82, de 27 de Outubro, na redacção que lhe foi dada pelo DL n.° 244/95, de 14 de Setembro:

- pode juntar novos elementos, meios de prova ou informações que considere relevantes para a decisão do recurso;
- pode, tal como o Ministério Público, ou os arguidos, opor-se a que o tribunal decida por despacho, sem audiência de julgamento;
- tem, em princípio, direito a ser notificada da data da audiência; tem sempre direito a ser notificada da sentença e demais decisões finais;
- pode, se discordar da desistência da acusação pelo Ministério Público, opor-se a tal desistência;
- tem legitimidade para recorrer autonomamente da decisão do recurso.

5.1.3. *Recurso das sentenças ou outras decisões finais do Tribunal de Comércio*

Das decisões dos recursos julgados no Tribunal de Comércio, **em matéria de decisões contra-ordenacionais da Autoridade**, que admitam recurso nos termos gerais dos ilícitos de mera ordenação social[23], pode recorrer-se para o Tribunal da **Relação de Lisboa**, que decide em última instância.

5.2. *Recurso de despachos administrativos*

Para a impugnação de decisões da Autoridade em matéria administrativa, e para a decisão ministerial, é igualmente competente o **Tribunal de Comércio de Lisboa**. Mas o respectivo regime passa a ser o das **acções administrativas especiais,** previsto no Código de Processo nos Tribunais Administrativos (CPTA)[24].

5.2.1. *Recurso das sentenças ou outras decisões finais do Tribunal de Comércio*

As sentenças e outras decisões finais proferidas nos recursos de decisões da Autoridade em matéria administrativa, julgados no Tribunal do Comércio de Lisboa, são jurisdicionalmente recorríveis, em 2.ª instância, para o Tribunal da Relação e, em última instância – limitada a questões de direito – para o Supremo Tribunal de Justiça. Aliás, se o recurso da decisão da 1.ª instância se limitar a questões de direito, interpõe-se, per saltum, directamente para o STJ.

Estranhamente, porém, a tramitação destes recursos em vez de ser a do processo civil, é a das acções administrativas especiais, regulada no Título III do Código de Processo nos Tribunais Administrativos.

Dizemos estranhamente porque embora este código tenha feito um meritório esforço de aproximação do processo contencioso administrativo ao processo civil, persistem especialidades que não serão, por certo, familiares aos tribunais (de recurso) cíveis.

---

[23] As decisões judiciais que admitem recurso estão previstas no art. 73.° do DL n.° 433/82 e prendem-se fundamentalmente com o montante da coima.

[24] Ver CPTA, Título III, artigos 46.° e seguintes.

BIBLIOGRAFIA

MÁRIO ESTEVES DE OLIVEIRA, PEDRO COSTA GONÇALVES – J. PACHECO DE AMORIM, *Código De Procedimento Administrativo, Comentado* –, Almedina, Coimbra, 1993;

RUI CHANCERELLE DE MACHETE – *Estudos de Direito Público e Ciência Política* – Fundação Oliveira Martins – Centro de Estudos Administrativos;

SOARES, R. EHRARDT, "A propósito de um projecto Legislativo: o Chamado Código de Procedimento Administrativo Gracioso", *Revista de Legislação e Jurisprudência*, Ano 115, 14-18, 173-179, 261-264, 295-297; Ano 116, 324-329; Ano 117, 65-72.

CAPÍTULO VI

Relação entre Autoridade da Concorrência e Autoridades Sectoriais

PEDRO PITA BARROS*

1. Introdução

A política de defesa da concorrência teve, no primeiro semestre de 2003, alterações profundas com a criação da Autoridade da Concorrência e a publicação de uma nova lei da concorrência. Esta fase encerra mais uma revisão da legislação de defesa da concorrência em Portugal, que tem seguido ciclos de cerca de 10 anos.

A Autoridade da Concorrência (Decreto-Lei 10/2003, de 18 Janeiro) substituiu os anteriores Conselho da Concorrência e Direcção-Geral do Comércio e Concorrência no que toca à aplicação da legislação de defesa da concorrência, tendo entrado em funcionamento a 24 de Março de 2003.

A nova lei de defesa da concorrência (Lei 18/2003, de 11 de Junho, substituindo o anterior Decreto-Lei 371/93 de 29 de Outubro) introduz alterações importantes ao que era o quadro legal até agora aplicável à defesa da concorrência. Em particular, alarga o âmbito da sua aplicação a todas as actividades económicas.[1]

---

* Agradeço as sugestões e comentários do Prof. Steffen Hoernig. As opiniões expressas são estritamente pessoais e não comprometem nem vinculam qualquer outra pessoa ou instituição.

[1] Artigo 1.º-1 da Lei 18/2003 de 11 de Junho, "A presente lei é aplicável a todas as actividades económicas exercidas, com carácter permanente ou ocasional, nos sectores privado, público e cooperativo."

Este alargamento da aplicação da legislação de defesa da concorrência significa que sectores de actividade económica objecto de regulação específica são também abrangidos, de forma explícita, pela nova Autoridade da Concorrência.

Contudo, a existência de normas de regulação sectorial, bem como de entidades reguladoras sectoriais, levanta a possibilidade de conflitos entre o que seria a aplicação literal da legislação de defesa da concorrência e a própria regulação sectorial.

A articulação entre a Autoridade da Concorrência e as entidades sectoriais é reconhecida quer na legislação, quer nos próprios documentos de estratégia da Autoridade da Concorrência. Como exemplos concretos, temos o Artigo 6.° do Decreto-Lei 10/2003, de 18 de Janeiro, bem como os objectivos programáticos e os princípios da Estratégia de Desenvolvimento enunciada para os primeiros três anos de actividade (ver anexo). O desejo, claramente expresso pelo Presidente da Autoridade da Concorrência, de intervir em mercados regulados obriga a uma definição clara da articulação entre a Autoridade da Concorrência e os reguladores sectoriais.

Pelo facto de abranger todos os sectores de actividade económica, o exercício de funções por parte da Autoridade da Concorrência apresenta sobreposição com a actuação dos reguladores sectoriais. Esta sobreposição poderá, ou não, gerar conflito de actuação entre a Autoridade de Concorrência e os Reguladores Sectoriais. É ainda necessário acrescentar a indefinição das fronteiras de intervenção da Autoridade da Concorrência, uma vez que a articulação entre esta e as autoridades sectoriais é remetida para protocolos ou acordos a estabelecer. Em alguns casos poderá assistir-se à intervenção simultânea de duas autoridades económicas. Só por memória, as entidades reguladoras sectoriais portuguesas são (por ordem alfabética): ANACOM – ICP-Autoridade Nacional de Comunicações (comunicações electrónicas), Banco de Portugal (sector bancário), CMVM – Comissão do Mercado de Valores Mobiliários (bolsas de valores), ERSE – Entidade Reguladora dos Serviços Energéticos (energia), IMOPPI – Instituto dos Mercados de Obras Públicas e Particulares e do Imobiliário (construção), INAC – Instituto Nacional de Aviação Civil (transporte aéreo), INTF – Instituto Nacional de Transporte Ferroviário (caminhos de ferro), IRAR – Instituto Regulador Águas e Resíduos (águas), ISP – Instituto de Seguros de Portugal (sector segurador).

É, por isso, relevante uma discussão dos princípios económicos que ajudem a definir a articulação entre a Autoridade da Concorrência e os reguladores sectoriais. O texto encontra-se organizado da seguinte forma.

A secção 2 discute princípios económicos fundamentais sobre o papel da regulação económica e a defesa da concorrência. A secção 3 refere os efeitos de incentivos à intervenção de cada uma das autoridades económicas, que estará presente nos diferentes modelos de organização da relação. A secção 4 apresenta um exemplo de aplicação dos princípios económicos enunciados. Finalmente, a Secção 5 conclui.

2. **Princípios económicos relevantes**[2]

2.1. ***Regulação vs Defesa da Concorrência***

O funcionamento das sociedades da Europa Ocidental e de grande parte de outros países assenta no princípio de livre funcionamento do mercado como mecanismo de afectação de recursos numa economia.

O elemento fundamental do mecanismo de mercado é a liberdade dos agentes económicos realizarem transacções mutuamente vantajosas.

É também amplamente reconhecido que o livre funcionamento do mercado poderá, em determinadas circunstâncias, não originar uma correcta afectação de recursos num dado sector de actividade económica. A liberdade de realização de transacções mutuamente vantajosas é garantida pela existência de alternativas de relação económica, para cada agente. A existência dessas transacções alternativas, essencial para que a liberdade de escolha do agente económico possa ser uma realidade, não é mais do que a presença de concorrência.

Quando não se encontram preenchidas as condições de concorrência num determinado sector, o funcionamento desse sector envolverá distorções na aplicação de recursos.

Naturalmente, nem todas as condições em que o mecanismo de mercado não gera uma afectação de recursos dita eficiente correspondem a uma situação de falta de concorrência. Mas existem numerosas circunstâncias em que tal sucede.

Havendo a determinação de as autoridades económicas intervirem no sentido de garantir uma correcta afectação de recursos na economia, essa

---

[2] Esta secção retoma em grande medida a discussão apresentada em Pedro Pita Barros, 2003, "Parecer sobre a articulação entre o ICP-ANACOM e a Autoridade da Concorrência", disponível em http://www.anacom.pt/template20.jsp?categoryId=52649&contentId=128076.

actuação é susceptível de ocorrer via regulação económica ou via aplicação de regras de defesa da concorrência.

A regulação económica e a defesa da concorrência são instrumentos alternativos para alcançar um mesmo fim: a obtenção de uma afectação de recursos tão eficiente quanto possível.

A utilização de um ou outro destes dois instrumentos depende dos méritos relativos de cada um deles num contexto concreto.

A regulação económica procura, através da criação de regras especificadas *ex-ante*, influenciar o comportamento dos agentes económicos tidos como relevantes, de forma a emular a afectação de recursos considerada eficiente.

A aplicação das regras de defesa da concorrência procura, através da detecção e penalização de determinadas práticas comerciais, influenciar o comportamento dos agentes económicos de forma a dissuadi-los de utilizarem práticas comerciais restritivas da liberdade de escolha de outros agentes económicos.

Há, assim, do ponto de vista económico uma diferença fundamental, em termos do momento de intervenção da autoridade económica e dos instrumentos utilizados, entre a regulação económica e a aplicação da legislação de defesa da concorrência, no condicionamento do comportamento dos agentes económicos.

Para ser completo, é necessário reconhecer que a actuação da defesa da concorrência também tem uma importante componente *ex-ante*, de controlo de operações de concentração. A este respeito, é clara a responsabilidade de análise da Autoridade da Concorrência sobre qualquer proposta de operação de concentração. A sobreposição de jurisdições ocorre na avaliação de comportamento das empresas actuantes no sector, e não nos aspectos relativos à aprovação, ou não, de operações de concentração.

Ainda assim, a distinção entre intervenção *ex-ante* (regulação) e intervenção *ex-post* (defesa da concorrência) não deve ser subestimada, já que a primeira necessita de definir previamente comportamentos admissíveis, enquanto a segunda consiste numa avaliação de comportamento passado seguido pelas empresas.

Uma das chaves para a definição da necessária articulação entre a Autoridade da Concorrência e os reguladores sectoriais está no que se entende por regulação técnica.

A regulação económica é uma regulação técnica, com o mesmo objectivo último da política de defesa da concorrência, como se discutiu previamente, e a diferença de resultados entre uma e outra forma de intervenção advém dos instrumentos disponíveis e sua aplicação.

Um dos exemplos de regulação técnica mais ilustrativos é o de fixação de preços por parte da entidade reguladora sectorial, como sucede na electricidade e sempre que existam convenções de preços a serem aprovadas pela entidade reguladora sectorial.

Se o preço estabelecido por intervenção reguladora vier a ser considerado demasiado elevado por parte da Autoridade da Concorrência, poderá esta intervir com o argumento de limitar o exercício de poder de mercado por parte das empresas reguladas? Dificilmente poderá ser esse o caso pois corresponderia a uma autoridade económica alterar as decisões de outra, e sancionar empresas por seguirem as determinações de outra autoridade económica.

Assim, a articulação entre a Autoridade da Concorrência e as autoridades sectoriais de regulação terá que respeitar um princípio básico – sempre que houver regulação económica directa, a Autoridade da Concorrência deverá abster-se de intervir na medida em que a sua actuação tenha implicações em termos dos instrumentos de regulação económica usados pela autoridade sectorial.

Como ilustração de que a actuação da Autoridade da Concorrência não é muito distante da realizada pelas entidades reguladoras sectoriais, tome-se a Recomendação 1/2003 – Prestação de Serviços por Estabelecimentos de Ensino Superior em Concorrência com os Agentes Económicos, da Autoridade da Concorrência (de 1 de Setembro de 2003). Recomenda a Autoridade da Concorrência a separação contabilística, a orientação de preços aos custos e a não discriminação fiscal.[3] Ora, estes pontos são precisamente instrumentos que as entidades reguladoras sectoriais utilizam na sua actividade. E a Recomendação, enquanto tal, é uma intervenção ex-ante da Autoridade da Concorrência. Num sector onde estivesse presente uma autoridade reguladora própria, a recomendação seria provavelmente desnecessária, uma vez que as medidas preconizadas fariam parte do arsenal de instrumentos (obrigações susceptíveis de serem impostas às empresas) utilizados por esse regulador sectorial.

[3] Para além de uma outra recomendação relativa à forma de incluir os custos do capital fixo nos preços.

2.2. *Objectivos não económicos*

Existem, frequentemente, objectivos sociais que não seriam alcançados pelo simples funcionamento do mercado. Esses objectivos originam, por vezes, intervenções específicas que determinam do ponto de vista económico e também legal, de forma automática, a jurisdição aplicável.

No sector das telecomunicações, o melhor exemplo é o dos objectivos de serviço universal. Havendo a concessão de um monopólio legal em determinado mercado ou actividade, a intervenção das autoridades económicas é de regulação económica, pois são estabelecidas regras e objectivos *ex-ante*, devendo depois confirmar-se o seu cumprimento.

2.3. *Informação e decisão*

Princípio económico igualmente importante para o problema de definição de limites de actuação das diferentes autoridades económicas é o de colocar a decisão na entidade com melhor informação para a tomar.

2.4. *Capacidade de actuação*

Finalmente, é também factor de escolha a capacidade de actuação de cada uma das entidades, aspecto associado com os instrumentos à disposição. Diferenças na capacidade de detecção de comportamento anti-concorrencial, bem como diferenças nos poderes sancionatórios e de investigação de cada uma das autoridades poderão determinar uma maior ou menor eficácia e eficiência relativa da sua intervenção. Em consequência, a determinação dos limites de actuação, do ponto de vista económico, de cada uma das autoridades económicas depende, para além dos outros factores descritos, da sua capacidade de actuação.

3. **O desenho da articulação e incentivos à actuação**[4]

Para dar resposta à questão "uma vez considerados os incentivos à actuação de cada uma das autoridades económicas, como deve ser estabe-

[4] Esta secção retoma os principais argumentos apresentados em Pedro Pita Barros e Steffen Hoernig, 2004, Sectoral Regulators and Competition Authority: which relationship

lecida a sua articulação?", é necessário especificar os tipos de articulação que possam ser estabelecidos.

Sendo que os objectivos finais da Sociedade (afectação eficiente de recursos; objectivos de equidade nalguns casos) são essencialmente os mesmos, embora os instrumentos de intervenção possam diferir de uma entidade reguladora sectorial para a Autoridade da Concorrência, uma outra componente de distinção estará nos incentivos a agir de cada uma das autoridades, e a forma como esses incentivos são moldados pela definição da interacção entre as diversas autoridades económicas.

A consideração dos incentivos à intervenção de cada entidade é também relevante para uma melhor compreensão dos efeitos de diferentes modos de articulação entre a Autoridade da Concorrência e as entidades reguladoras sectoriais. Ignorando esses aspectos de incentivos, os argumentos expostos anteriormente justificam essencialmente uma articulação em que seja realizada uma distinção clara de quem intervém em cada circunstância. Ou seja, evitar a duplicação de intervenção.

Sendo verdade que cada autoridade poderá recolher informação distinta, bem como adoptar uma perspectiva de análise própria, haverá igualmente interesse na partilha dessa informação. Desta consideração decorre a noção de dever de consulta e informação mútua entre autoridades económicas.

Porém, subsistem aspectos adicionais potencialmente relevantes que estão relacionados com os incentivos à intervenção. E esses incentivos decorrem da articulação que venha a ser definida.

Em concreto, foram contemplados dois tipos de articulação em Barros e Hoernig.[5] No primeiro, denominado *decisão conjunta*, uma decisão só é alcançada quando ambas as autoridades estão de acordo. É uma caracterização limite do dever de consulta mútua, fazendo com que a opinião de uma autoridade seja vinculativa para a outra autoridade. No segundo tipo, denominado *independência de decisões*, um caso é dado por concluído quando uma das autoridades termina a sua investigação e toma uma decisão.

A comparação dos dois tipos de articulação leva ao seguinte resultado. Se a probabilidade de conseguir detectar e provar a existência de comportamento anti-concorrencial é baixa, então a independência de deci-

is best?, trabalho preparado para a II Conferência sobre "Desenvolvimento Económico Português no Espaço Europeu", organizada pelo Banco de Portugal.

[5] *Idem.*

sões, mesmo na presença de sobreposição de jurisdições, motiva um maior nível de intervenção por parte das duas autoridades, em comparação com um processo de decisão conjunta.

A este aspecto de incentivos, tem que se adicionar os custos administrativos associados com um processo de decisão conjunta, resultantes da necessidade de conciliar as diferentes visões e culturas de cada uma das autoridades económicas.

Considerando agora os efeitos de diferentes ponderações atribuídas por cada autoridade aos consumidores e ao desenvolvimento da indústria, se as decisões forem tomadas de forma independente (na acepção definida previamente), então o desenho institucional óptimo consiste em dar a uma autoridade o mesmo enviezamento que a outra possui. Tornando as autoridades mais similares em termos dos seus objectivos, evitam-se os custos decorrentes de uma investigação excessiva.

Apesar de esta ser uma indicação clara é, regra geral, de difícil aplicação. Na realidade existe uma única Autoridade da Concorrência que intervém em todos os sectores de actividade, e diversos reguladores sectoriais. Se os últimos tiverem nos seus objectivos o desenvolvimento das empresas do sector com diferentes pesos, não é trivial definir qual o objectivo apropriado para a Autoridade da Concorrência. Contudo, este resultado justifica, pelo menos, a discussão sobre se a Autoridade da Concorrência deverá, ou não, no seu processo de decisão ter também em conta os interesses de desenvolvimento da indústria (leia-se, lucros das empresas) ou concentrar-se unicamente nos benefícios para os consumidores. Alternativamente, o alinhamento de posições pode ser alcançado com uma redefinição dos objectivos dos reguladores sectoriais, passando estes a dar uma maior valorização relativa aos benefícios para os consumidores.

Por fim, um tema usualmente presente é o de "captura regulatória", isto é, a actuação da autoridade económica ser sobretudo guiada pelos interesses da(s) empresa(s) regulada(s). De acordo com a análise realizada, sempre que forem relevantes as preocupações com a "captura regulatória", deverá ser tomada a opção de cada autoridade decidir de forma independente. Ou seja, o dever de consulta mútuo entre autoridades económicas não deve ser tomado como obrigando a uma opinião vinculativa.

Em resumo, a existência de sobreposição de jurisdições de entidades reguladoras sectoriais e da Autoridade da Concorrência será, regra geral, benéfica em termos de bem-estar social. Embora a cooperação entre autoridades económicas seja importante, nomeadamente na partilha de informação e de conhecimento técnico, não deverá ser imposto um processo de decisão conjunto. O dever de consulta mútua não deverá implicar a emissão de pareceres vinculativos (qualquer que seja a autoridade económica em questão). A manutenção de independência de decisão de cada autoridade é um factor fundamental para se colherem os benefícios de sobreposição de jurisdições.

Face ao exposto, qual o melhor desenho de articulação entre a Autoridade da Concorrência e os reguladores sectoriais? A resposta a esta questão vai depender de cada situação concreta, uma vez que os instrumentos e tipo de intervenção exigida a cada regulador sectorial diferem de caso para caso. O estabelecimento do tarifário da EDP, determinado pela ERSE, não tem correspondência na actividade do IMOPPI, por exemplo.

A análise de uma situação concreta ajuda a perceber a aplicação dos princípios económicos apresentados. Para este efeito de ilustração considere-se a articulação entre o ICP-ANACOM (telecomunicações) e a Autoridade da Concorrência.

4. **Um exemplo de discussão de articulação**[6]

O sector das telecomunicações é um bom exemplo de aplicação dos vários princípios discutidos. É um sector com longa experiência de regulação económica, em que alterações recentes a nível comunitário estão a implicar o repensar do actual enquadramento regulatório e é um sector elegido pela Autoridade da Concorrência como potencialmente interessante para a sua actuação, como decorre das declarações do Presidente da Autoridade da Concorrência.

4.1. ***Aspectos legais relevantes***

O Decreto-Lei n.° 309/2001, de 7 de Dezembro, estabelece os estatutos do ICP – Autoridade Nacional de Comunicações (ICP-ANACOM). Nos estatutos do ICP – ANACOM, Artigo 6.° – Atribuições, vem expli-

[6] A discussão que se segue baseia-se no documento Pedro Pita Barros, 2003, "Parecer sobre a articulação entre o ICP-ANACOM e a Autoridade da Concorrência", disponível em ·http://www.anacom.pt/template20.jsp?categoryId=52649&contentId=128076.

citamente mencionada a coordenação "com a autoridade competente" para a "aplicação da lei de concorrência no sector das comunicações".

Porém, nas restantes atribuições figuram igualmente "assegurar o cumprimento das obrigações inerentes ao Serviço Universal de Comunicações", "garantir o acesso dos operadores de comunicações à rede" e "atribuir os títulos de exercício da actividade postal e de telecomunicações" (entre outros), que podem, em vários aspectos, exigir regulação própria, tornando a análise de concorrência no sector também específica a este.

Nos procedimentos de regulação e supervisão (Artigo 9.°) consta "fiscalizar o cumprimento da lei e dos regulamentos aplicáveis ao sector das comunicações". Sendo a lei da concorrência aplicável a todos os sectores de actividade, interpretado literalmente, o ICP – ANACOM poderá também possuir a capacidade de a aplicar ao sector das telecomunicações.

A Lei n.° 18/2003, de 11 de Junho, contém a nova legislação base de defesa da concorrência, estabelecendo a sua aplicação a todas as actividades económicas (Artigo 1.°, n.° 1).

Um primeiro ponto de ligação à regulação sectorial encontra-se logo no Artigo 3.° – Serviços de interesse económico geral:

> "1 – As empresas públicas e as empresas a quem o Estado tenha concedido direitos especiais ou exclusivos encontram-se abrangidas pelo disposto na presente lei, sem prejuízo do disposto no número seguinte.
>
> 2 – As empresas encarregadas por lei da gestão de serviços de interesse económico geral ou que tenham a natureza de monopólio legal ficam submetidas ao disposto no presente diploma, na medida em que a aplicação destas regras não constitua obstáculo ao cumprimento de direito ou de facto, da missão particular que lhes foi confiada."

A articulação da Autoridade da Concorrência com os reguladores sectoriais é explicitada no Artigo 15.° e no Artigo 29.° da Lei n.° 18/2003, de 11 de Junho. Este artigo especifica o dever da Autoridade da Concorrência notificar os reguladores sectoriais de suspeitas de práticas restritivas da concorrência. Os reguladores sectoriais têm o dever de se pronunciarem "num prazo razoável". É de toda a conveniência que este prazo razoável seja definido em protocolo pelas partes envolvidas, como forma de evitar situações de fixação de prazos puramente casuísticas.

Reciprocamente, sempre que por qualquer razão uma entidade reguladora sectorial suspeitar de práticas restritivas da concorrência no seu sector de actuação, deverá dar conhecimento desses factos à Autoridade da Concorrência.

Apesar do sistema de dever de informação mútuo, não há qualquer elemento vinculativo, aparentemente, nas opiniões emitidas pela Autoridade da Concorrência, ou pelos reguladores sectoriais.

De forma a evitar a tomada de decisões potencialmente distintas e eventualmente inconsistentes entre si, do ponto de vista global, é de todo o interesse que as entidades reguladoras sectoriais e a Autoridade da Concorrência definam de forma clara os respectivos campos de actuação, nomeadamente quando há potencial risco de sobreposição dos mesmos.

4.2. *Informação e decisão*

A aplicação do princípio que deverá decidir quem tiver melhor informação, não é imediato no sector das telecomunicações. Por um lado, é natural que a entidade reguladora sectorial tenha um melhor conhecimento do funcionamento do sector e do comportamento dos agentes económicos nele envolvidos. Tem também um conhecimento aprofundado da regulação económica existente e a forma como o enquadramento regulador pode influenciar as decisões empresariais.

Por outro lado, a Autoridade da Concorrência terá um maior conhecimento das práticas anti-concorrenciais, seus efeitos e sintomas, bem como sobre o tipo de investigação a realizar para detectar evidência que possa ser usada como prova de comportamento anti-concorrencial por parte das empresas.

Conjugando este princípio com o primeiro, reforça-se a noção de que comportamentos que contrariem a regulação existente, incluindo o princípio da promoção da concorrência, são da competência da autoridade sectorial, ICP-ANACOM.

Contudo, importa definir claramente qual das duas autoridades tem competência para intervir em mercados regulados no que se refere a comportamentos anti-concorrenciais violadores da lei de defesa da concorrência mas que não contrariam directamente as disposições regulatórias em vigor.

Havendo que realizar uma escolha, o argumento de conhecimento do sector parece mais forte que o argumento da capacidade de analisar situações de infracção à legislação de defesa da concorrência.

Porém, há que atentar aqui ao que já se encontra expresso nas diferentes peças de legislação relevantes para o assunto.

De acordo com a legislação existente, a análise *ex-post* de situações que contrariam a lei de defesa da concorrência cabe à Autoridade da Concorrência, excepto nas situações em que existe um contrato de concessão relativo a um mercado particular.

4.3. *Objectivos não económicos*

Para definir de modo apropriado, o âmbito da sobreposição das jurisdições da Autoridade da Concorrência e do ICP – ANACOM, é fundamental perceber o que pode ser classificado como prática restritiva da concorrência.

Em primeiro lugar, importa reconhecer que em determinados sectores face às características específicas destes, e da regulação a que dão origem, determinadas práticas comerciais objecto de regulação directa podem corresponder a práticas restritivas da concorrência noutros contextos (nomeadamente, em que não exista regulação).

A primeira questão crucial que se coloca é saber se práticas autorizadas, e controladas por regulação específica, podem ser consideradas como justificadas, de modo automático, e como não abrangidas pela actuação da Autoridade da Concorrência.

Não sendo razoável admitir que uma entidade sectorial estabeleça regras regulatórias contrárias aos seus objectivos, é de toda a relevância confrontar os objectivos declarados do regulador sectorial com as condições necessárias e suficientes para que a Autoridade da Concorrência dê como justificada uma determinada prática concorrencial.

No caso concreto do ICP – ANACOM, a defesa dos interesses dos consumidores, bem como a obrigação de não impor regulação em mercados que apresentem concorrência efectiva (actualmente ou num futuro próximo), devem ser lidos como significando que qualquer medida de regulação que seja emitida pelo ICP – ANACOM preenche os critérios cumulativos de justificação de uma prática restritiva da concorrência, conforme descrito na Lei da Concorrência (Artigo 5.°).

Consequentemente, comportamentos das empresas directamente reguladas, em regime de monopólio legal, não são abrangidos pela supervisão geral da Autoridade da Concorrência. Aliás, a não ocorrer esta situação, teria que se prever a forma de dirimir o conflito resultante da

Autoridade da Concorrência decidir como sendo uma prática restritiva da concorrência comportamentos das empresas ditados pelas normas regulatórias.

No sector das telecomunicações, a maior parte dos mercados não são monopólios legais, e a tendência do enquadramento regulador é no sentido de uma cada vez maior liberdade de entrada. Contudo, para alguns mercados, há restrições legais de entrada (o melhor exemplo será o mercado das comunicações móveis).

Segundo o princípio que se julga subjacente à não intervenção da autoridade de defesa da concorrência sobre monopólios legais, nos mercados com restrições legais de entrada em que a actuação reguladora afecta de modo significativo o comportamento comercial das empresas, deverá ser esta autoridade sectorial, e não a autoridade de defesa da concorrência, a ter primazia de intervenção.

Também nos mercados em que existam objectivos não económicos e regulação específica para os alcançar, há vantagem em deixar o funcionamento do mercado à análise e intervenção da entidade reguladora sectorial.

A Autoridade da Concorrência, pela natureza das suas funções procura defender o processo concorrencial, e não alcançar um objectivo específico para cada mercado. Assim, se um objectivo não económico não é plenamente alcançado pelo bom funcionamento do mercado, a intervenção da entidade reguladora sectorial apresenta maior capacidade de alcançar esses objectivos do que a actuação da Autoridade da Concorrência.

4.4. *O papel da concorrência efectiva*

Por outro lado, em mercados do sector das telecomunicações declarados como possuindo concorrência efectiva, não há lugar à emissão de regulação pelo que também é claro que, sem prejuízo das consultas que forem tidas como convenientes, o acompanhamento, fiscalização e sanção das práticas restritivas da concorrência ficará a cargo da Autoridade da Concorrência.

Deve-se ser explícito quanto ao significado de condições para concorrência efectiva. Um mercado reunirá condições para ter concorrência efectiva quando mesmo não existindo actualmente essas condições, o desenvolvimento do mercado conjuntamente com a aplicação das regras de defesa da concorrência é suficiente para que um prazo de tempo ocorra a emergência de concorrência efectiva.

A aplicação do conceito de concorrência efectiva é uma forma expedita e adequada de incorporar na actividade de supervisão de mercados as diferenças base entre regulação económica e defesa da concorrência.

4.5. *Capacidade de actuação*

Para além do conhecimento sobre o sector, há outros factores que devem ser tomados em consideração na definição da jurisdição mais desejável, do ponto de vista dos efeitos económicos associados.

Em particular, os poderes de investigação da Autoridade de Concorrência são bastante mais fortes que os do ICP-ANACOM, com a capacidade de realizar inspecções de surpresa às empresas (Artigo 17.° – Poderes de Inquérito e Inspecção, Lei n.° 18/2003): "(...) a Autoridade (...) goza dos mesmos direitos e faculdades e está submetida aos mesmos deveres dos órgãos de polícia criminal."

A Autoridade da Concorrência tem também uma capacidade de sancionar mais fortemente a falta de informação e omissões deliberadas de informação por parte das empresas investigadas.

Potencialmente relevante é o tempo de aplicação de soluções face ao comportamento anti-concorrencial que seja detectado. A possibilidade de recurso para os tribunais, por parte das empresas, das decisões da Autoridade da Concorrência coloca nas mãos de uma terceira instituição, o Tribunal de Comércio de Lisboa (ou o Tribunal da Relação de Lisboa, em caso de recurso da decisão do Tribunal de Comércio de Lisboa) o momento da execução, bem como eventuais ajustamentos ao valor da sanção. Por seu lado, o ICP – ANACOM tem neste aspecto uma maior capacidade de decisão.

A prática anterior do funcionamento dos tribunais, ainda que em moldes distintos dos actuais no que se refere à aplicação da legislação da defesa da concorrência, serviu para diminuir a capacidade dissuasora das sanções aplicadas pela instituição de defesa da concorrência. Embora não seja completamente lícito extrapolar desta experiência passada, na ausência de uma especialização na actuação dos tribunais e da evidência de uma outra prática por parte destes últimos, as vantagens técnicas associadas com a intervenção da Autoridade da Concorrência são bastante menores do que a leitura da lei faria pressupor,

Nestas circunstâncias, não é claro que a intervenção da entidade de regulação sectorial não tenha um maior efeito dissuasor de comportamentos anti-concorrenciais que a intervenção da entidade de defesa da concorrência.

Outro aspecto importante é a capacidade de sancionar de forma mais significativa o comportamento das empresas que seja considerado abusivo e contrário à concorrência no mercado. A capacidade sancionatória da Autoridade da Concorrência é potencialmente mais forte, uma vez que pode impor coimas até 10% do volume de negócios do ano anterior. Este valor contrasta com o máximo que actualmente o ICP-ANACOM pode aplicar. Porém, apenas a prática da Autoridade da Concorrência e o resultado de eventuais recursos das suas decisões confirmará este poder sancionatório.

A Autoridade da Concorrência possui uma vantagem no tratamento de comportamentos anti-concorrenciais: a capacidade de determinar medidas cautelares. O ICP-ANACOM enquanto regulador sectorial pode tomar medidas de regulação com carácter de urgência, embora com o novo enquadramento fornecido pelas Directivas Comunitárias de 2002 haja um maior condicionamento deste instrumento.

Noutros planos, contudo, a Autoridade da Concorrência apresenta desvantagens face ao regulador sectorial. O primeiro plano é o de prevenção do exercício de poder de mercado.

A possibilidade de criação de regras de funcionamento do mercado – regulação – apresenta, no sector das telecomunicações, clara vantagem sobre o efeito de dissuasão associado com a actuação da Autoridade da Concorrência. A existência de infra-estruturas essenciais controladas por uma única empresa potencia a adopção de comportamentos anti-concorrenciais.

O segundo plano em que o ICP-ANACOM detém vantagem sobre a Autoridade da Concorrência é a capacidade de actuar com rapidez. O acompanhamento permanente do sector, conjugado com a obrigatoriedade, dentro do novo quadro regulamentar, de definição de mercados relevantes levam a que a probabilidade de rápida detecção de comportamentos anti-concorrenciais seja maior no caso de investigação por parte do ICP-ANACOM.

Considerando todos os elementos descritos, incluindo as competências de actuação de cada uma das entidades, é razoável esperar que seja estabelecido um protocolo de colaboração entre a Autoridade da Concorrência e o ICP-ANACOM, em que investigações iniciadas por este último sejam de alguma forma transferidas para a Autoridade da Concorrência quando se presumir estar em causa infracções à Lei da Concorrência.

Desta forma, combina-se a capacidade de detecção de eventuais infracções do regulador sectorial com os poderes de inspecção e sancionatórios da Autoridade da Concorrência.

Finalmente, importa garantir às empresas do sector um enquadramento jurídico estável e segurança jurídica quanto às práticas comerciais admissíveis e não admissíveis. A sobreposição de jurisdições é, a este respeito, fomentadora de confusão se não houver uma articulação efectiva entre as duas entidades que assegure a consistência de decisões. Importa, por este motivo, que haja uma clarificação dos limites de actuação de cada uma das autoridades.

Tendo a regulação das telecomunicações o objectivo de promoção da concorrência efectiva nos mercados, as normas e regulamentos emitidos têm, em princípio, que passar o "teste" de fomentar a concorrência no mercado.

Assim, um comportamento anti-concorrencial de empresas de telecomunicações em mercados que tenham sido declarados como não tendo concorrência efectiva poderá, em princípio e admitindo uma boa prática de regulação, ser tratado com instrumentos regulatórios adequados.

Por fim, resta discutir as vantagens e desvantagens de sobreposição de jurisdições no sector das telecomunicações. As características específicas da regulação neste sector, decorrentes em grande medida das alterações ocorridas a nível da União Europeia, fazem com que a regulação económica em telecomunicações no seio da União Europeia tenha como objectivo primordial o desenvolvimento de concorrência efectiva no mercado. A existência de um comportamento sancionável em termos de legislação de defesa da concorrência que seja observado será também uma violação do enquadramento regulatório estabelecido (desde que este esteja definido adequadamente).

A "exigência" das Directivas Comunitárias de saída da entidade reguladora das telecomunicações dos mercados em que haja concorrência efectiva faz com que estes sejam alvo de atenção da Autoridade da Concorrência.

A dúvida prende-se unicamente nos mercados de telecomunicações onde permanece regulação económica. Para esses mercados, as vantagens de maior informação do regulador sectorial aliadas aos efeitos de uma eventual duplicação de investigações no sector advogam uma separação dos âmbitos de actuação de cada autoridade económica.

5. **Considerações finais**

A existência de sectores caracterizados pela presença de uma autoridade reguladora própria levanta questões de articulação com a Autoridade da Concorrência. Essas questões não são meramente jurídicas ou formais, tendo implicações económicas de relevo. É igualmente possível avançar argumentos de índole económica a favor de uma ou outra forma de organização institucional da referida articulação entre a Autoridade da Concorrência e as entidades reguladoras sectoriais.

Da análise dos factores económicos a ter em atenção resulta que não deverá ser aplicada uma solução uniforme a todos os sectores. Em particular, poderá em algumas circunstâncias ser necessário delimitar claramente as esferas de intervenção de cada autoridade de forma exclusiva, enquanto noutras será eventualmente desejável permitir alguma concorrência na capacidade de intervenção.

O problema central está em definir qual o grau de liberdade de decisão que a(s) empresa(s) devem ter num contexto de regulação sectorial, para que a sua acção esteja também sujeita a escrutínio da Autoridade da Concorrência.

É fundamental evitar que a defesa a uma inquirição relativa a (eventual) comportamento anti-concorrencial iniciada pela Autoridade da Concorrência seja baseada no respeito pela(a) empresa(s) da regulação económica existente, e emitida pela autoridade reguladora sectorial.

O único cenário que é, em geral, inferior em termos de articulação consiste na exigência de uma decisão conjunta. Por decisão conjunta entende-se um contexto em que ambas as autoridades (de concorrência e sectorial) têm de estar de acordo quanto à existência de comportamento anti-concorrencial por parte da(s) empresa(s) regulada(s).

Um processo de decisão conjunto fomenta ainda mais o interesse da(s) empresa(s) regulada(s) em conseguir "capturar" o regulador, uma vez que tal lhe dá um poder de veto implícito sobre a actuação da Autoridade da Concorrência.

Não se impondo decisão conjunta dever-se-á em cada sector realizar uma apreciação específica do tipo de articulação desejável.

ANEXO

Artigo 6.° Articulação com autoridades reguladoras sectoriais

1 – As atribuições cometidas à Autoridade pelos Estatutos anexos ao persente diploma são por aquela desempenhadas sem prejuízo do respeito pelo quadro normativo aplicável às entidades reguladoras sectoriais.

2 – A lei definirá os modos de intervenção ou participação da Autoridade em questões ou processos relativos a domínios submetidos a regulação sectorial, na medida necessária à salvaguarda dos objectivos prosseguidos pela legislação da concorrência.

3 – A lei definirá, igualmente, as obrigações das autoridades reguladoras sectoriais relativamente às práticas restritivas da concorrência de que tenham conhecimento no desempenho das suas atribuições, bem como à colaboração com a Autoridade em matérias sujeitas a regulação sectorial.

4 – Para efeitos do disposto neste artigo, constituem entidades reguladoras sectoriais, entre outras, as seguintes:

a) Banco de Portugal (BP);
b) Instituto de Seguros de Portugal (ISP);
c) Comissão do Mercado de Valores Mobiliários (CMVM);
d) Entidade Reguladora dos Serviços Energéticos (ERSE);
e) ICP – Autoridade Nacional de Comunicações (ICP – ANACOM);
f) Instituto Regulador das Águas e Resíduos (IRAR);
g) Instituto Nacional do Transporte Ferroviário (INTF);
h) Instituto Nacional de Aviação Civil (INAC);
i) Instituto dos Mercados de Obras Públicas e Particulares e do Imobiliário (IMOPPI)

Plano de Actividades da Autoridade da Concorrência

[A Autoridade da Concorrência] vai prosseguir fundamentalmente 5 objectivos programáticos:

– disseminação de uma CULTURA de CONCORRÊNCIA
– melhoria do FUNCIONAMENTO dos MERCADOS
– optimização da articulação com os REGULADORES SECTORIAIS
– PARTICIPAÇÃO INTERNACIONAL com elevada credibilidade por uma ORGANIZAÇÃO INTERNA eficiente

(…)

P2. REDE DE PARCERIAS

(…)

Será dada prioridade aos seguintes sectores:

Telecomunicações
Grande Distribuição
Cerveja
Seguros

(...)

P5. ESTUDO DAS INTERFACES DOMINANTES COM OS REGULADORES SECTORIAIS

(...)

Será dada prioridade às relações com a ERSE e a ANACOM. Aprofundar-se-ão os contactos iniciados pela DGCC com Alta Autoridade da Comunicação Social, Instituto Nacional de Aviação Civil, IMOPPI – Instituto dos Mercados de Obras Públicas e Particulares e do Imobiliário

(...)

C2. ELABORAÇÃO DOS PROTOCOLOS BILATERAIS QUE AS CIRCUNSTÂNCIAS VIEREM A JUSTIFICAR

(...)

Desenvolver-se-ão estudos com cada um dos Reguladores Sectoriais visando a elaboração de regras formais de cooperação

Autoridade da Concorrência – Estratégia de Desenvolvimento (2003-2005)

Considerando que uma das principais atribuições da Autoridade é identificar mercados onde não existe concorrência ou esta está seriamente restringida, e não sendo possível adoptar os remédios normalmente preconizados, é necessário promover soluções que beneficiem os consumidores. Estas são áreas onde a concorrência é limitada por regulação sectorial que não permite a fixação livre e eficiente dos preços, nem são mercados "contestáveis".

Esta é uma área em que a lei prevê um papel dual para a Autoridade e reguladores sectoriais, pelo que será necessária a colaboração entre ambas as instituições.

Relações entre a Autoridade e reguladores sectoriais

A Autoridade da Concorrência tem a responsabilidade de assegurar a concorrência em todos os sectores da economia, mesmo naqueles em que existem agências reguladoras sectoriais. As agências de regulação sectorial respondem a várias preocupações onde o funcio namento livre dos mercados ou não é eficiente (por exemplo, serviços bancários com problemas de informação imperfeita, economias de escala que levam à empresa única) ou a situação de monopólio exige a regulação do preço e condições de serviço.

O princípio fundamental da divisão de trabalho nas relações entre as diferentes agencies reguladoras é o de que a Autoridade se responsabiliza pela avaliação da concorrência, estrutura e comportamento dos mercados, enquanto a agência sectorial se responsabiliza pelos aspectos técnicos do sector.

Este princípio necessita, evidentemente, de concretização sector-a-sector, pelo que poderá ser necessário celebrar um protocolo entre a Autoridade e a agência sectorial. Por exemplo, no que respeita ao sector financeiro, o Banco de Portugal é responsável pelos aspectos prudenciais, tendo como objectivo proteger o interesse dos depositantes, enquanto que a Autoridade da Concorrência é responsável pela estrutura e comportamento dos mercados, tendo como objectivo o interesse dos clientes das instituições.

Por exemplo, recentemente a Autoridade da Concorrência holandesa multou a KPN por praticar preços de interligação com os telemóveis que discriminavam a favor da sua subsidiária nos telemóveis.

A Autoridade empreenderá estudos nestes mercados, em casos notórios de distorção da concorrência, e onde identificar um maior potencial de aumento do bem-estar para o país.

Durante o período desta estratégia, a Autoridade:

- Identificará restrições estatais ou processos administrativos que impedem o processo da concorrência, e para os quais não existem benefícios comensuráveis,
- Realizará estudos a pedido do Governo,
- Identificará mercados onde a concorrência não parece beneficiar os consumidores e onde esta não seja explicada, seja por restrição estatal ou por violação da lei da concorrência,
- Proporá medidas legislativas nos mercados que estão a ser liberalizados, de forma a criar um ambiente de concorrência, favorável aos consumidores,
- Proporá às autoridades competentes as medidas ou remédios que possam melhorar a eficiência do sector e beneficiar os consumidores,
- Influenciará o processo de regulação de forma a disseminar as conclusões dos seus estudos e recomendações,
- Comentará sobre a legislação que está em preparação, de forma a promove r a livreconcorrência,
- Actuará junto das agências reguladoras sectoriais com vista à defesa do princípio da concorrência, em benefício dos consumidores.

Entrevista Abel Mateus Semanário Económico 11 de Abril de 2003

P: Quais são as áreas em que vai actuar?

R: Há três grandes áreas. A primeira é o controlo das concentrações. O segundo é o combate às práticas restritivas e de formação de cartéis. E a terceira é a *área dos mercados regulados*. Os mercados têm que ter regulação técnica, mas quando se prescrevem modelos para formação de preços, têm de ser levados em conta os aspectos concorrenciais. Não é por acaso que, por exemplo, a nova lei prevê que é uma prática anti-competitiva colocar barreiras aos novos operadores em rede.

P: Está-se a referir aos casos na Energia e nas Telecomunicações?

R: E noutros sectores como o Gás e os Transportes, por exemplo.

(...)

P: A Autoridade terá de trabalhar em ligação com as entidades de regulação sectoriais? Antevê alguns conflitos com essas entidades?

R: Somos uma instituição que está a nascer, e queremos colaborar com todos em nome do interesse público. A lei atribui à Autoridade a responsabilidade transversal na economia portuguesa e define que é necessária colaboração com os reguladores sectoriais. Dois exemplos concretos: quando trabalhava no banco central, a nossa grande preocupação quando havia uma operação de fusão ou aquisição era procurar perservar a solvabilidade do sistema bancário. Tudo era feito numa perspectiva prudencial, protegendo os depositantes. Ora, a perspectiva da Autoridade da Concorrência é completamente diferente: é proteger o consumidor final. Isto quer dizer que as duas perspectivas vão ter de ser levadas em conta para se chegar à solução final. Outro exemplo: a Anacom é que é a responsável pela atribuição de licenças do espectro, nós somos responsáveis pelo nível de concorrência sector. Se houver a distribuição ou a redistribuição de licenças é evidente que com as duas entidades. A lei já prevê que a decisão em relação às fusões ou aquisições, embora sendo tomada pela Autoridade da Concorrência, tem de ouvir e levar conta a opinião do regulador sectorial.

P: Mas quem decide é a autoridade...

R: Exactamente. Relativamente às fusões e aquisições é assim. Quanto às práticas restritivas é um pouco mais difuso, mas a lei estabelece que tem que haver uma muito estreita em termos de comunicação de informação entre as várias entidades.

P: Mas pelos exemplos que deu, os objectivos da Autoridade e dos reguladores bastante diferentes e podem até ser antagónicos...

R: Normalmente não são antagónicos. Mas a lei também já estabelece alguns limites na própria decisão de concentrações. Vamos supor que uma empresa está em falência adquirida por outra. Isso é um caso em que é autorizada a concentração.

CAPÍTULO VII

A Aplicação Descentralizada das Normas Comunitárias da Concorrência: *o sistema de competências paralelas estabelecido pelo Regulamento n.° 1/2003*

ANTÓNIO GOUCHA SOARES

Decorridas duas décadas sobre a aplicação do regime jurídico interno da concorrência, cuja aprovação se relacionara com o período de adesão às Comunidades Europeias, Portugal adoptou nova geração de diplomas normativos em sede de política de concorrência. A criação da Autoridade da Concorrência, e a aprovação da Lei n.° 18/2003, que estabelece o regime jurídico da concorrência, constituem dois instrumentos fundamentais sobre a necessidade de encarar a sério a problemática da concorrência. Todavia, e à semelhança do sucedido com os diplomas legislativos da anterior geração, existe uma relação natural entre a alteração do regime jurídico nacional da concorrência e a reforma da política comunitária da concorrência.

Um dos pilares sobre que assenta a reforma da política comunitária da concorrência foi a aprovação pelo Conselho da União Europeia do Regulamento n.° 1/2003, relativo à aplicação das normas comunitárias da concorrência. A abolição do monopólio da concessão de isenções detido pela Comissão representa, por certo, o aspecto mais saliente do que se poderá considerar, na expressão de Ehlermann, como uma espécie de revolução jurídica e cultural introduzida pelo Regulamento comunitário. Na verdade, o Regulamento relativo à execução dos artigos 81.° e 82.° do Tratado da Comunidade Europeia acabou com o sistema centralizado de autorização, que obrigava as empresas a procederem a notificação prévia à Comissão dos respectivos acordos, substituindo-o por um regime dito de excepção legal, baseado na produção de efeito directo do conjunto das disposições do artigo 81.° do Tratado, permitindo a aplicação das normas comunitárias pelas autoridades nacionais da concorrência e pelos tribunais dos Estados-membros.

O presente texto pretende analisar o novo sistema de competências paralelas, entre as autoridades nacionais e a Comissão, na aplicação das regras da concorrência relativas às empresas definidas pelo Tratado da Comunidade Europeia. Assim, começa por enquadrar os contornos particulares da aplicação das normas da concorrência no contexto do direito comunitário e aludir aos aspectos básicos do funcionamento do primeiro regulamento de execução das regras comunitárias da concorrência. Em seguida, examina a filosofia que presidiu à reforma da aplicação das normas comunitárias da concorrência. Sucessivamente, aborda o regime definido pelo Regulamento n.° 1/2003, detendo-se no exame dos respectivos princípios básicos e na actuação das autoridades nacionais, dos tribunais dos Estados-membros e da Comissão em aplicação das regras comunitárias da concorrência, bem como nos mecanismos previstos pelo novo Regulamento com o intuito de evitar que a descentralização em favor das diferentes entidades nacionais possa prejudicar a coerência e consistência desta política comunitária.

1. A aplicação das normas comunitárias da concorrência

No Tratado da Comunidade Europeia a aplicação das regras relativas à política da concorrência obedece a um regime excepcional, quando comparado com as demais políticas e áreas de actuação do direito comunitário. De acordo com o artigo 85.° do Tratado, a Comissão tem poderes para proceder à aplicação directa das regras concorrência estabelecidas no Tratado, no confronto dos particulares e das empresas.

Com efeito, nos termos do princípio geral que decorre do Tratado sobre a aplicação do direito comunitário, compete às autoridades dos Estados Membros proceder à implementação das normas comunitárias em relação a particulares e empresas. Com a única excepção da política da concorrência, incumbe sempre às autoridades nacionais proceder à execução das diferentes áreas abrangidas pelo Tratado da Comunidade Europeia (TCE), mesmo em domínios particularmente sensíveis da jurisdição comunitária, como sejam, o mercado interno ou a política agrícola comum.

A singularidade do direito da concorrência, no quadro geral do sistema comunitário, seria reforçada com a aprovação do Regulamento n.° 17/1962, primeiro instrumento normativo de execução dos artigos 81.° e 82.° do TCE (antigos artigos 85.° e 86, respectivamente, até à alteração da numeração dos artigos do TCE determinada pelo Tratado de Amesterdão). Na verdade, o Regulamento n.° 17/1962[1] veio estabelecer um sistema de repartição de competências entre a Comissão e as autoridades nacionais, em matéria de aplicação das regras comunitárias da concorrência, que determinava a competência exclusiva da Comissão para conceder as isenções previstas pelo n.° 3 do artigo 81.° do TCE, ao princípio geral da proibição dos acordos entre empresas, decisões de associação de empresas e práticas concertadas contrárias ao direito comunitário da concorrência.

Assim, decorria do regime geral definido pelo artigo 9.° do Regulamento n.° 17/1962, que as autoridades de concorrência dos Estados Membros, os tribunais nacionais e a Comissão detinham competência paralela para aplicarem às empresas as proibições estabelecidas pelos artigos 81.° n.° 1 e 82.° do TCE, sendo que apenas a Comissão estaria habilitada para aplicar o disposto no n.° 3 do artigo 81.°, relativo ao regime de isenções. Por fim, e em virtude do tipo de sanção jurídica prevista para os acordos e decisões de associações de empresas que violassem o princípio da proibição – nulidade – resulta que apenas os tribunais nacionais tinham competência para proceder à aplicação do n.° 2 do artigo 81.° (Tesauro, 1995, p. 454).

Portanto, a política comunitária da concorrência, em matéria de práticas proibidas – englobando-se neste conceito os acordos entre empresas, as decisões de associações de empresas, as práticas concertadas entre empresas e o abuso de posição dominante – estabelecida pelos artigos 81.° e 82.° do TCE, conhecia um regime excepcional de aplicação no quadro geral do direito comunitário que decorria não apenas do poder atribuído à Comissão pelo Tratado para executar as respectivas normas no confronto dos particulares e empresas, mas também pelo facto de o Regulamento n.° 17/1962 ter conferido à Comissão o monopólio sobre a aplicação do n.° 3 do artigo 81.° do TCE. Por tais motivos, a concorrência foi considerada como sendo *the first supranational policy of the Union* (Christiansen, 2001, p. 102).

---

[1] JO 13, de 21.2.1962, pp. 204/211.

2. O Regulamento n.° 17/1962

Ao tempo da adopção do Regulamento n.° 17/1962 considerou-se que a existência de um *sistema centralizado* de concessão de isenções, nos termos do artigo 81.° n.° 3 do Tratado, seria o modo mais adequado para a difusão do fenómeno jurídico-económico da concorrência na Europa. Na verdade, o chamado direito da concorrência emergiu tardiamente na cultura jurídica europeia, quando comparado com o sucedido nos Estados Unidos, tendo a Comunidade Económica Europeia contribuído de modo determinante para o enraizamento de uma cultura da concorrência no seu espaço. Considerando a falta de conhecimento que os operadores económicos tinham sobre as regras da concorrência, por um lado, e o carácter instrumental para a realização do mercado comum a que obedeceu a respectiva introdução no texto do Tratado, por outro lado, entendeu-se por bem conferir à Comissão o poder exclusivo para aplicar o n.° 3 do artigo 81.° do TCE, com o intuito de permitir uma aplicação uniforme deste preceito em toda a Comunidade.

O funcionamento do regime centralizado de concessão de isenções, estabelecido pelo Regulamento n.° 17/1962, implicava que as empresas que pretendessem beneficiar do disposto no n.° 3 do artigo 81.° do TCE devessem submeter os respectivos acordos, decisões de associação e práticas concertadas à autorização da Comissão. O monopólio de autorização da Comissão pressupunha a existência de uma notificação prévia das práticas proibidas pelo artigo 81.° n.° 1 do TCE. O Regulamento n.° 17/1962 previa que as empresas poderiam solicitar à Comissão os chamados *certificados negativos*, nos casos em que não houvesse lugar à aplicação da proibição estabelecida pelo artigo 81.° n.° 1; quando considerassem que os acordos, decisões e práticas concertadas pudessem ser abrangidos por aquela proibição, e pretendessem beneficiar do disposto no n.° 3 do artigo 81.° do TCE, as empresas deveriam requerer uma *decisão de isenção* à Comissão.

A obrigação de *notificação prévia* dos acordos, decisões e práticas concertadas à Comissão levou a que esta entidade tivesse sido literalmente inundada por um número gigantesco de notificações durante os primeiros anos de aplicação do Regulamento n.° 17/1962. Segundo o Livro Branco sobre a modernização dos artigos 81.° e 82.° do TCE, a Comissão acumulou cerca 37 500 processos até 1967.

Por outro lado, os complexos requisitos processuais, e linguísticos, estabelecidos por aquele Regulamento para a adopção de decisões de isenção não permitiam que a Comissão, dispondo de recursos humanos e administrativos limitados, pudesse lidar adequadamente com semelhante volume de notificações. De acordo com Ehlermann (2000, p. 541), a Comissão terá proferido apenas um total de 222 decisões de isenção ao abrigo do Regulamento n.° 17/1962, num período superior a 35 anos de vigência deste acto normativo.

Todavia, para obviar à morosidade, e consequente pendência, processuais existentes, a Comissão foi tomando um conjunto de medidas com o intuito de aliviar a carga administrativa provocada pelo regime de notificação prévia das práticas restritivas da concorrência, estabelecido pelo Regulamento n.° 17/1962. De entre essas medidas, destaque para a adopção dos chamados *regulamentos de isenção por categoria*, os quais permitem que certos acordos possam serem considerados como preenchendo as condições necessárias para alcançar a isenção prevista no artigo 81.° n.° 3 do TCE, sem necessidade de notificação prévia e individual à Comissão.

Outro instrumento adoptado pela Comissão com o propósito de facilitar o tratamento das notificações recebidas foi os *ofícios de arquivamento*. A técnica das chamadas *comfort letters* pretendia dispensar a Comissão do cumprimento dos procedimentos formais inerentes à adopção das decisões de isenção. Através destes ofícios, a Comissão informava as empresas, que notificassem os respectivos acordos, que entendia que os mesmos não se encontravam abrangidos pela proibição estipulada pelo n.° 1 do artigo 81.° (ofício de arquivamento do tipo dos certificados negativos), ou, que considerava tais acordos como preenchendo os requisitos necessários para beneficiarem da isenção prevista no n.° 3 do mesmo artigo (ofício de arquivamento do tipo das decisões de isenção). Os ofícios de arquivamento, por se encontrarem libertos do formalismo exigido à tomada de decisões, nomeadamente em matéria de adopção, tradução e publicidade, permitiam tratamento mais célere das notificações recebidas. Em contrapartida, o expediente dos ofícios de arquivamento não permitia que estes instrumentos possuíssem o mesmo valor jurídico das decisões de certificado negativo e das decisões de isenção, não sendo, por isso, vinculativos para os tribunais nacionais. Em todo o caso, o mecanismo dos ofícios de arquivamento substituiu, quase por completo, as decisões tomadas sobre notificação de práticas restritivas da concorrência, fazendo com que Comissão adoptasse apenas uma média de 5 decisões por ano, em comparação com os cerca 150/200 ofícios de arquivamento deliberados em idêntico período de tempo (Ehlermann, 2000, p. 541).

Apesar dos esforços realizados pela Comissão para diminuir a morosidade e pendência dos processos resultantes da obrigação de notificação prévia das práticas restritivas da concorrência, certo é que o sistema centralizado de autorização produzia outro efeito negativo da maior gravidade: para tratar eficazmente as notificações recebidas, a Comissão deveria consagrar parte importante dos seus recursos à análise destes pedidos de isenção. Tal situação implicava o desvio de recursos humanos e administrativos da Comissão, escassos por definição, do cumprimento da sua principal missão em matéria de aplicação da política da concorrência: a repressão das infracções mais graves. Com efeito, os acordos e práticas concertadas com efeitos mais lesivos da concorrência, que dificilmente poderiam ser objecto de qualquer forma de isenção, não são por norma notificados à Comissão. Pelo que a repressão deste tipo de infracções implica que a Comissão possa consagrar maior número de recursos humanos à respectiva perseguição, em vez de consumir o essencial do seu esforço na mera resposta administrativa ao volume de notificações que lhe são dirigidas. Ou seja, empreender uma política de concorrência cuja postura dominante deixe de ser simplesmente reactiva, para adquirir um cunho progressivamente pró-activo na repressão dos cartéis que restrinjam significativamente a concorrência e impeçam a integração dos mercados (Venit, 2003, p. 550).

3. **A nova filosofia de aplicação das normas da concorrência**

O objectivo principal de permitir que a Comissão tivesse uma actuação mais eficiente na condução da política da concorrência, concentrando a sua atenção na luta contra as práticas restritivas mais graves, implicava que a Comissão pudesse ter uma actuação acrescida na repressão de acordos e posições dominantes, através de maior iniciativa na instauração de processos contra os cartéis. Para tanto, seria necessário iniciar um período de reflexão sobre a aplicação das regras da concorrência do TCE relativas às empresas. Com este propósito, a Direcção-Geral da Concorrência, da Comissão, iniciou em 1997 um processo de discussão interna que pretendia conduzir à reforma do sistema estabelecido pelo Regulamento n.° 17/1962. No entanto, como se tornou evidente que a mera revisão do citado diploma não bastaria para alcançar os objectivos visados, a Comissão decidiu alargar o âmbito do debate, o que conduziu à apresentação do chamado *Livro Branco sobre a modernização das regras de aplicação dos artigos 85.° e 86.° do TCE*, em 1999.[2]

Para atingir os objectivos referidos, a Comissão considerou a necessidade de proceder à descentralização da aplicação das regras da concorrência, o que implicaria maior envolvimento das autoridades dos Estados e dos tribunais nacionais, à semelhança do que sucede nas demais áreas de aplicação do direito comunitário. Visto que as dificuldades na implementação da política de concorrência derivavam das regras processuais estabelecidas pelo Regulamento n.° 17/1962, importava reformar profundamente o regime definido por este diploma.

O aspecto mais interessante do Livro Branco foi a abertura da Comissão para proceder a uma profunda alteração da filosofia de aplicação das normas de concorrência. Na verdade, a Comissão pôs em causa todos os pressupostos jurídicos em que assentava o regime estabelecido pelo Regulamento n.° 17/1962. Desde logo, a Comissão colocou em discussão a própria necessidade de existência de um regime de autorização, o qual, como se viu, conduzia à obrigatoriedade da notificação prévia de todas as práticas restritivas da concorrência.

Um *regime de autorização* fundamenta-se no princípio de que a proibição dos acordos estabelecida pelo legislador, no caso pelo n.° 1 do artigo 81.° do TCE, só poderá ser superada por via de uma decisão emanada pela autoridade habilitada para o efeito (Livro Branco, 1999, p. 23). Nos termos do Regulamento n.° 17/1962, a derrogação ao princípio da proibição das práticas restritivas relevava da competência exclusiva da Comissão. Assim sendo, todos os acordos, decisões e práticas concertadas, abrangidos pela proibição do n.° 1 do artigo 81.° do TCE, eram considerados nulos enquanto não tivessem sido objecto de uma decisão de autorização por parte da Comissão.

De acordo com o Livro Branco, a efectiva descentralização da aplicação das regras da concorrência, com o intuito de libertar os recursos da Comissão para o combate às práticas mais lesivas do regular funcionamento do mercado, implicava o abandono do regime de autorização. Com efeito, a Comissão não se contentou com as diferentes possibilidades equacionadas para a melhoria do funcionamento do regime de autorização, tais como a partilha desta competência com as autoridades dos Estados-

---

[2] Comissão Europeia, *Livro Branco sobre a Modernização das Regras de Aplicação dos Artigos 85.° e 86.° do Tratado CE*, (disponível em http://www.europa.eu.int/comm/competition/antitrust/wp_modern_pt.pdf), Bruxelas), 1999.

-membros, ou a simplificação dos procedimentos relativos à concessão de isenção. De entre todos os cenários apresentados, a Comissão evidenciou clara preferência por aquele que se apresentava como alternativo ao regime de autorização: o chamado regime de excepção legal.

A adopção de um *regime de excepção legal* significa que as empresas podem usufruir directamente da isenção prevista no n.° 3 do artigo 81.° do TCE, sem que para tal necessitem de uma decisão administrativa que lhes reconheça esse mesmo efeito jurídico (Paulis, 2001, p. 15). Deste modo, os acordos, decisões e práticas concertadas que satisfaçam as condições fixadas naquele preceito do Tratado beneficiam directamente da isenção prevista. A adopção de um regime excepção legal pressupõe uma diferente interpretação do artigo 81.° n.° 3, nos termos da qual todas as práticas restritivas que preencham os requisitos estipulados por esta disposição são entendidas como constituindo uma excepção ao princípio geral da proibição, definido pelo n.° 1 do mesmo artigo. Donde, a ideia de excepção legal, na medida em que por reunirem os pressupostos para aplicação do n.° 3, podem beneficiar directamente de isenção, sem que necessitem realizar qualquer notificação prévia à autoridade competente para a aplicação deste preceito.

Em consequência do abandono do regime de autorização, as empresas ficam dispensadas da obrigação de notificação prévia dos seus acordos e decisões. Com a evolução para um regime de excepção legal, as empresas não têm de esperar pela autorização proferida pelas autoridades competentes em matéria de concorrência. Desapareceu, com efeito, a presunção de ilegalidade que existia sobre todas as práticas que reuniam os pressupostos de aplicação do n.° 1 do artigo 81.° do TCE. O novo regime considera suficiente a realização de um controlo *a posteriori* sobre as práticas restritivas da concorrência – controlo esse que se pretende incrementar – com o intuito de sancionar os acordos que violem as regras do Tratado. No entender da Comissão o novo regime, ao dispensar as empresas da obrigação de notificação prévia, como garantia de que as mesmas não violam as normas da concorrência, permite também que as empresas de média dimensão possam ver reduzidos os encargos relacionados com a obrigação de notificação, eliminando esforços e suprimindo os custos que tal operação acarreta (Livro Branco, 1999, p. 23).

O abandono de um regime de autorização, que exigia a notificação prévia de todas as práticas restritivas da concorrência, em favor de um regime de excepção legal, tem como consequência a necessidade de proceder a alterações quanto ao sentido e alcance da interpretação das normas da concorrência. Assim, e na medida em que as empresas passam a poder beneficiar directamente do disposto no n.° 3 do artigo 81.° do TCE relativamente aos seus acordos, decisões e práticas concertadas, isso implica que elas podem invocar este preceito junto dos tribunais nacionais. Ou seja, considera-se que esta disposição é susceptível de produzir efeito directo.

De facto, a evolução no sentido da adopção de um regime de excepção legal apontada no Livro Branco da Comissão tem como fundamento jurídico o chamado princípio do efeito directo, enunciado pelo Tribunal de Justiça. Nos termos da jurisprudência afirmada no caso *Van Gen en Loos* (1963), uma disposição do Tratado produz efeito directo quando é susceptível de ser invocada pelos particulares diante dos tribunais nacionais. No quadro do sistema definido pelo Regulamento n.° 17/1962, os n.° 1 e n.° 2 do actual artigo 81.° do TCE produziam efeito directo, na medida em que podiam ser invocados pelos agentes económicos junto dos órgãos jurisdicionais dos Estados-membros. Contudo, a disposição do n.° 3 do artigo 81.° do TCE foi submetida a um regime diverso, dado que o Regulamento n.° 17/1962, no n.° 1 do seu artigo 9.°, determinava que apenas a Comissão tinha competência para proceder à sua aplicação. Na medida em que se pôs termo à singularidade do regime de concessão de isenções, resultante de uma disposição do direito comunitário derivado, o artigo 81.° do TCE deve ser interpretado como susceptível de *produzir efeito directo*, na íntegra.

Mas o aspecto verdadeiramente revolucionário das alterações introduzidas na política e no direito da concorrência, defendidas pelo Livro Branco, foi a *abolição do monopólio* que a Comissão detinha sobre a aplicação do artigo 81.° n.° 3 do TCE. Com efeito, durante décadas o exclusivo da concessão de isenções ao princípio da proibição de cartéis foi considerado como uma espécie de "dogma" pelas autoridades comunitárias da concorrência (Ehlermann, 2000, p. 537). Qualquer eventual contestação quanto ao interesse da sua existência poderia ser entendida como uma ameaça à coerência e consistência da aplicação do direito comunitário da concorrência. A existência do monopólio era considerado como um inabalável sustentáculo da política de concorrência. Todavia, e como se viu, o exclusivo da concessão de isenções que a Comissão dispunha não encontra qualquer fundamento no texto do próprio do Tratado da Comunidade Europeia. Derivou, apenas, de uma opção política tomada pelo Conselho aquando da adopção do Regulamento n.° 17/1962 (Cruz Vilaça, 2002, p. 2).

Deve-se notar, porém, que o cenário de reforma desenhado pelo Livro Branco mantém a política da concorrência num terreno de excepção, quando comparado com as demais áreas de actuação comunitárias. Com efeito, está apenas em causa a abolição do monopólio da Comissão na concessão de isenções ao princípio geral da proibição das práticas restritivas. O termo desta prerrogativa não mexe, no entanto, com o estatuto singular que a Comissão detém no âmbito do direito comunitário da concorrência. Ou seja, a Comissão continua a ter competência para a aplicação das normas dos artigos 81.° e 82.° no confronto dos particulares, diferentemente do que sucede nas demais esferas de jurisdição da Comunidade. Com a alteração introduzida pretendeu-se descentralizar a aplicação das normas comunitárias da concorrência em favor das autoridades dos Estados-membros e dos tribunais nacionais, estabelecendo um *sistema de competências paralelas* no conjunto das disposições previstas pelo artigo 81.° do TCE.

O fim do monopólio da Comissão sobre a concessão de isenções, e a consequente abertura para uma nova repartição de competências em matéria de aplicação das normas da concorrência, permitiu também terminar com a artificialidade da distinção praticada na execução dos n.° 1 e n.° 3 do artigo 81.° do TCE. Na verdade, o regime decorrente do Regulamento n.° 17/1962 criava uma inútil bifurcação na análise das práticas restritivas. Por um lado, um exame que podia decorrer junto das autoridades nacionais da concorrência, ou dos tribunais dos Estados, em que se tratava de verificar se determinados acordos e práticas concertadas eram susceptíveis de incorrer na proibição prevista no n.° 1 do artigo 81.° do TCE, caso em que seriam afectados por uma presunção de nulidade. Por outro lado, se o caso tivesse sido notificado à Comissão, esta deveria decidir se o mesmo poderia beneficiar de uma isenção nos termos do n.° 3 do mesmo artigo.

Com o novo sistema pretendeu-se *acabar com a bifurcação* existente na aplicação do artigo 81.° do TCE e permitir que todas as entidades competentes na execução desta norma – Comissão Europeia, autoridades nacionais da concorrência e tribunais dos Estados-membros – possam realizar uma análise unitária e completa do seu conteúdo. Assim, a questão que se coloca às entidades nacionais competentes não é apenas saber se as práticas restritivas em causa contêm aspectos formalmente interditos pelo direito comunitário da concorrência, mas antes realizar uma avaliação do conjunto das disposições do artigo 81.° para decidir da legalidade, ou não, desses mesmos actos. Para que uma decisão judicial possa declarar nulo um contrato, não basta que o acordo contenha cláusulas contrárias ao disposto no n.° 1 do artigo 81.° do TCE, e que não tenha sido objecto de notificação à Comissão. O juiz nacional deve também considerar que o acordo em causa não é susceptível de beneficiar de isenção, nos termos do n.° 3 do mesmo artigo. Assim, as entidades nacionais deixam de ter o seu exame confinado à verificação de efeitos restritivos dos comportamentos das empresas, devendo também considerar as eventuais vantagens económicas que esses mesmos acordos permitem realizar.

A necessidade de proceder a uma consideração unitária do artigo 81.° do TCE abre espaço a uma nova abordagem que a Comissão vem introduzindo na política comunitária da concorrência e que se traduz na adopção de uma *análise económica* do conjunto dos efeitos dos acordos. Na verdade, a experiência que a Comissão adquiriu com o Regulamento sobre o controlo das concentrações,[3] onde deve realizar um exame com base em dados quantitativos e econométricos, permitiu que esta instituição tenha alterado progressivamente a sua metodologia de trabalho em sede de defesa da concorrência. Com efeito, a nova geração de regulamentos de isenção por categoria também se afasta dos modelos de concessão de isenção baseados em critérios de apreciação de natureza estritamente jurídico-formal,[4] privilegiando uma abordagem centrada nos efeitos económicos dos acordos (Venit, 2003, p. 552).

Do mesmo modo, ao permitir uma abordagem unitária das disposições do artigo 81.° do TCE, o Livro Branco pretendeu que as autoridades nacionais se libertassem de um exame baseado apenas nos efeitos jurídicos das cláusulas contratuais restritivas da liberdade das partes, empreendendo antes uma análise económica dos efeitos globais dos acordos sobre o nível de concorrência efectiva no mercado. Em virtude da natureza processual e institucional do Regulamento n.° 17/1962, a reforma deste acto normativo não toca na regulação de questões de fundo, como seja, o conceito de restrições ao normal funcionamento da concorrência. Todavia, o Livro Branco vem contribuir para a consolidação de uma nova orientação substantiva em sede de política de concorrência, a qual vai no sentido de uma abordagem económica do conteúdo do artigo 81.° do TCE (Paulis, 2001, p. 29).

---

[3] Regulamento (CEE) n.° 4064/89, JO L 395, de 30-12-1989, p. 1, relativo ao controlo das operações de concentração de empresas.

[4] Regulamento (CE) n.° 2790/1999, JO L 336, de 29-12-1999, p.21, em matéria de restrições verticais; Regulamento (CE) n.° 2658/2000, JO L 304, de 5-12-2000, p.3 e Regulamento (CE) n.° 2659/2000, JO L 304, de 5-12-2000, p.7, no domínio dos acordos de cooperação horizontal.

Assim, o novo paradigma de análise que a Comissão pretendeu introduzir estará, em boa medida, dependente da capacidade que as autoridades nacionais e, em particular, os tribunais dos Estados-membros, tiverem para empreender uma apropriada análise económica dos casos submetidos à sua decisão. Relativamente aos tribunais, podem-se suscitar algumas apreensões sobre se a formação dominante dos magistrados judiciais na generalidade dos países comunitários será a mais adequada para facilitar o manuseamento de instrumentos de natureza económica na aplicação do artigo 81.° do TCE (Korah, 2000, p. 188). Todavia, deve-se recordar que os juízes nacionais lidam frequentemente com casos onde devem ponderar sobre a contraposição de princípios e valores bastante delicados, como sejam os que respeitam a violações de direitos fundamentais, pelo que as decisões que profiram no domínio da concorrência não implicam uma equação de interesses mais complexa daquela exigível em outras áreas da actividade jurisdicional (Ehlermann, 2000, p. 585).

Recorde-se, no entanto, que a política de concorrência visa alcançar objectivos mais amplos dos que lhe são tradicionalmente atribuídos pela teoria económica clássica. Com efeito, esta pretende confinar os propósitos da política de concorrência a uma análise estritamente económica do funcionamento do mercado, recorrendo a uma abordagem que privilegia apenas a obtenção de um nível máximo de eficiência na utilização dos recursos disponíveis. Porém, a defesa de certo tipo valores e princípios fundamentais como o aumento da liberdade individual de escolha por parte dos consumidores, o incremento da igualdade de oportunidades no acesso às actividades empresariais, ou mesmo a defesa de um nível razoável de distribuição do rendimento, constituem também objectivos nucleares da política de concorrência, sendo que estas finalidades revestem natureza essencialmente política (Pitofsky, 1979, p. 165).

4. **O Regulamento n.° 1/2003**

O Livro Branco da Comissão permitiu encetar um interessante debate público sobre a aplicação das normas da concorrência às empresas, envolvendo a comunidade académica, juristas e representantes das organizações empresariais, com o objectivo de recolher um número alargado de contribuições em vista da reforma do sistema comunitário da concorrência. No seguimento da discussão realizada sobre o Livro Branco, a Comissão apresentou ao Conselho, no ano 2000, a proposta de Regulamento relativo à execução das regras de concorrência aplicáveis às empresas previstas nos artigos 81.° e 82.° do TCE (*COM (2000) 582*). Esta proposta seria adoptada pelo Conselho, sem alterações significativas, em Dezembro de 2002, constituindo o Regulamento (CE) n.° 1/2003 (doravante, Regulamento), o qual revogou o Regulamento n.° 17/1962 e estabeleceu novo regime de aplicação das normas comunitárias da concorrência definidas no Tratado.[5]

O artigo 1.° do Regulamento n.° 1/2003 consagra a nova filosofia de aplicação do direito da concorrência, traduzida no abandono do regime de autorização e na consequente evolução para o chamado *regime de excepção legal*. Assim, e nos termos do n.° 1 deste preceito, os acordos, decisões e práticas concertadas referidos no n.° 1 do artigo 81.° do TCE que não satisfaçam os requisitos previstos no n.° 3 do mesmo artigo são proibidos, não sendo necessária uma decisão prévia. Todavia, o n.° 2 do artigo 1.° do Regulamento dispõe que as práticas restritivas da concorrência proibidas pelo n.° 1 do artigo 81.° do TCE que preencham as condições definidas no n.° 3 deste último preceito, não são proibidas, não sendo necessário, para esse efeito, qualquer decisão prévia.

De acordo com o artigo 1.° do novo Regulamento são, portanto, lícitos desde a sua celebração, e com dispensa de qualquer decisão prévia, todos os acordos e decisões proibidos pelo n.° 1 do artigo 81.° do TCE, desde que preencham as condições exigidas pelo n.° 3 do mesmo preceito. Inversamente, as práticas restritivas da concorrência referidas no n.° 1 do artigo 81.° do TCE, que não satisfaçam as condições previstas no n.° 3 do mesmo artigo, bem como todas aquelas que em qualquer altura deixem de reunir esses mesmos requisitos, são consideradas ilícitas, não sendo necessário qualquer decisão prévia nesse sentido.

Em virtude da produção de efeito directo do conjunto das disposições do artigo 81.° do TCE, que permite a sua invocação integral diante dos tribunais nacionais, o novo Regulamento contem uma disposição sobre a regulação do *ónus da prova*. Nos termos do artigo 2.° do Regulamento, o ónus da prova de uma violação da proibição contida no n.° 1 do artigo 81.° do TCE incumbe à parte ou autoridade que alegue tal violação; cabendo à empresa ou associação de empresas que invoque o benefício de isenção previsto no n.° 3 do artigo 81.° do TCE fazer prova do preenchimento das condições nele previstas. Embora a aplicação do direito comunitário da concorrência pelas autoridades nacionais e pelos tribunais dos

[5] JO L 1, de 4.1.2003, pp.1-25.

Estados se realize de acordo com as respectivas normas processuais nacionais, a Comissão entendeu dever clarificar a questão do ónus da prova no Regulamento, devido a observações formuladas a propósito do citado Livro Branco, adoptando uma solução conforme à tradição jurídica da generalidade dos Estados-membros (Paulis, 2001, p. 18).

Na verdade, as dificuldades que se poderiam colocar em matéria de produção de prova resultavam antes das perversidades decorrentes da aplicação do sistema estabelecido pelo Regulamento n.° 17/1962. Com efeito, as partes num acordo celebrado ao abrigo do antigo regime processual procuravam, por vezes, subtrair-se às obrigações contratuais assumidas através da mera invocação da nulidade do acordo, por violação do disposto no n.° 1 do artigo 81.° do TCE, nos casos em que o mesmo não tivesse sido objecto de autorização pela Comissão. Em tais situações, particularmente nos casos de falta de notificação prévia dos acordos à Comissão, o Regulamento n.° 17/1962 permitia a activação de uma espécie de cláusula de *euro-defesa* às partes que, de má-fé, pretendessem eximir-se ao cumprimento das suas obrigações, através da invocação da nulidade do acordo por violação do n.° 1 do artigo 81.° do TCE (Venit, 2003, p. 554). Não se lhes exigia sequer que demonstrassem que o acordo em causa não poderia ser objecto de uma decisão de isenção, que evitasse a declaração de nulidade. Com o novo Regulamento é afastada essa anomalia sistémica, a qual constituía uma afronta ao princípio do cumprimento pontual dos contratos, permitindo-se às empresas interessadas na manutenção da licitude dos acordos, fazer a demonstração de que o mesmo pode ser considerado válido, nos termos do n.° 3 do artigo 81.° do TCE.

Outra questão que recebe um tratamento central no novo Regulamento é o critério de *delimitação entre a aplicação do direito nacional da concorrência e o direito comunitário da concorrência*. Como se viu, o novo Regulamento generaliza o sistema de competências paralelas na aplicação do direito comunitário da concorrência pelas autoridades nacionais e pelos tribunais dos Estados-membros, através da abolição do monopólio da Comissão sobre a concessão de isenções. Passando as autoridades nacionais a deter um poder genérico de aplicação do direito comunitário da concorrência, importa definir com rigor o critério que estabelece a divisão entre a aplicação das normas nacionais da concorrência e a execução das regras comunitárias da concorrência.

A este respeito, o n.° 1 do artigo 3.° do Regulamento estabelece que as autoridades dos Estados-membros e os tribunais nacionais que apliquem a legislação nacional em matéria de concorrência aos acordos, decisões de associações e práticas concertadas, susceptíveis de afectar o comércio entre os Estados-membros, devem aplicar também aplicar o artigo 81.° do TCE a tais práticas restritivas da concorrência. Portanto, o critério que determina a escolha entre os direitos nacional e comunitário da concorrência é o da susceptibilidade de afectação do comércio intra-comunitário pelas práticas restritivas em causa.

Por seu turno, o n.° 2 do artigo 3.° do Regulamento dispõe que a aplicação da legislação nacional em matéria da concorrência não pode levar à proibição das práticas restritivas que sejam susceptíveis de afectar o comércio entre Estados-membros, mas que não restrinjam a concorrência no sentido do n.° 3 do artigo 81.° do TCE, ou que reúnam as condições fixadas por este último preceito, ou que se encontrem abrangidas por um regulamento de isenção por categoria. Ou seja, decorre do disposto no artigo 3.° n.° 2 do Regulamento que o direito comunitário da concorrência prevalece sobre a legislação nacional da concorrência. O que configura uma explicitação do princípio do primado do direito comunitário em matéria de execução das normas da concorrência.

No âmbito do Regulamento n.° 17/1962, o critério de aplicação do direito do direito comunitário da concorrência também era o da afectação do comércio entre Estados-membros, mas tal não implicava o afastamento da legislação nacional da concorrência. Em consequência, a aplicação paralela de ambos os direitos substantivos da concorrência permitia que determinado acordo susceptível de afectar o comércio intra-comunitário, mas não abrangido pela proibição do n.° 1 do artigo 81.° do TCE, pudesse ser proibido pela aplicação das normas da concorrência de um Estado-membro. Em tal consistia a chamada teoria da dupla barreira, que levou o Tribunal de Justiça das Comunidades Europeias a definir a relação entre os direitos nacional e comunitário da concorrência no acórdão que proferiu no caso *Walt Wilhelm*[6].

O Regulamento n.° 1/2003 pretende que as diferentes entidades envolvidas no processo de execução das normas comunitárias da concorrência apliquem o direito comunitário em todas as situações susceptíveis de afectar o comércio entre os Estados-membros, e que nestes casos o façam de modo exclusivo, ou seja, apliquem apenas as regras comunitárias. Deste modo se pretende alcançar uma importante harmonização na aplicação de um único regime substantivo da concorrência a todas as situações que possam reentrar no âmbito do direito comunitário (Venit, 2003,

---

[6] Caso 14/68, *Walt Wilhelm c. Bundeskartellamt*, Rec. 1969, p.1.

p. 557). O novo regime permite, ainda, evitar um dos efeitos particularmente negativos derivados do anterior sistema, o qual consentia que as autoridades nacionais aplicassem a sua legislação interna a acordos susceptíveis de afectar o comércio entre os Estados-membros, com a eventualidade de atingirem interesses empresariais oriundos de outros países comunitários (Paulis, 2001, p. 20).

4.1. *Aplicação pelas autoridades nacionais da concorrência*

A adopção de um regime de excepção legal pelo novo Regulamento implica uma alteração na repartição de competências entre as autoridades comunitárias e as autoridades administrativas e jurisdicionais dos Estados-membros na aplicação das regras da concorrência. O Regulamento n.° 1//2003 favorece a descentralização da aplicação do direito comunitário da concorrência, permitindo que as autoridades nacionais da concorrência adquiram maior protagonismo. Como se referiu, a abolição do monopólio da Comissão sobre a aplicação do n.° 3 do artigo 81.° do TCE tem como consequência que as autoridades nacionais possam fazer uma aplicação unitária das disposições deste preceito.[7]

Por sua vez, o n.° 1 do artigo 35.° do Regulamento dispõe que os Estados-membros devem designar a autoridade ou autoridades em matéria da concorrência responsáveis pela aplicação dos artigos 81.° e 82.° do TCE, tomando as medidas necessárias para que essas entidades possam aplicar efectivamente as disposições do Tratado, a partir de Maio de 2004. No caso português, a alínea g) do artigo 6.° dos Estatutos da Autoridade da Concorrência, aprovados pelo Decreto-Lei n.° 10/2003, de 18 de Janeiro, dispõe que esta entidade exerce todas as competências que o direito comunitário confira às autoridades administrativas nacionais, no domínio das regras da concorrência aplicáveis às empresas.

O artigo 5.° do Regulamento enuncia os tipos de decisões que as autoridades nacionais de concorrência podem tomar em sede de aplicação

---

[7] Em vista da aplicação do artigo 81.° n.° 3 do TCE pelas autoridades nacionais da concorrência e pelos tribunais nacionais, a Comissão forneceu indicações sobre o modo de aplicação deste preceito a casos individuais. Apesar das orientações não serem vinculativas para as entidades nacionais, destinam-se a apoiá-las na aplicação daquela norma comunitária de concorrência. Ver Comunicação da Comissão *Orientações relativas à aplicação do n.° 3 do artigo 81.° do Tratado*, JO C 101, de 27.4.2004, pp.97.

dos artigos 81.° e 82.° do TCE: exigir que as empresas envolvidas numa prática proibida ponham termo à respectiva infracção; ordenar medidas provisórias; aceitar compromissos; aplicar coimas, sanções pecuniárias compulsórias ou qualquer outra sanção prevista pelo respectivo direito nacional. De acordo com este preceito, as autoridades nacionais da concorrência adoptam as suas decisões actuando oficiosamente, ou, na sequência de denúncias que lhes sejam dirigidas.

Analisando o elenco de medidas que as autoridades nacionais estão habilitadas a tomar em execução das regras comunitárias da concorrência aplicáveis às empresas, verifica-se que podem adoptar as chamadas medidas negativas, que consistem na verificação da existência de uma prática proibida, exigindo às empresas infractoras que lhes ponham termo; medidas de natureza provisória dirigidas às empresas envolvidas numa prática proibida; medidas que envolvam a aceitação de compromissos com as empresas sobre a licitude de certo tipo de práticas restritivas; e medidas sancionatórias sobre as empresas infractoras.

Sintomaticamente, o artigo 5.° do Regulamento não refere a possibilidade das autoridades nacionais da concorrência adoptarem medidas positivas, ou seja, medidas que consubstanciem uma decisão de isenção (Gauer, 2003, p. 4). Em termos jurídicos, resulta claro que o artigo 5.° do Regulamento profere uma enumeração taxativa dos tipos de medidas que as autoridades nacionais da concorrência podem tomar em aplicação das normas comunitárias da concorrência. *A contrario*, deve-se considerar que estas entidades não estão habilitadas a proferir medidas positivas, sendo que o Regulamento também não contem qualquer alusão à possibilidade de concederem isenções.

Na verdade, as medidas positivas teriam que ser proferidas na sequência de uma notificação às autoridades da concorrência por parte das empresas envolvidas numa prática restritiva, pressuposto que desde logo as excluiria da previsão do artigo 5.° do Regulamento, a qual refere apenas as decisões tomadas pelas autoridades nacionais em resultado de denúncias ou actuação oficiosa destas entidades. Por outro lado, e ainda que a lógica de descentralização da aplicação das normas comunitárias da concorrência pudesse apontar para uma natural habilitação das autoridades nacionais para concederem isenções, decorre da filosofia do Regulamento que a Comissão pretendeu evitar os riscos associados a esta situação (Livro Branco, 1999, p. 25). Com efeito, os receios de falta de coerência na aplicação do direito comunitário da concorrência são maiores nos casos das decisões positivas do que nas decisões negativas, porque as decisões que conferem uma isenção são menos susceptíveis de recurso jurisdicional, por inexistência de interesse directo dos seus destinatários, do que as decisões que determinam uma proibição (Ehlermann, 2000, p. 569).

Existe, ainda, um outro tipo de decisão que as autoridades nacionais da concorrência estão habilitadas a tomar nos termos do Regulamento n.° 1/2003. O n.° 2 do artigo 29.° refere que, se em determinado caso, as práticas restritivas das empresas que beneficiem de uma isenção por categoria, em virtude de um regulamento comunitário, produzirem efeitos incompatíveis com o n.° 3 do artigo 81.° do TCE no território de um Estado-membro, ou em parte desse território que apresente características de um mercado distinto, a autoridade nacional respectiva pode retirar o benefício da aplicação do regulamento em causa relativamente a esse mesmo território. No quadro de descentralização da aplicação das regras comunitárias da concorrência visada pelo Regulamento, a faculdade de as autoridades nacionais retirarem o benefício de isenção por categoria a um determinado acordo entre empresas é vista como corolário natural dos poderes atribuídos a estas entidades, entendidas como aquelas que se encontram melhor colocadas para avaliar se o acordo em causa deixou de preencher os requisitos exigidos para a aplicação do n.° 3 do artigo 81.° do TCE.

4.2. *Aplicação pelos tribunais nacionais*

Os tribunais nacionais desempenham uma função primordial na aplicação do direito comunitário. No sistema jurídico da União Europeia os órgãos jurisdicionais dos Estados-membros são considerados como os aplicadores comuns das normas comunitárias, devido ao regime descentralizado de aplicação definido pelos autores do Tratado. Este princípio geral sofria, contudo, forte limitação em sede do direito da concorrência, em virtude do monopólio da Comissão sobre a aplicação do n.° 3 do artigo 81.° do TCE. Com o Regulamento n.° 1/2003 desapareceu a excepção existente no quadro da política de concorrência, em virtude do artigo 6.° que dispõe que os tribunais nacionais têm competência para aplicar os artigos 81.° e 82.° do TCE, na íntegra.

São diversos os modos pelos quais os tribunais nacionais poderão aplicar as normas comunitárias da concorrência relativas às empresas. Desde as tradicionais acções de responsabilidade contratual, onde o litígio entre as partes suscite a questão da conformidade do acordo subjacente com o artigo 81.° do TCE. Na medida em que os tribunais nacionais ficam habilitados a efectuar uma análise unitária deste último preceito, poderão executar de modo mais expedito os acordos restritivos que preencham os requisitos definidos pelo artigo 81.°, n.° 3 do TCE, diferentemente do que sucedia com o regime do Regulamento n.° 17/1962 em que a mera invocação do aludido expediente da *euro-defesa* permitia que o litigante de má-fé se eximisse ao cumprimento das obrigações assumidas.

Outro tipo de mecanismo judicial susceptível de provocar a aplicação do artigo 81.° do TCE pelos tribunais nacionais é o das acções de responsabilidade extra-contratual. Neste caso, um particular que se considere vítima de um acordo entre empresas, contrário às regras comunitárias da concorrência, pode solicitar aos órgãos jurisdicionais do respectivo Estado-membro que lhe seja paga uma indemnização pelos danos eventualmente sofridos em consequência da ilicitude do acordo. Os tribunais nacionais poderão, também, ser confrontados com a interposição de pedidos de medidas cautelares relativos à produção de efeitos jurídicos de certo tipo de práticas restritivas da concorrência que violem o disposto no artigo 81.° do TCE.

Independentemente das modalidades pelas quais os tribunais nacionais possam ser chamados a pronunciar-se sobre o conjunto do artigo 81.° do TCE, em virtude do Regulamento n.° 1/2003, resulta claro que a aplicação das normas comunitárias da concorrência ficará menos dependente da iniciativa das autoridades públicas, sejam estas nacionais ou comunitárias, abrindo espaço a maior protagonismo dos particulares nesta matéria, mercê da produção de efeito directo horizontal do n.° 3 do artigo 81.° do TCE. Este fenómeno, de aumento do número de decisões judiciais suscitadas pelos particulares, contribuirá para crescente privatização da aplicação do direito comunitário da concorrência (Ehlermann, 2000, p. 587).

Tal alteração permitirá maior aproximação da aplicação europeia do direito da concorrência ao modelo de execução do chamado *anti-trust law* vigente no Estados Unidos, onde compete aos tribunais promover a aplicação deste tipo de normas. Todavia, o fenómeno da privatização da aplicação do direito comunitário da concorrência deverá conhecer um alcance significativamente inferior do que sucede no direito norte-americano, pelo facto da generalidade dos países europeus não disporem de um conjunto de mecanismos processuais que permitam incentivar os particulares na interposição de acções de responsabilidade extra-contratual visando a reparação de danos causados pela violação das regras da concorrência (Venit, 2003, p. 571).

A este propósito, convém referir que quer os tribunais nacionais, quer as autoridades administrativas da concorrência dos Estados, procedem à aplicação das normas comunitárias da concorrência com base nas disposições do seu direito interno. Com efeito, quer os instrumentos processuais relativos à execução do direito comunitário da concorrência, quer a aplicação de sanções às empresas que violem os artigos 81.° e 82.° do TCE, se realizam de acordo com as disposições do direito interno de cada Estado-membro. Para além do citado artigo em matéria de ónus da prova, o novo Regulamento não contem qualquer outro preceito destinado a harmonizar as normas processuais, ou sancionatórias, dos Estados no tocante à aplicação do direito comunitário da concorrência (Cruz Vilaça, 2002, p. 47).

4.3. *Aplicação pela Comissão*

Apesar da profunda alteração introduzida pelo Regulamento n.° 1//2003 na aplicação das normas comunitárias da concorrência, a Comissão Europeia mantém uma faculdade única no âmbito da política da concorrência, a qual se traduz na possibilidade de aplicação directa das regras comunitárias no confronto dos particulares e empresas. De acordo com o artigo 4.° do Regulamento, a Comissão tem a sua competência atribuída nos termos deste mesmo instrumento normativo. Por sua vez, o Capítulo III do Regulamento define quais os tipos de decisões que a Comissão pode adoptar em aplicação dos artigos 81.° e 82.° do TCE.

O artigo 7.° do Regulamento refere-se às *decisões de proibição* adoptadas pela Comissão. Este preceito prevê que a Comissão possa, uma vez declarada a existência de uma infracção aos artigos 81.° ou 82.° do TCE, obrigar as empresas a porem termo a essa violação, para além da natural sujeição ao seu poder sancionatório.

Com o propósito de habilitar a Comissão a pôr efectivamente termo à violação das normas comunitárias, o artigo 7.° do Regulamento afirma estar a Comissão autorizada, sempre que se revele necessário, para impor uma solução quer de conduta, quer de carácter estrutural. As *soluções de carácter estrutural* podem comportar a afectação do modelo de negócio realizado pelos agentes económicos envolvidos na infracção, ou, poderão também implicar alterações na estrutura societária dessas empresas. Todavia, as soluções de carácter estrutural devem ser tomadas de acordo com o princípio da proporcionalidade, ou seja, apenas quando não se puder tomar qualquer solução de conduta igualmente eficaz, ou nos casos em que uma solução de conduta de idêntica eficácia se revelar mais onerosa para a empresa do que a própria solução estrutural.

Este preceito do Regulamento permite, também, nos casos em que exista um interesse legítimo, que a Comissão possa aprovar uma decisão declarando a existência de uma infracção que já tenha cessado. Pode-se configurar a existência de um tal interesse legítimo nos casos em que exista o risco de repetição de semelhante infracção, ou, em situações onde a Comissão considere necessário adoptar uma decisão de forma a assegurar maior consistência na aplicação do direito comunitário, pelo alcance que esta possa assumir no futuro, a título de precedente.

Na medida em que a reforma da aplicação do direito da concorrência implementada pelo Regulamento pretende libertar os recursos da Comissão para o combate às práticas restritivas mais graves, é de esperar que se verifique um aumento significativo das decisões de proibição.

O artigo 8.° do Regulamento permite que a Comissão possa, após apuramento sumário de uma infracção, adoptar decisões que ordenem *medidas provisórias*, em casos de urgência onde exista risco de prejuízo grave e irreparável para a concorrência.

Por seu turno, o artigo 9.° do Regulamento prevê um novo tipo de decisões da Comissão. As *decisões relativas a compromissos* com empresas são actos que a Comissão pode tomar durante um procedimento de infracção às regras da concorrência, nos casos em que as empresas envolvidas assumam obrigações susceptíveis de dar resposta às objecções apontadas pela própria Comissão. Através desta modalidade de decisão, a Comissão confere carácter vinculativo aos compromissos assumidos pelas empresas, podendo obrigá-las ao respeito do seu conteúdo e permitir ainda às partes interessadas, ou a terceiros, invocá-los perante os tribunais nacionais. As decisões relativas a compromissos só poderão ser aplicáveis nos casos em que a Comissão não tencione aplicar coimas, abrindo caminho ao encerramento do procedimento de infracção (Gauer, 2003, p. 5). Em contrapartida, as empresas que não respeitem os compromissos assumidos ficam sujeitas à aplicação do poder sancionatório da Comissão, nos termos dos artigos 23.° e 24.° do Regulamento.

No regime jurídico definido pelo Regulamento n.° 1/2003, a Comissão deixa de poder adoptar decisões de isenção, nos termos do n.° 3 do artigo 81.° do TCE. Todavia, em certas situações que suscitem uma problemática nova sobre a aplicação da política da concorrência, que não tenha sido ainda objecto de apreciação pela jurisprudência, ou pela prática administrativa, o artigo 10.° do Regulamento permite que a Comissão adopte *declarações de não aplicabilidade* das normas comunitárias da concorrência. Tais decisões positivas da Comissão, devem ser tomadas a título excepcional e com fundamento em relevantes razões de interesse público, ou seja, da aplicação coerente do direito comunitário, não sendo por isso admissível a sua adopção em vista do favorecimento de qualquer tipo de interesse particular.[8] Donde resulta, também, que as empresas que tenham notificado os respectivos acordos à Comissão, em que eventualmente seja colocada uma questão nova sobre a aplicação das normas da concorrência, não adquirem pelo facto da notificação direito a uma decisão positiva da Comissão. A adopção deste tipo de decisões relevará sempre de um poder discricionário da Comissão (Ehlermann, 2000, p. 568).

As decisões da Comissão que expressem declarações de não aplicabilidade dos artigos 81.° e 82.° do TCE deveriam revestir natureza meramente declarativa (Livro Branco, 1999, p. 33). Ou seja, não seriam vinculativas para as autoridades nacionais, nem para os tribunais dos Estados-membros (Cruz Vilaça, 2002, p. 18). Todavia, o artigo 16.° do Regulamento estabelece que tanto os tribunais, como as autoridades nacionais da concorrência, quando se pronunciarem sobre práticas restritivas que já tenham sido objecto de decisão da Comissão, ficam vinculados ao sentido deste último acto normativo.

Na medida em que o artigo 31.° do Regulamento limita o controlo de legalidade das decisões da Comissão pelo Tribunal de Justiça às decisões que fixem coimas ou apliquem sanções pecuniárias compulsórias, as decisões positivas adoptadas pela Comissão dificilmente poderão ser objecto de impugnação judicial. Na verdade, as empresas eventualmente lesadas por uma decisão deste tipo dificilmente conseguirão interpor recurso de anulação da decisão, nos termos do artigo 230.° do TCE, em virtude da jurisprudência restritiva do Tribunal de Justiça em sede de legitimidade processual dos particulares. Deste modo, a única alternativa que resta é solicitarem a apreciação da legalidade da decisão junto de um tribunal nacional, e esperar que este reenvie a questão a título prejudicial para o Tribunal de Justiça, nos termos do artigo 234.° do TCE.

---

[8] Sobre o assunto ver também Comunicação da Comissão sobre a *orientação informal relacionada com questões novas relativas aos artigos 81.° e 82.° do Tratado CE que surjam em casos individuais (cartas de orientação)*, JO C 101, de 27.4.2004, pp.78.

4.3.1. *Poderes de investigação e de inquérito*

Considerando que um dos objectivos visados pela reforma introduzida na aplicação das normas comunitárias da concorrência consistia em libertar os recursos técnicos da Comissão da tarefa de lidar com as notificações das empresas para lhes permitir focalizar a sua actividade na luta contra as práticas restritivas mais gravosas, o novo Regulamento vem também reforçar os seus poderes de investigação, relativamente àqueles que esta instituição detinha na vigência do Regulamento n.° 17/1962.

Assim, o artigo 21.° do Regulamento autoriza a Comissão a proceder, também, a *inspecções nos domicílios* dos dirigentes, administradores e outros colaboradores das empresas, quando houver suspeita razoável de que os livros ou outros registos relacionados com a infracção às normas comunitárias, ali se possam encontrar. A realização das buscas domiciliárias junto das residências dos colaboradores das empresas fica, no entanto, condicionada à obtenção de autorização prévia dos tribunais do respectivo Estado-membro, os quais se pronunciarão sobre a proporcionalidade de tal medida.

Nas inspecções que efectuar junto das instalações de empresas suspeitas de envolvimento numa violação às normas dos artigos 81.° e 82.° do TCE, a Comissão passa a dispor, ainda, do poder de proceder à *selagem* das respectivas instalações, bem como de livros ou registos necessários ao apuramento da infracção, nos termos da alínea d) do n.° 2 do artigo 20.° do Regulamento. Se bem que o Regulamento não estipule um prazo máximo para a selagem das instalações, ou dos registos das empresas, o Considerando n.° 25 do diploma refere que, por regra, o período máximo de afixação de um selo não deverá ultrapassar 72 horas.

Outro novo poder de inquérito que o Regulamento atribui à Comissão consiste na possibilidade de solicitar a qualquer representante, ou membro do pessoal da empresa, explicações sobre factos ou documentos relacionados com o objecto e a finalidade da inspecção, artigo 20.°, n.° 2, alínea e). Deste modo, o âmbito das questões susceptíveis de serem colocadas aos membros do pessoal da empresa ultrapassa os aspectos estritamente relacionados com os documentos inspeccionados, para poder abranger quaisquer factos ou informações que a Comissão entenda necessários para o apuramento da infracção (Gauer, 2003, p. 5). Realce, também, para o poder da Comissão *registar as respostas* obtidas através da faculdade que este preceito lhe confere.

4.4. *Coerência na aplicação das normas da concorrência*

A anunciada intenção de proceder à descentralização da aplicação das normas comunitárias da concorrência, pelo citado Livro Branco da Comissão, suscitou vasto coro de apreensões sobre os efeitos que uma tal reforma poderia produzir, nomeadamente, em sede da consistência da política comunitária da concorrência. Na verdade, temia-se que a multiplicação exponencial do número de entidades que executam as regras da concorrência, em particular os tribunais nacionais, pudesse afectar a uniformidade e coerência desta política comunitária (Möschel, 2000, p. 497). Com o intuito de obviar aos riscos decorrentes da adopção de um sistema de competências paralelas na execução do direito comunitário, o Regulamento n.° 1/2003 introduziu um conjunto de disposições tendentes a assegurar a coerência da sua aplicação pela globalidade dos actores envolvidos neste processo (Marenco, 2000, p. 2).

Assim, nos termos do artigo 11.° do Regulamento, pretende-se que a Comissão e as autoridades nacionais da concorrência instituam uma *rede de autoridades públicas,* responsáveis por aplicar as regras comunitárias, actuando em estreita cooperação.[9] Para além dos diversos mecanismos de informação e discussão entre as diferentes autoridades públicas da concorrência previstos no texto do Regulamento, o artigo 12.° contem importante alteração ao anterior regime jurídico ao permitir que as *informações trocadas pelas diferentes autoridades da rede*, incluindo aquelas que revistam natureza confidencial, possam ser *utilizadas como meio de prova*, em matéria de facto ou de direito, no quadro dos procedimentos de aplicação dos artigos 81.° e 82.° do TCE.

Em todo o caso, o Regulamento atribui um papel nuclear à Comissão em vista de assegurar a coerência na aplicação das normas da concorrência. A este respeito merece referência o n.° 6 do artigo 11.° do Regulamento, que prevê que o início de um procedimento de aplicação por parte da Comissão priva as autoridades nacionais da concorrência da competência sobre os artigos 81.° e 82.° do TCE. Portanto, o Regulamento apesar de estabelecer um sistema de competências paralelas da execução do direito comunitário, mantém o *direito da Comissão avocar a aplicação* das normas comunitárias da concorrência, no confronto das autoridades

---

[9] Sobre o assunto ver Comunicação da Comissão sobre a *cooperação no âmbito da rede de autoridades de concorrência*, que visa definir os pormenores de funcionamento da rede, JO C 101, de 27.4.2004, pp. 43.

nacionais da concorrência, que resultava do artigo 9.°, n.° 3, do Regulamento n.° 17/1962.

Recorde-se, também, que através da faculdade de adopção dos *regulamentos de isenção por categoria*, a Comissão consegue um poderoso instrumento normativo para garantir a coerência e consistência na aplicação das normas comunitárias da concorrência. Na verdade, os regulamentos de isenção por categoria são actos normativos que visam definir critérios sobre a aplicação das regras comunitárias a determinados tipos de práticas restritivas da concorrência. Neste sentido, os regulamentos de isenção por categoria relevam mais da natureza jurídica de instrumentos de aplicação do direito comunitário, do que de actos legislativos comunitários em sentido estrito (Paulis, 2001, p. 28). A propósito destes mesmos actos normativos, referência para o artigo 29.°, n.° 1, do Regulamento que atribui à Comissão competência para a retirada individual do benefício de isenção por categoria, nos casos em que considerar que os acordos produzam efeitos incompatíveis com o n.° 3 do artigo 81.° do TCE.

No tocante à aplicação do direito comunitário da concorrência pelos tribunais nacionais, o artigo 15.° do Regulamento, para além de permitir que estes órgãos possam solicitar informações e pareceres sobre a matéria à Comissão, obriga a que os Estados-membros transmitam de imediato cópia de todas as sentenças proferidas em aplicação dos artigos 81.° e 82.° do Tratado. O mesmo preceito do Regulamento, no seu n.° 3, autoriza a Comissão a formular observações escritas nos casos em que considere que a sua intervenção seja necessária para assegurar a aplicação coerente dos artigos 81.° e 82.° do TCE, bem como permite ainda que esta possa apresentar observações orais, a título de *amicus curiae*.[10]

Nestes termos, pode-se considerar que o efeito conjugado da afirmação do princípio do primado do direito comunitário nas situações de escolha da lei aplicável a uma determinada prática restritiva da concorrência, do direito de avocação que assiste à Comissão na abertura de procedimentos de infracção às empresas, do poder da Comissão adoptar regulamentos de isenção por categoria, da faculdade da Comissão aprovar decisões positivas, das prerrogativas de que esta instituição beneficia nas acções judiciais pendentes nos tribunais dos Estados-membros em aplicação das regras comunitárias da concorrência, da impossibilidade das autoridades

---

[10] Ver também Comunicação da Comissão sobre a *cooperação entre a Comissão e os tribunais dos Estados-membros da UE na aplicação dos artigos 81.° e 82.° do Tratado CE*, JO C 101, de 27.4.2004, pp. 54.

nacionais da concorrência e dos tribunais tomarem decisões contrárias àquelas adoptadas pela Comissão e a existência de uma rede de autoridades públicas da concorrência empenhadas num sistema de estreita cooperação, permite supor que o Regulamento n.° 1/2003 contém uma variedade de mecanismos jurídicos tendentes a assegurar, de modo razoável, a coerência e consistência na aplicação descentralizada dos artigo 81.° e 82.° do TCE (Venit, 2003, p. 556).

5. **Conclusão**

O Regulamento n.° 1/2003 relativo à execução das normas comunitárias da concorrência terminou, por um lado, com uma situação que se revelava algo anacrónica no sistema geral de aplicação do direito comunitário, e que se traduzia no monopólio que a Comissão detinha sobre a concessão de isenções, nos termos do artigo 81.°, n.° 3, do TCE. O maior envolvimento das autoridades nacionais e dos tribunais dos Estados-membros na aplicação do direito comunitário da concorrência permite, por outro lado, aumentar a eficácia da execução da política comunitária da concorrência em virtude do acréscimo de entidades administrativas e jurisdicionais envolvidas neste processo. Neste sentido, o Regulamento introduz clara melhoria no funcionamento de uma das áreas vitais de actuação da União.

Deve-se registar, todavia, que embora o Regulamento esteja sintonizado com a ideia geral de subsidiariedade que decorre do Tratado de Maastricht, através da devolução de competências que promove em favor das autoridades nacionais, o novo regime mantém, e até aumenta, um aspecto nuclear dos poderes da Comissão em matéria de concorrência. Na verdade, o Regulamento reforça os poderes de inquérito e de investigação que a Comissão detinha em sede de aplicação dos artigos 81.° e 82.° do TCE, sendo de notar que a concorrência é o único domínio de jurisdição comunitária onde se verifica a imediatividade da intervenção da Comissão no confronto dos particulares.

Por tal motivo, e face aos inevitáveis riscos que uma tal situação comporta para a situação jurídica dos particulares, é de louvar que um dos Considerandos finais do Regulamento faça referência à necessidade de uma estrita observância das disposições da Carta dos Direitos Fundamentais da União Europeia na aplicação do novo regime da concorrência, independentemente da solução que a natureza jurídica deste último documento puder vir a conhecer no futuro. Ou seja, no domínio mais sensível dos poderes de actuação das instituições comunitárias, a Carta dos Direitos Fundamentais da União é um instrumento normativo que se revela apto a produzir efeitos jurídicos.

O Regulamento vem também abrir caminho a uma maior privatização da aplicação do direito comunitário da concorrência, permitindo que os tribunais nacionais se pronunciem plenamente sobre a execução das normas comunitárias nas acções entre particulares aproximando-o, deste modo, de um dos traços marcantes do sistema jurídico norte-americano. Também quanto a este aspecto não parece que se deva temer pela sorte do novo regime. Com efeito, os tribunais nacionais têm sido, desde início, os órgãos comuns de aplicação do direito comunitário e tem sido graças a eles que, em boa medida, o sistema jurídico comunitário conseguiu alcançar inédito protagonismo no processo de construção europeia. Pelo que serão de afastar eventuais receios quanto à capacidade para a aplicação do Regulamento pelos órgãos que, no decurso do tempo, contribuíram decisivamente para a afirmação de uma União de Direito.

BIBLIOGRAFIA

CHRISTIANSEN, Thomas, "The European Commission: administration in turbulent times", in Richardson, Jeremy (edited by), *European Union. Power and policy-making*, Routledge, London, 2nd ed., 2001.

CRUZ VILAÇA, José Luís, "A Modernização da Aplicação das Regras Comunitárias de Concorrência Segundo a Comissão Europeia", *Boletim da Faculdade de Direito – Volume Comemorativo do 75.° Tomo*, Universidade de Coimbra, Coimbra, 2002.

EHLERMANN, Claus Dieter, "The Modernization of EC Antitrust Policy: A Legal and Cultural Revolution, *Common Market Law Review* 37 (2000).

GAUER, Céline, e outros, "Regulation 1/2003: a modernised application of EC competition rules", *Competition Policy Newsletter*, n.° 1, (2003).

KORAH, Valentine, *An Introductory Guide to EC Competition Law and Practice*, Hart Publishing, Oxford, 7th Edition, 2000.

MARENCO, Giuliano, "Consistent Application of EC Competition Law in a System of Parallel Competencies", *Conference on The Reform of European Competition Law,* (disponível em http://www.europa.eu.int/comm/competition/conferences/2000/freiburg/), Freiburg, 2000.

MÖSCHEL, Wernhard, "Guest Editorial: Change of Policy in European Competition Law?", *Common Market Law Review* 37 (2000).

PAULIS, Emil, "Latest Commission Thinking and Progress on the Modernisation of Regulation 17", in *European Competition Law: a new role for the Member States. Congress organized on 20th and 21th November by the European Association of Lawyers*, Bruylant, Bruxelles, 2001.

PITOFSKY, Robert, "The political content of antitrust", *University of Pennsylvania Law Review* 127 (1979).

TESAURO, Giuseppe, *Diritto Comunitario*, CEDAM, Padova, 1995.

VENIT, James S., "Brave New World: The Modernization and Decentralization of Enforcement Under Articles 81 and 82 of the EC Treaty", *Common Market Law Review* 40 (2003).

CAPÍTULO VIII

Contributos para um enquadramento da evolução das leis de defesa da concorrência em Portugal

JOÃO E. PINTO FERREIRA

NOTA PRÉVIA

Por razões profissionais acompanhei de perto, embora em posições distintas, a preparação dos estudos que deram origem às sucessivas leis de defesa da concorrência em Portugal:

- *quando da preparação do que viria a ser o Decreto-Lei n.° 422/83 desempenhava funções como director de serviços na Direcção-Geral do Comércio não Alimentar (que por fusão com a Direcção-Geral do Comércio Alimentar deu origem à Direcção--Geral de Concorrência e Preços) e pude acompanhar o espírito de transformação da intervenção da Direcção-Geral do controlo de preços para o acompanhamento do mercado;*
- *segui de muito perto a primeira revisão da legislação que coincidiu com o meu desempenho de funções como Director-Geral da Concorrência e Preços;*
- *acompanhei a segunda revisão na dupla qualidade de responsável de uma associação empresarial que por várias vezes teve ocasião de manifestar a sua perplexidade pela falta de capacidade de intervenção das autoridades em situações concretas existentes e também como interessado numa matéria a que tenho dedicado um estudo particular muito aprofundado.*

Penso por isso ter uma posição privilegiada para poder contribuir para uma visão da evolução das leis da concorrência em Portugal, agora que se atingiu o que se espera poder ser um ponto de estabilidade nestas leis. E se num trabalho anterior[1] *se apresentou a "história" que levou ao diploma de 1983, compila-se agora uma série de dados que a permitam actualizar desde então.*

História que não ficará por aqui. A evolução da vida económica encarregar-se-á, mais uma vez, de criar novas situações a que haverá que responder. O ponto a que se chegou com a revisão de 2003 dará no futuro lugar a outras soluções. Porque como recorda a Prof. Maria Manuel Leitão Marques citando Guilliano Amato, antigo primeiro-ministro italiano e presidente da respectiva autoridade de concorrência, o direito da concorrência não foi uma criação de economistas ou uma descoberta dos especialistas de direito comercial – foi uma resposta assumidamente política para um problema crucial da democracia: o do equilíbrio entre a liberdade da iniciativa privada e respectivos corolários com a necessidade do controlo do poder económico privado de modo a que este não constitua uma ameaça àquela liberdade.[2]

1. A Primeira Legislação Nacional de Concorrência

1.1. *Factores históricos condicionantes*

Portugal sempre teve uma estranha relação com a concorrência. Uma carga histórica que mergulha até ao corporativismo medieval, fortalecida na Idade Moderna e que perdura até à extinção das corporações, um período de liberalismo que não deixou raízes no espírito e nos hábitos das pessoas, um estado corporativo para quem a concorrência era obstáculo ao desenvolvimento económico e social e uma revolução política que manteve a intervenção do Estado na vida económica, fez com que no momento do pedido da adesão às Comunidades Europeias (1977) mercado e concorrência fossem conceitos algo estranhos e afastados da realidade da vida económica.

---

[1] SOBRAL, Maria do Rosário R. e FERREIRA, J. E. Pinto, *Da Livre Concorrência à Defesa da Concorrência – História e Conceitos Base da Legislação de Defesa da Concorrência*, Porto Editora, Porto, 1985, caps. 2 e 4.

[2] MARQUES, Maria Manuel Leitão, "Anti-trust: Uma nova época permissiva?" *in A Mão Visível – Mercado e Regulação*, Almedina, Coimbra, 2003, p. 43.

É por isso que quando na altura se falava em concorrência o conceito dominante que prevalecia era o da concorrência desleal, decorrente das leis da propriedade industrial e que visa fundamentalmente a protecção dos interesses dos concorrentes. A defesa da concorrência e do funcionamento do mercado como um interesse público era algo de estranho para quem vinha de um regime que promovia a formação e o desenvolvimento da economia nacional corporativa "visando que os seus elementos não tendam a estabelecer entre si concorrência desregrada e contrária aos justos objectivos da sociedade e deles próprios, mas a colaborar mutuamente como elementos da mesma colectividade"[3].

1.2. *O caminho até à primeira legislação nacional (Decreto-Lei n.° 422/83)*

O caminho até à publicação do Decreto-Lei n.° 422/83 foi marcado por uma série de avanços e recuos, por leis que nunca foram regulamentadas, pelo medo da competição, por tímidas aberturas mais suscitadas pela envolvente europeia do que pela crença do mercado como valor e, finalmente, como um imperativo face à adesão às Comunidades Europeias em 1985.[4] Assim a necessidade da lei nunca foi generalizadamente assumida e sentida por operadores económicos.

Aliás, o Decreto-Lei n.° 422/83 foi apenas um passo na construção de um sistema, ao mesmo tempo que outro se ia desmantelando: foi o fim de muitas regras corporativas e a transição dos regimes de preços marcadamente de intervenção estatal para regimes de preços de acompanhamento do mercado ou até para o regime de preços livres. Um processo de transformação legislativa que, curiosamente, nunca foi terminado: os sucessivos governos esqueceram-se (?!) de revogar os Decretos-Leis n.os 329-A/74, de 10 de Julho, e 75-Q/77, de 28 de Fevereiro,[5] e se hoje existe no

3 Constituição da República Portuguesa, 1933, artigo 34.°

4 Cfr. SOBRAL, Maria do Rosário e FERREIRA, J. E. Pinto, *op. cit.*

5 Pelo menos uma tentativa foi feita em 1990 pelo deputado do PSD A. José Motta Veiga que subscreveu o Projecto de Lei n.° 495/V relativo a preços e margens de comercialização dos bens e serviços vendidos no mercado interno e cujo artigo 1.° tinha a seguinte redacção: "Os preços e margens de comercialização dos bens e serviços vendidos no mercado interno são livremente determinados pelas regras de mercado e pela concorrência, salvo o disposto nos artigos seguintes." Cfr. *Diário da Assembleia da República*, II Série-A, 21.03.1990, pp. 1023/1024.

mercado uma generalização dos preços livres, eles não o são porque a lei assim o determina em princípio, mas porque os vários sectores de actividade económica foram retirados, um a um, da obrigação de preços declarados.

1.3. *O aparecimento de uma legislação nacional de controlo de concentrações*[6]

O Decreto-Lei n.° 422/83 ignorava as operações de concentrações. Nessa altura ainda não tinha sido publicado o respectivo regulamento comunitário, que sofreu um longo percurso de preparação entre a sua primeira apresentação ao Conselho, pelo Comissário Borschette em 1973, até à sua aprovação em 1989 já no mandato do Comissário Brittan. O regulamento foi o resultado de uma série de compromissos entre Estados-Membros com situações jurídicas, económicas e políticas muito diversas, em estados de desenvolvimento industrial muito desigual, alguns dispondo até de um sistema próprio de controlo de concentrações e cuja soberania ou domínio viam em perigo de perder para a Comissão.

A análise de partida que em Portugal se fez do projecto de regulamento envolveu três ordens de preocupações: a consciência de que ele serviria sobretudo para controlar o poder dos outros; o facto da sua correcta aplicação dever ter presente o objectivo da coesão económica e social; e finalmente salvaguardar a defesa do interesse nacional na gestão autónoma da tendência concentracional das empresas portuguesas.

É dentro desta última perspectiva que surge a legislação nacional. Vivia-se uma fase de reestruturação industrial e aproximava-se o momento em que, após a revisão constitucional, seria crucial atender à questão das reprivatizações. Para isso era necessário dotar o País de uma legislação que obrigasse à notificação das operações de concentração e que, pela sua existência, não deixasse um vazio legal abaixo do que viriam a ser os limiares comunitários.

O Decreto-Lei n.° 428/88 ao instituir o princípio da notificação prévia das operações de concentração não tem antecedentes em Portugal. Pelo

---

[6] As circunstâncias do aparecimento do Decreto-Lei n.° 428/88, de 19 de Novembro, constam nomeadamente de FERREIRA, J. Pinto, "Abordagem portuguesa da problemática das concentrações de empresas", *Boletim de Concorrência e Preços*, 3.ª série, n.° 6, Abr./Jun. 1991, pp.3/9.

contrário, a referência legal a concentrações de empresas era geralmente conotada com a necessidade de proceder a reorganizações industriais com carácter de obrigatoriedade[7] ou como motivo para a concessão de incentivos fiscais ou financeiros.[8] O diploma foi preparado durante o ano de 1988 (Ministro do Comércio e Turismo, Ferreira do Amaral) enquanto, sob as presidências alemã e grega, se discutia o projecto de regulamento comunitário. Nos seus pressupostos encontram-se a conveniência do acompanhamento do sentido global do regulamento, a situação de crescimento da economia portuguesa e o seu funcionamento concorrencial e a necessidade de completar o ordenamento jurídico nacional de defesa da concorrência com um mecanismo que permitisse a apreciação preventiva de operações de concentração de empresas verificando os seus previsíveis efeitos nocivos, evitando-se uma via repressiva geradora de instabilidade e incerteza.

2. A 1.ª Revisão da Legislação de Concorrência (1993)

2.1. *O que levou à revisão de 1993*[9]

O Decreto-Lei n.° 422/83 correspondeu, de um modo geral, aos objectivos que presidiram à sua publicação, mas o tempo permitiu constatar que carecia de ajustamentos que permitissem a sua melhor adaptação à nova ordem nacional e internacional e uma maior eficácia na prossecução dos seus objectivos.

De facto, houve nesses dez anos profundas alterações no funcionamento da economia nacional, nomeadamente no domínio da liberalização, da desregulamentação e da privatização de importantes áreas da actividade económica, determinando mudanças significativas na relação de forças entre os protagonistas do mercado.

Foi nesse período que se aderiu às Comunidades Europeias e se assumiram responsabilidades relativamente à política de concorrência comunitária, que havia sido entretanto profundamente reforçada, primeiro pelas

---

[7] Casos da Lei n.° 2005, de 14 de Maio de 1945 ou da Lei n.° 3/72, de 27 de Maio.

[8] Casos do Decreto-Lei n.° 194/80, de 19 de Junho, Decreto-Lei n.° 132/83, de 18 de Março, Decreto-Lei n.° 197-C/86, de 18 de Junho, Decreto-Lei n.° 251/86, de 25 de Agosto e Decreto-Lei n.° 181/87, de 18 de Abril.

[9] A base para este capítulo encontra-se em FERREIRA, J. Pinto, "Sobre a revisão da legislação portuguesa da concorrência", publicado no *Boletim de Concorrência e Preços*, 3.ª série, n.° 17, 1.° trimestre de 1994, pp. 6/12.

consequências do Acto Único Europeu e depois com a entrada em vigor do regulamento das concentrações. Os Tratados da União Europeia e da criação do Espaço Económico Europeu projectaram os princípios da concorrência para um primeiro plano;[10] e com a crescente globalização económica ia-se acentuando nos mais importantes *fora* internacionais a necessidade de harmonização das normas de defesa da concorrência e da sua importância como instrumento privilegiado da política económica.

2.2. *A evolução dos trabalhos da revisão*

A necessidade de revisão da legislação cedo se colocou. Em 1986 o Conselho da Concorrência apresentou uma proposta de alteração de algumas disposições do Decreto-Lei n.° 422/83 baseada na identificação de lacunas que, não abalando o fundo da disciplina da concorrência, prejudicavam a sua eficácia e útil execução, podendo o desgaste causado por esses vícios originar o descrédito da política e da legislação. Entre os problemas detectados incluíam-se:

- a inadequada publicidade das decisões do Conselho, com prejuízo para a divulgação das orientações estabelecidas junto dos agentes económicos;
- a suspensão da execução das decisões do Conselho pela interposição de recursos judiciais que podiam eternizar o comportamento ilícito, transformar o recurso judicial em expediente dilatório, impedir a gestão eficaz da política de concorrência e comprometer qualquer hipótese de atitude enérgica face a práticas que exigiam urgente erradicação;
- a flexibilização da aplicação de medidas preventivas;
- o tornar coerente o regime de recursos evitando que decisões complexas e de funda incidência económica tivessem de ser reapreciadas pelo Tribunal de Polícia, ou pelo Tribunal Cível de primeira instância, que não pareciam vocacionados para o tratamento de questões dessa índole e complexidade.[11]

---

[10] Ferreira, João E. Pinto, "Política de Concorrência" in Romão. A (org.), *Economia Europeia,* col. Económicas, Celta Editora, Oeiras, 2004, pp. 135/136.

[11] Conselho da Concorrência, *Relatório de Actividade – 1986*, Ed. Ministério do Comércio e Turismo, pp. 8/9.

Em 1988, e na sequência de uma reunião com o Ministro Ferreira do Amaral, em que este manifestou a necessidade de aumentar a eficácia da aplicação da legislação, o Conselho da Concorrência submeteu-lhe um projecto de alteração do Decreto-Lei n.° 422/83, em que propôs:

- aumentar o período de validade das decisões que ordenam a suspensão de práticas restritivas, tendo em conta a duração normal da instrução dos processos;
- instituir como instâncias de recurso o Tribunal da Relação de Lisboa e o Supremo Tribunal de Justiça, solução mais adequada à natureza técnica e colectiva do órgão recorrido, à complexidade dos elementos em apreciação e à conveniência em promover a uniformidade da jurisprudência;
- atribuir efeito meramente devolutivo aos recursos judiciais, em especial no que respeita às decisões do Conselho que implicavam a obrigação de suspender práticas restritivas, mantendo o efeito suspensivo dos recursos no tocante à aplicação de coimas.[12]

Um aspecto particular a que a legislação não respondia dizia respeito à venda com prejuízo, que como prática individual não estava prevista no Decreto-Lei n.° 422/83. A prática de preços muito baixos por parte de grandes superfícies começava a levantar a necessidade de disposições legais para o seu combate, até como medida para manter o equilíbrio com outras formas de comércio que não tinham capacidade de o fazer; por outro lado, o emergir de uma economia centrada na procura, permite constatar as dificuldades de aplicação da figura do abuso de posição dominante nestas circunstâncias.

Analisaram-se experiências de outros países e, em Novembro de 1990, no III Congresso do Comércio e Serviços, o Primeiro-Ministro e o Ministro do Comércio e Turismo anunciaram a revisão da lei da concorrência, desde logo com a opção política de nela introduzir as figuras da venda com prejuízo e do abuso do estado de dependência económica. Segundo Cavaco Silva, a actuação do Governo visava "defender os mais fracos de abusos eventualmente praticados por quem disponha de um domínio no mercado e penalizando práticas que limitam a normal actuação dos agentes económicos. Para tornar mais eficaz esta defesa da con-

---

[12] CONSELHO DA CONCORRÊNCIA, *Relatório de Actividade – 1988*, Ed. Ministério do Comércio e Turismo, p. 11.

corrência e alargar o seu âmbito, encontram-se actualmente em estudo alterações à legislação vigente, em particular quanto à regulamentação das vendas com prejuízo e ao abuso do estado de dependência económica, permitindo assim combater práticas menos correctas que se não enquadram na figura do abuso de posição dominante."[13] O Ministro Faria de Oliveira explicitou estas opções esclarecendo que estava em estudo a hipótese de contemplar normativamente "figuras como a do 'abuso do poderio de compra' (em que o potencial financeiro do adquirente produz o esmagamento dos preços e das margens do produtor, não raro o conduzindo à falência) ou a da 'prática de preços predatórios' (que mais não é do que a baixa brutal dos preços de venda, amiúde para níveis inferiores aos dos custos, de maneira a 'convencer' os concorrentes a abandonar o circuito e, assim, conseguir o domínio do mercado)".[14]

A revisão que então se ensaiava, e na qual colaborou o Conselho da Concorrência,[15] era meramente formal, para além dessas duas questões e de modificações no sistema de recursos e no montante das coimas. No 2.° trimestre de 1991 a Direcção-Geral entregou o projecto de revisão ao Governo sendo depois ouvidos os parceiros sociais[16] mas, entretanto, o aproximar do fim da legislatura fez abrandar o ritmo dos trabalhos. Note-se que nesta fase se tratava apenas de rever o Decreto-Lei n.° 422/83, pensando-se na revisão do Decreto-Lei n.° 428/88 para mais tarde.

Após as eleições de 1991, o Programa do XII Governo Constitucional formulava a intenção de rever a legislação de defesa da concorrência nos seguintes termos: "actualizar o quadro jurídico nacional, tendo como objectivo o reforço das suas finalidades essenciais, designadamente a salvaguarda dos interesses dos consumidores, a garantia da liberdade de acesso ao mercado e, de um modo mais geral, a manuten-

---

[13] SILVA, Aníbal Cavaco, Discurso no encerramento do III Congresso do Comércio e Serviços, *Boletim de Concorrência e Preços*, 3.ª série, n.° 5, Jan./Mar. 1991, p. 76.

[14] OLIVEIRA, Fernando Faria de, Discurso no III Congresso do Comércio e Serviços, *Boletim de Concorrência e Preços,* 3.ª série, n.° 5, Jan./Mar. 1991, p. 79.

[15] O Conselho refere no seu relatório de 1990 que "na sequência de excelente espírito de colaboração e dos contactos havidos com a Direcção-Geral de Concorrência e Preços, houve oportunidade de transmitir e debater com esta entidade as grandes linhas de orientação que, no entender deste Conselho, devem presidir a uma eventual reformulação do Decreto-Lei n.° 422/83".

[16] "Revisão da Lei de Defesa da Concorrência", *Boletim de Concorrência e Preços*, 3.ª série, n.° 7, Jul./Set. 1991, p. 96.

ção de condições conducentes à realização dos objectivos gerais de desenvolvimento económico e social e de potenciação da capacidade competitiva dos agentes económicos".

Neste Governo manteve-se Faria de Oliveira como Ministro do Comércio e Turismo, mas para Secretária de Estado foi nomeada Teresa Ricou que, como Directora-Geral da Concorrência e Preços entre 1987 e 1989, estivera envolvida nos primeiros trabalhos de revisão legislativa.

Ainda em 1992, num documento citado no respectivo relatório de actividades, a Direcção-Geral explicitou como eixos da revisão da legislação a previsão de novas figuras de práticas restritivas, o alargamento do âmbito de aplicação, seguindo as tendências europeias de não haver actividades excepcionadas das regras de concorrência, a procura de maior eficácia na legislação pela alteração do regime de recursos; tornar a legislação mais dissuasora, através do agravamento das coimas e a adaptação do regime de notificação das operações de concentração aos princípios do regulamento comunitário.[17]

A questão da introdução da figura da venda com prejuízo na lei estava perfeitamente consensualizada, e a imprensa deu-lhe relevo. Teresa Ricou justificava-o, também, para acabar com a discriminação entre grossistas e retalhistas, na medida em que "pela lei actualmente em vigor os grossistas poderiam praticar preços abaixo do custo, o que não é, no entanto, permitido ao retalhista".[18] Pretendia-se, assim, evitar a desigualdade de tratamento legal entre vendas por retalhistas e por grossistas, na medida em que uma legislação sobre práticas de leal comércio – o Decreto-Lei n.° 253/86, de 25 de Agosto – havia previsto sanções para as vendas com prejuízo praticadas por retalhistas a consumidores finais.

A inclusão na lei das chamadas práticas comerciais restritivas era uma das questões mais discutidas e dividia os intervenientes no processo entre defensores intransigentes daquela inclusão e os que defendiam a sua deslocação para outro âmbito. Depois de uma versão que sublinhava essa diferença atribuindo as primeiras (porque de simples verificação da infracção e aplicação da respectiva coima) para decisão do Director-Geral e deixando as outras para decisão do Conselho da Concorrência, foi o Secretá-

---

[17] Direcção-Geral de Concorrencia e Preços, *Relatório de Actividades – Ano de 1992*, p. 8.

[18] "Governo joga no preço certo", *Valor*, 10.01.1992, pp.10/14.

rio de Estado Luís Palha (que tomou posse em 09.06.1992) que adoptou algumas orientações de fundo que marcariam o novo diploma:

- a decisão de revisão conjunta dos Decretos-Leis n.° 422/83 e 428/88 no sentido de fazer uma lei-quadro da defesa e promoção da concorrência;
- deslocar o capítulo das práticas individuais para diploma separado.

A preparação do diploma foi feita através de discussão muito ampla entre todos os interessados e, no final, o Conselho da Concorrência congratulou-se com a fusão num único diploma das disposições que integravam o acervo da disciplina da concorrência, com o abandono da disciplina das práticas individuais e com a introdução do abuso de dependência económica.[19]

2.3. *A autorização legislativa para a revisão*

A Proposta de Lei n.° 42/VI, que autorizava o Governo a legislar em matéria de defesa da concorrência, foi apresentada na Assembleia da República em 13.01.1993 pelo Ministro Faria de Oliveira, que nela identificou quatro orientações fundamentais:

- de **ordem material**: a harmonização com o regime comunitário e a legislação dos países comunitários;
- de **ordem formal**: a sistematização e uniformização de regimes dispersos, criando uma lei-quadro;
- de **ordem processual**: definição clara das competências da Direcção-Geral e do Conselho da Concorrência, identificação precisa dos principais elementos requeridos na instrução de processos e reforço da eficácia dos poderes de fiscalização da autoridade administrativa responsável;
- de **ordem sancionatória**: agravamento do montante das coimas.[20]

---

[19] Conselho da Concorrência, "Parecer n.° 1/93 – Projecto de lei de defesa da concorrência (versão de 9 de Janeiro de 1993)" *in Relatório de Actividade – 1993*, ed. Ministério do Comércio e Turismo, pp. 129/135.

[20] *Diário da Assembleia da República*, I série, n.° 28, 13.01.1993, pp.1011/1020, também transcrito no *Boletim de Concorrência e Preços*, 3.ª série, n.° 15, Jul./Set. 1993, pp. 15/28.

O debate mostrou existir um clima de consenso relativo à nova legislação, sendo a autorização legislativa aprovada com os votos a favor do PSD, abstenções do PS e do CDS e votos contra do PCP e de um deputado independente, comprometendo-se o Governo a apresentar em sede de Comissão de Economia e Finanças o texto final a publicar com base na autorização.

A Lei n.° 9/93, de 12 de Março, autorizava o Governo a, no prazo de 180 dias, legislar em matéria de defesa da concorrência, de forma a adequar as normas existentes às novas realidades do mercado, reforçar a sua eficácia e a estabelecer um adequado regime sancionatório. Serviu de base ao Decreto-Lei n.° 371/93, de 29 de Outubro.

2.4. *Aspectos essenciais da revisão de 1993*

Apresentada como lei-quadro da defesa e promoção da concorrência a legislação de 1993 foi mais abrangente do que a anterior. Baseava-se no tripé "comportamentos/estruturas/intervenção do Estado", separava o essencial do acessório (as práticas individuais passaram para diploma autónomo), ganhava contornos de transversalidade à actividade económica (tinha como única excepção as instituições de crédito, sociedades financeiras e empresas de seguros e só no que se refere ao controlo de concentrações), introduzia a figura do abuso do estado de dependência económica, seguindo o exemplo das leis francesa e alemã e, no domínio das concentrações, introduzia um regime muito próximo das regras comunitárias. No que se referia a questões adjectivas, praticamente nada alterava.

Foram, ainda, introduzidas as seguintes alterações:

- Retirada do conteúdo programático do corpo da legislação e diferente ordenação dos seus objectivos;
- Clarificação da ligação da lei aos princípios da Constituição;
- Reforço das competências dos órgãos aplicadores;
- Alteração do sistema de recursos das decisões do Conselho da Concorrência;
- Alargamento das possibilidades de aplicação de medidas cautelares e dos respectivos prazos;
- Elevação do montante das coimas, e alargamento das situações em que poderão ser aplicáveis;
- Exclusão da proibição da recomendação de preços;

• Aplicabilidade da noção de abuso de posição dominante a uma parte substancial do mercado nacional;

• Generalização do critério do balanço económico como justificação de operações de concentração;

• Desaparecimento da possibilidade de portarias de isenção por ramos de actividade ou categorias;

• Introdução de regras relativas a ajudas de Estado.

2.5. *Perspectiva do Governo em matéria de concorrência*

Em 1993, o Secretário de Estado da Distribuição e Concorrência discursou numa reunião da Secção de Indústria do Conselho Económico e Social das Comunidades Europeias, realizada em Matosinhos, que tinha na agenda a aprovação do parecer acerca do XXII Relatório sobre Política de Concorrência. O Decreto-Lei n.° 371/93 fora publicado cinco dias antes e a intervenção de Luís Palha versou precisamente sobre a perspectiva do Governo Português em matéria de política de concorrência.

Para o Secretário de Estado "estão praticamente ultrapassados os resquícios do proteccionismo/intervencionismo do Estado/corporativismo que durante muito tempo foram comuns na vida económica portuguesa". Depois de recordar a integração nas Comunidades Europeias, Luís Palha recordou a importância de uma política de concorrência europeia vigorosa e objectiva como instrumento essencial à não criação de fronteiras de índole privada no grande mercado interno e à crescente interpenetração de economias. O Decreto-Lei n.° 371/93 foi apresentado como "um quadro claro, coerente, preciso e rigoroso, penalizando mais incisivamente os comportamentos anticoncorrenciais e acentuando o papel da prevenção, formando e informando empresários, consumidores e público em geral".

Refira-se que entre 09.06.1992 e 07.12.1003 Luís Palha foi Secretário de Estado da Distribuição e Concorrência, sendo essa a única vez em que o termo "concorrência" fez parte da designação de uma pasta governamental: normalmente as questões de concorrência dependiam da área governamental do comércio interno (talvez as suas características de maior horizontalidade o justificassem).

Neste período foi também publicado o Decreto-Lei n.° 258/92, de 20 de Novembro, que estabeleceu normas relativas ao processo de implantação das grandes superfícies comerciais, transferindo da Direcção-Geral do Comércio Interno para a Direcção-Geral de Concorrência e Preços a instrução dos respectivos processos e tentando implementar um sistema, não de licenciamento ou condicionamento, mas de "averiguação de vários impactos, entre eles o impacto concorrencial perante o comércio já estabelecido".[21] Este foi também um período claro de afirmação dos valores da concorrência numa perspectiva intragovernamental, perante outros ministérios.

3. A 2.ª Revisão da Legislação de Concorrência (2003)

3.1. *Enquadramento*

Na segunda metade dos anos noventa ao fazer um ponto de situação sobre a aplicação do Decreto-Lei n.° 371/93, as suas debilidades e o sentido necessário de uma eventual revisão, facilmente se encontrariam alguns pontos pacíficos, quer no que respeita ao ambiente para a concorrência, quer no que respeita à legislação.

O ambiente económico continuava a ser marcado por uma cultura e mentalidade não suficientemente abertas ao mercado, a que acresce o facto de sucessivos governos nunca terem assumido a concorrência como política de corpo inteiro. Os remédios para a situação passavam pela integração da política de concorrência no arsenal das políticas horizontais disponíveis e pela criação de nova autoridade, desgovernamentalizada, que abrangesse todos os sectores da actividade económica, e a quem fossem dadas condições de independência e de estatuto pelo menos ao mesmo nível das mais independentes entidades reguladoras existentes. Só assim se poderia ter uma infra-estrutura de qualidade, com postura atenta e vigilante, que funcionasse oportuna e celeremente, que fosse respeitada e clara na execução da política e que recolocasse confiança no sistema.

Quanto à legislação, era considerada de uma forma geral correcta do ponto de vista substantivo, onde careceria apenas de algum *fine tuning*,[22] mas tinha inúmeras deficiências do ponto de vista adjectivo, onde seria

---

[21] SILVA, Luís Palha da, "Perspectiva do Governo Português em matéria de política de concorrência", *Boletim de Concorrência e Preços*, 3.ª série, n.° 17, 1.° trimestre 1994, pp. 3/5.

[22] Expressão usada por exemplo por Pedro Pita Barros e José Mata em "Competition Policy in Portugal" in *Competition Policies in Europe* (ed. S. MARTIN), North Holland Elsevier, 1998.

necessário procurar a operacionalização, dignificação e eficiência das respectivas autoridades, resolver a questão dos recursos judiciais e criar sanções desincentivadoras das práticas.

3.2. *A situação das entidades de tutela da defesa da concorrência*

A tutela da defesa da concorrência em Portugal dividia-se, fundamentalmente, entre a Direcção-Geral do Comércio e da Concorrência e o Conselho da Concorrência; ao Ministro da Economia e aos Tribunais de Comércio cabiam também funções no âmbito das decisões de operações de concentração e na apreciação de recursos de decisões do Conselho, respectivamente.

A Direcção-Geral do Comércio e da Concorrência foi criada pelo XIII Governo Constitucional, através do Decreto-Lei n.° 222/96, sendo Ministro da Economia Augusto Mateus e Secretário de Estado do Comércio e Turismo Jaime Andréz. A ideia de fundir num mesmo organismo as anteriores Direcção-Geral do Comércio e Direcção-Geral da Concorrência e Preços, embora justificada por questões de racionalidade, não poderia, objectivamente, augurar melhoria no exercício das funções atribuídas à Direcção-Geral no campo da concorrência. Foi misturar no mesmo organismo funções de carácter horizontal – típicas de uma autoridade de concorrência – com funções de carácter sectorial de tutela do comércio, que passavam pela concessão de autorizações para abertura de unidades comerciais de dimensão relevante – típicas de uma regulação sectorial – e da concessão de auxílios ao abrigo de programas de incentivo ao comércio – típicas de uma política industrial. Mas foi, sobretudo, um sinal do não reconhecimento político da importância que a concorrência – e a eficácia da aplicação da respectiva legislação – poderia ter na economia nacional.

A Direcção-Geral do Comércio e da Concorrência herdou da Direcção-Geral de Concorrência e Preços uma organização experiente, que no passado havia feito a transição da "intervenção em preços" para o funcionamento da economia de mercado e dispondo de um conjunto de técnicos bem preparados e competentes, mas profundamente desmotivados por, ao longo dos anos, terem sentido que a diferença que constituíam da administração pública em geral, nunca tinha sido devidamente reconhecida no seu estatuto.

Quanto ao Conselho da Concorrência, o seu estatuto nunca havia sido alterado desde 1983, com excepção do aumento do número de vogais de

4 para 6, ocorrida na revisão da 1993. Os seus membros não desempenhavam funções em dedicação exclusiva, o respectivo estatuto remuneratório não era compatível com a importância dos casos apreciados, o Conselho não dispunha de meios de investigação próprios e, embora presidido por um juiz conselheiro ou magistrado superior do ministério público, via as suas decisões serem apreciadas em recurso por um tribunal de primeira instância.

3.3. *A menorização da política da concorrência*

A transformação da Direcção-Geral da Concorrência e Preços em Direcção-Geral do Comércio e da Concorrência deu, assim, um sinal claro da secundarização em termos políticos da concorrência face a outras políticas. Aliás, para os responsáveis pela política económica do XIII Governo Constitucional o discurso da concorrência referia-se muito mais às práticas comerciais restritivas e ao controlo do acesso ao mercado da distribuição, áreas em que fez publicar alterações legislativas com algum significado:

- o Decreto-Lei n.° 140/98 fez regressar à Direcção-Geral a instrução de processos de práticas comerciais restritivas que o Decreto-Lei n.° 370/93 atribuíra à Inspecção-Geral das Actividades Económicas; ao mesmo tempo, introduziu modificações na figura da venda com prejuízo e aditou uma nova figura – a prática negocial abusiva – que passou a constituir o artigo 4.°-A do diploma;
- o Decreto-Lei n.° 218/97 criou o conceito de unidade comercial de dimensão relevante, substituindo a anterior lei das grandes superfícies comerciais (Decreto-Lei n.° 258/92).

Os documentos programáticos desse Governo eram extremamente parcos em referências à concorrência. No Programa do Governo falava-se timidamente na "criação de um enquadramento legislativo rigoroso e eficaz, nomeadamente no que concerne ao respeito pelas regras de concorrência"[23] enfatizando a importância da problemática do comércio e do controlo da abertura de grandes superfícies.

---

[23] "Programa do XIII Governo Constitucional", *Diário da Assembleia da República*, VII Legislatura, II Série-A, n.° 2, 08.11.1995, p.26-(42).

A única referência de fundo relacionada com política de concorrência encontrava-se no Acordo de Concertação Estratégica, celebrado em 1996, entre o Governo e os parceiros sociais. Este acordo enunciava, entre as suas mais de 300 medidas, a "promoção de um clima económico de efectiva e leal concorrência onde os operadores nacionais encontrem condições mais equilibradas para se adaptarem à rápida abertura competitiva dos mercados" e, ainda, "a adopção de medidas e iniciativas legislativas necessárias para eliminar e corrigir práticas discriminatórias, restritivas, de abuso ou outras, que distorçam a concorrência ou configurem formas de concorrência desleal, incluindo o combate ao trabalho ilegal e práticas ilícitas de venda, e para garantir a melhoria das relações entre indústria e a distribuição, impedindo, designadamente, situações estruturais de desequilíbrio negocial".[24]

No início de 1998, o Subdirector-Geral do Comércio e da Concorrência, Azeem Bangy, reconhecia a necessidade de introduzir na legislação alguns ajustamentos apontando, nomeadamente, as seguintes questões:

- dispositivo que isente da aplicação da legislação de concorrência os "acordos de pequena importância";
- compatibilizar a legislação com as alterações introduzidas em 1998, no dispositivo comunitário do controlo das concentrações;
- assegurar uma intervenção mais eficaz no controlo dos auxílios de Estado;
- garantir as condições indispensáveis ao funcionamento dos mecanismos de mercado nos sectores abertos à concorrência, ou, em fase de liberalização.[25]

Em Julho de 1998, intervindo na Conferência "A política de concorrência e as PME's", o Ministro da Economia Pina Moura considerava necessário "proceder a ajustamentos que terão por objectivo torná-la mais adaptada à realidade económica nacional, conferindo-lhe uma indispensável maior flexibilidade e eficácia na sua aplicação".[26]

---

[24] Conselho Económico e Social, *Acordo de Concertação Estratégica 1996-1999*, Ed. Conselho Económico e Social, Série Estudos e Documentos, Lisboa, 1996, p. 68 e p. 82.

[25] Bangy, Azeem R., "Legislação da concorrência: Que revisão?", *Comércio e Concorrência*, n.° 1, Mar. 1998, pp. 31/34.

[26] Moura, Joaquim Pina, "PME e Política de Concorrência", *Comércio e Concorrência*, n.° 2, Dez. 1998, pp. 5/10.

3.4. *Os operadores económicos e a concorrência*

A aprovação em França, em 1996, da lei Galland sobre a lealdade e o equilíbrio das relações comerciais, bem como a expectativa criada pela promessa contida no Acordo de Concertação Estratégica, fizeram emergir o interesse de várias associações empresariais na revisão da legislação de defesa da concorrência. A CENTROMARCA, por exemplo, entregou em 1997 ao Ministro da Economia um projecto com propostas para a revisão da lei onde se advogava a solução de uma Autoridade da Concorrência com carácter independente, constituída por cinco membros, a quem caberia a investigação, instrução e decisão de casos e que deveria ser, obrigatoriamente, consultada pelo Governo em todo o projecto de diploma que tivesse por finalidade restringir o acesso a um mercado ou o exercício de uma profissão, conceder direitos especiais ou exclusivos ou impor práticas uniformes em matéria de preços e condições de venda. Para além do reforço das coimas e de propor o recurso das decisões da Autoridade em matéria de comportamentos para o Tribunal da Relação, este projecto propunha ainda:

- Redução dos limites quantitativos das presunções de posição dominante, em caso de afectação sensível no acesso ao mercado dos operadores económicos afectados;
- Lista exemplificativa das situações consideradas de abuso do estado de dependência económica e explicitação da noção de "não dispor de alternativa equivalente";
- Transparência na tramitação do procedimento de instrução de concentrações, possibilitando a terceiros interessados pronunciarem-se sobre a operação;
- Autorizações de concentrações baseadas no "balanço económico" pela Autoridade de Concorrência; autorizações com base no reforço da "competitividade internacional das empresas nacionais", ou da "coesão económica e social", reservadas ao Ministro da Economia e ao Ministro de tutela da actividade económica.

Entretanto, o caso BCSH/Champalimaud veio demonstrar as debilidades da legislação nacional, ao evidenciar que enquanto a nível comunitário as autoridades de concorrência tinham uma palavra a dizer sobre a operação, em Portugal o caso era tratado no domínio estrito das entidades reguladoras do sector financeiro.

A prática das autoridades veio evidenciar em Portugal uma das principais críticas feitas às políticas *antitrust* noutros países: o seu carácter reactivo muito tardio, fazendo emergir o desfasamento entre os *timings* dos juristas e das administrações e a economia real em que vivem as empresas. Por isso, as autoridades de concorrência insistem na acção preventiva cientes de que quanto maior for essa capacidade interventiva, maior será o poder dissuasor da lei. Em Portugal, isso nunca havia sido feito: nos primeiros tempos da Direcção-Geral a intervenção em preços ocupava muitos meios e quando essa intervenção tinha praticamente terminado, as restrições na admissão de pessoal, a falta de uma política de estabilização e de formação de recursos humanos e a diversificação para novas actividades vieram distrair do essencial. A Direcção-Geral funcionou assim, quase em exclusivo, em resposta a queixas de terceiros e o tempo demorado na instrução de processos foi sensível. Em 1999, no II Congresso da Indústria, apresentaram-se resultados de uma análise sobre a duração dos processos decididos pelo Conselho, desde a sua abertura pela Direcção-Geral, concluindo-se existirem variações entre 8 e 50 meses, sendo o valor médio de 26,3 meses.[27]

A necessidade de revisão da legislação foi então assumida também pela CIP-Confederação da Indústria Portuguesa, que a passou a incluir no seu diálogo com o Governo, e que em 2000 entregou ao Ministro das Finanças e da Economia um projecto de diploma relativo ao regime geral de defesa da concorrência e às práticas comerciais desleais, dando assim o seu contributo para a discussão sobre as alterações a introduzir na legislação.[28] Os principais pontos deste projecto, no domínio da defesa da concorrência, eram:

- Criação da Entidade Reguladora da Concorrência, entidade pública totalmente independente;
- Separação absoluta das competências da Entidade Reguladora da Concorrência das da Direcção-Geral do Comércio e da Concorrência e da Inspecção-Geral das Actividades Económicas;
- Sujeição das empresas públicas, e das empresas gestoras de serviços públicos, às regras de concorrência;
- Agravamento do regime de sanções, nomeadamente pelo reforço das coimas aplicáveis.

---

[27] FERREIRA, J. Pinto, "Defesa da Concorrência – Haverá uma política de concorrência em Portugal?", intervenção no II Congresso da Indústria, Europarque, Santa Maria da Feira, 02.07.1999.

[28] LIMA, Pedro, "Criação de entidade reguladora é uma das propostas – CIP entrega projecto para a área da concorrência", *Jornal de Negócios*, 06.07.2000.

3.5. ***Opiniões sobre o sistema***

Era crescente o clima de insatisfação sobre a actuação das entidades encarregadas da aplicação da legislação de concorrência. Os meios jurídicos olhavam para a prática das entidades aplicadoras com reserva, existindo decisões de concentrações que levantavam perplexidades. Por exemplo, o parecer do Conselho da Concorrência no caso Petrogal/Tanquisado foi analisado numa mesa redonda organizada pelo Conselho Económico e Social por Mário Marques Mendes que o considerou como "o mais recente exemplo de uma abordagem preocupante na matéria em apreço".[29]

O resultado de tudo isto culminou com a opinião da *Global Competition Review.* Na apreciação que fez, em 2000, sobre as autoridades de concorrência em todo o mundo, classificou as autoridades portuguesas no nível 1, numa escala de 1 (pior) a 5 (melhor). Dos seis itens objecto de avaliação (gestão de processos de concentrações, gestão de outros processos, competência técnica, procedimentos, independência e liderança) as pontuações da Direcção-Geral foram todas insatisfatórias, excepto na sua capacidade de manter a segurança da informação, sendo particularmente críticas as pontuações referentes à gestão de outros processos e à independência; a pontuação mais elevada no caso do Conselho da Concorrência foi na competência técnica, em que teve valor médio.[30]

As opiniões expressas sobre a situação portuguesa eram convergentes na análise. Para Pita Barros e José Mata, o pequeno número de práticas restritivas levadas ao Conselho indicava que o sistema não era levado a sério e que existia falta de confiança na aplicação da lei.[31] Para Nogueira Leite, o problema residia na suspeição que decisores e agentes económicos atribuíam ao funcionamento livre do mercado enquanto forma ideal de afectação de recursos.[32] Pita Barros apontava ainda a estrutura demasiado governamentalizada, em que a aplicação da legislação foi subalternizada

---

[29] CONSELHO ECONÓMICO E SOCIAL, *Mesa Redonda "A Concorrência e os Consumidores"*, Ed. Conselho Económico e Social, Série Estudos e Documentos, Lisboa, 2001, pp. 78/80.

[30] http://www.global-competition.com/rating/rating.htm#Portugal (visita em 09.06.2000)

[31] BARROS, Pedro Pita e MATA, José, "Competition Policy in Portugal" in *Competition Policies in Europe* (ed. S. MARTIN), North Holland Elsevier, 1998.

[32] LEITE, A. Nogueira, "Política de Concorrência. Suas razões e prática em Portugal", *Economia & Prospectiva*, vol. II, n.os 3/4, Out. 98/Mar.99.

face a outras políticas industriais.[33] Eduardo Catroga sublinhava a incongruência de, num mercado único, práticas idênticas poderem ser tratadas com diferentes escalas de rigor e eficácia pelos vários Estados-Membros.[34] Paulo Pinho recordava que, embora membros da União Europeia, a nossa mentalidade pouco ou nada mudou e os atropelos às mais elementares regras de concorrência sucediam-se em catadupa.[35]

3.6. *O papel do XIV Governo Constitucional*

O Ministro da Economia do XIII Governo Constitucional, Pina Moura, teve consciência das debilidades existentes e numa entrevista de final de mandato, publicada sob a epígrafe "Só falhei na concorrência", declara que "onde ficámos aquém foi talvez no enquadramento, tanto legislativo como operacional, da política de concorrência. Este é um domínio onde é preciso fazer progressos."[36]

Na verdade, no programa do XIV Governo Constitucional já se reconhecia que devia ser privilegiada uma acção com o triplo objectivo de assegurar o normal funcionamento dos mercados, prevenir e sancionar a prática de acções que distorçam as regras do mercado e preparar a Administração, particularmente o sistema judicial, para julgar casos de concorrência, melhorando a qualidade e a celeridade das decisões neste domínio e que o Governo se comprometia a fazer uma revisão da legislação sobre os seus aspectos adjectivos.[37]

No decorrer das Jornadas da Concorrência, que se realizaram em Lisboa em 2000, e que integraram o 1.° Dia Europeu da Concorrência, quer o Ministro da Economia quer o Secretário de Estado do Comércio (Pina Moura/Osvaldo de Castro) prometeram a revisão da legislação, adiantando Osvaldo de Castro que a reforma passava pela criação de uma Autoridade Nacional de Defesa da Concorrência, a qual "deverá vir a assumir as atri-

---

[33] Barros, Pedro Pita, "Descentralização da aplicação do direito comunitário da concorrência", Seminário Modernização do Direito Comunitário da Concorrência, Forum Picoas, 08.06.2000.

[34] Catroga, Eduardo, "Desgovernamentalizar a política de concorrência", *Diário Económico*, 25.07.2000.

[35] Pinho, Paulo Soares de, "Cadê os outros?", *O Independente*, 28.07.2000.

[36] "Concorrência foi a nódoa negra", *Semanário*, 17.Set.1999.

[37] Programa do XIV Governo Constitucional (cap. IV, D, 3); *in* http://www.primeiro-ministro.gov.pt/g2-programa.htm (visita efectuada em 09.11.1999).

buições e competências neste momento deferidas aos actuais órgãos de defesa e controlo da concorrência".[38]

3.7. *A modernização das regras de aplicação dos artigos 81.° e 82.° do TCE e os "recados" do Conselho Europeu*

Outro factor decisivo no caminho para a revisão da lei foi a publicação do "Livro Branco sobre a Modernização das Regras de Aplicação dos artigos 85.° e 86.°"[39], onde a Comissão Europeia apresentou as suas reflexões sobre o sistema de concorrência para o século XXI. Tratava-se, fundamentalmente, da substituição do Regulamento n.° 17, adoptado em 1962, permitindo que as autoridades nacionais apliquem as isenções previstas no n.° 3 do artigo 81.° do Tratado da Comunidade Europeia (TCE).

A eficiência deste regime exigiria que as Autoridades nacionais se constituíssem numa rede de cooperação horizontal, aprofundando o relacionamento entre si, reforçando a cooperação vertical com a Comissão e atenuando, no possível, as diferenças existentes entre as 15 Autoridades Nacionais ao nível do peso institucional, das competências ou da dotação de recursos financeiros e humanos. Esta aproximação "exigirá inelutavelmente que os Estados-Membros onde as autoridades de concorrência carecem de maior autonomia e recursos levem a cabo medidas tendentes a instituir autoridades verdadeiramente independentes e a reforçar a sua dotação de recursos humanos e financeiros". A urgência deste processo em Portugal foi reiterada pela OCDE nos seus *Études Economiques de l'OCDE – Portugal (1999),* ao considerar que "*il faudrait que l'autorité de la concurrence soit plus active et plus independente*".[40]

Daqui decorria a necessidade de autoridades nacionais fortes, com:

- **capacidade** para receber e dar seguimento ao fluxo de casos vindos de Bruxelas, e que se juntam aos resultantes da aplicação da lei nacional;

---

[38] CASTRO, Osvaldo de, Seminário Modernização do Direito Comunitário da Concorrência, Forum Picoas-Lisboa, 8 de Junho de 2000.

[39] *Jornal Oficial das Comunidades Europeias*, C 132, 12.05.1999, pp. 1/33.

[40] FERREIRA, Helena Cardoso, "Livro Branco Modernização do Direito Comunitário da Concorrência", *Comércio e Concorrência*, n.° 5, Jun. 2000, pp. 17/30.

• da sua actuação não resultem situações de **discriminação** entre empresas, conforme se situem em Estados com ou sem tradição de aplicação da política de concorrência;

• lucidez para evitar a eventual **fragmentação** da política comunitária de concorrência em tantas políticas nacionais quantos os Estados-Membros.[41]

Em consonância com o Livro Branco, a Recomendação com as orientações gerais de política económica para 1999 apelava aos Estados-Membros para um acompanhamento e aplicação rigorosos da legislação da concorrência e, no caso concreto de Portugal, a necessidade de executar a reforma da lei da concorrência quanto antes.[42] No ano seguinte, o Conselho Europeu voltou a insistir na mesma tónica referindo a necessidade dos vários Estados-Membros assegurarem a independência das autoridades de concorrência, de lhes conferirem poderes para a aplicação dos artigos 81.° e 82.° do TCE, por meio de instrumentos eficazes e transparentes e de reduzir o nível dos auxílios estatais, melhorar o respectivo controlo e a avaliação da sua eficácia. Relativamente a Portugal, o Conselho recomendava "a redução dos auxílios estatais e a tomada de medidas no sentido de aproximar a legislação portuguesa de concorrência da legislação da UE e o reforço da independência das autoridades em matéria de concorrência".[43]

3.8. *A intervenção do Presidente da República e as propostas do Conselho Económico e Social*

No início de 2001 a problemática da concorrência atingiu o primeiro plano das preocupações dos mais altos responsáveis do País, a ponto do Presidente da República, Jorge Sampaio, no discurso da sua tomada de posse ter referido dentro do conjunto de desafios ao crescimento econó-

---

[41] FERREIRA, J. Pinto, "Que política de concorrência vamos ter?", *Indústria*, n.° 25, Mar./Abr. 2000, pp.26/29.

[42] COMMISSION EUROPÉENNE, *Recommendation de la Comission concernant les Grands Orientations des Politiques Économiques des États membres et de la Communauté*, doc. COM(1999) 143 final, 30.03.1999; press release IP/99/204, de 30.03.1999.

[43] Recomendação do Conselho de 19.06.2000 sobre as orientações gerais das políticas económicas dos Estados-Membros e da Comunidade (2000/517/CE), JO L 210, 21.08.2000.

mico, o "desenvolvimento de uma política mais eficaz de defesa da concorrência no mercado interno".[44]

Em 2001, o Conselho Económico e Social (CES) organizou uma mesa redonda subordinada ao tema "A concorrência e os consumidores" com a presença de dezenas de especialistas. Ficou claro o sentimento generalizado da importância atribuída à política de concorrência em qualquer país de economia de mercado; mas também foi sublinhada a falta de uma generalizada cultura de concorrência que faz com que, no dizer de Vasco Santos, "actos, atitudes e comportamentos claramente anticompetitivos e perfeitamente ilustrados na literatura, são sistematicamente praticados em Portugal, anunciados publicamente na televisão em programas de grande audiência, sem que qualquer entidade reaja".[45]

Na sequência desta mesa redonda, o CES preparou um parecer sobre política de defesa da concorrência, que constituiu um instrumento valioso sobre a matéria, porque sublinhava muitas insuficiências detectadas. O parecer[46] visava "chamar a atenção para as dificuldades existentes, encorajar uma reflexão alargada e suficientemente profunda por parte das instâncias com responsabilidades na aprovação e na condução da política económica e propor pistas de solução, tanto mais que a política de defesa da concorrência tem estado substancialmente esquecida e não tem cumprido a sua função de aperfeiçoamento do funcionamento dos mercados." No final enunciava uma lista de propostas e recomendações que visavam a correcção da situação existente, das quais se salientam as seguintes:

- Autoridades de concorrência e entidades reguladoras devem passar a responder simultaneamente perante Governo e Assembleia da República;
- Os respectivos relatórios anuais devem ser apreciados pelo CES e pela Assembleia da República (Comissão de Economia e

---

[44] *Intervenção de Sua Excelência o Presidente da República na sessão solene da sua posse*, Assembleia da República, 09.03.2001, em http://www.presidenciarepublica.pt/pt/cgi/noticias.pl?ver=discursos&id=585 (visita em 27.02.2004).

[45] Conselho Económico e Social, *Mesa Redonda A Concorrência e os Consumidores*, Ed. Conselho Económico e Social, Série Estudos e Documentos, Lisboa, 2001, p.142.

[46] Conselho Económico e Social, *Parecer sobre a Política de Defesa da Concorrência*, Ed. Conselho Económico e Social, Série Pareceres e Relatórios, Lisboa, 2001. Teve como relator Alberto Regueira e foi aprovado em 25.07.2001.

Finanças), integrados numa discussão anual sobre a situação da concorrência em Portugal;

• Reflexão aprofundada sobre o modelo institucional mais conveniente à defesa da concorrência em Portugal e desvincular o(s) órgão(s) respectivo(s) de responsabilidades e competências sectoriais;

• Rever objectivos dos reguladores sectoriais para que exerçam constante pressão sobre as empresas tuteladas, de forma que os ganhos de produtividade se transfiram, ao menos parcialmente, para os consumidores;

• Impor que reguladores não pertençam a quadros dirigentes e técnicos das empresas tuteladas, nem que a estas possam regressar por largo período de tempo após o fim do mandato;

• Não permitir a manutenção em funções do regulador por mais de dois mandatos e que estes tenham duração temporal superior à da legislatura (por exemplo, 5 anos);

• Dotar autoridades de concorrência de recursos humanos e técnicos altamente qualificados, e em número suficiente, para as tarefas de investigação, instrução e julgamento de casos, permitindo-lhes cumprir cabalmente as suas missões no quadro das novas orientações comunitárias;

• Multiplicar iniciativas de formação em defesa da concorrência, quer no quadro da preparação de técnicos altamente especializados, quer na revisão dos *curricula* das faculdades de direito e de economia, divulgando a problemática através de associações empresariais e da comunicação social;

• Penalização mais severa das infracções, actualizando os valores das coimas e prevendo o princípio da restituição do benefício resultante de tais práticas, acrescida de uma penalidade;

• Possibilidade de lesados poderem recorrer ao instituto da responsabilidade civil por actos ilícitos para ressarcimento dos seus prejuízos;

• Necessidade de melhorar a preparação jurídico-económica dos juízes mediante a aplicação de um programa de formação de magistrados, assessorando-os com peritos, quando necessário;

• Recurso das decisões do órgão competente para tribunais de 2.ª instância, de preferência em secção especializada.

3.9. *A nomeação da Comissão para a Revisão da Legislação de Concorrência*

Coube ao Ministro da Economia Braga da Cruz nomear a comissão que viria a proceder à revisão da lei. O despacho de nomeação foi de 04.01.2002 (com o Governo em gestão, a aguardar eleições legislativas) e a comissão foi constituída por três juristas altamente experientes: como presidente José Luís da Cruz Vilaça (antigo Advogado-Geral no Tribunal de Justiça e Presidente do Tribunal de Primeira Instância das Comunidades Europeias) e como vogais Isabel de Oliveira Vaz e Miguel Gorjão-Henriques.

O despacho reconhecia a política de concorrência como "um instrumento fundamental na estratégia de adaptação da economia nacional à realização do mercado único num contexto de mundialização das trocas comerciais", considerando que ela "só será eficaz se existirem instituições dotadas de meios capazes de a implementar" e recordava ainda as preocupações da Comissão, do Parlamento e do Conselho Europeus sobre a independência das autoridades de concorrência, a recomendação da OCDE na sua análise de 1999 sobre Portugal e o parecer sobre política de concorrência do CES.

A comissão recebeu o mandato de "proceder ao levantamento, análise e estudo com vista à adequação da legislação ao novo modelo de autoridade nacional em matéria de concorrência e propor as reformulações consideradas necessárias, nomeadamente elaborar uma proposta de estrutura de uma autoridade nacional autónoma de concorrência e elaborar propostas de alterações legislativas consentâneas com o novo modelo". O mandato da comissão foi fixado em nove meses, devendo ser produzido um relatório intercalar no prazo de 60 dias, que foi ainda aprovado pelo Ministro Braga da Cruz.[47] O despacho determinava também que o relatório final conteria o diagnóstico da situação, a apresentação das recomendações, as propostas de alterações legislativas em matéria de concorrência e as respectivas implicações económicas e institucionais.[48]

---

[47] Informação dada pelo deputado Maximiano Martins no debate da proposta de lei de autorização legislativa (*Diário da Assembleia da República*, IX Legislatura, I Série, n.° 43, 03.10.2002, p. 1750).

[48] Despacho n.° 4/2002 do Ministro da Economia.

3.10. *Os programas eleitorais para as eleições legislativas de 2002*

A campanha eleitoral para as eleições legislativas de 2002 trouxe como novidade o facto de os programas eleitorais de todos os principais partidos se referirem à política de concorrência, com grande transversalidade e sintonia nas várias perspectivas sobre o tema, principalmente na crítica ao modelo institucional existente. De ausente nos programas de Governo no passado, a política de concorrência foi descoberta, ganhou estatuto e um papel próprio em todas as propostas partidárias.

No programa do PSD explicava-se que "nos últimos anos temos assistido a uma clara subalternização e redução das políticas de concorrência perante a cada vez maior e multifacetada intervenção do Estado na economia. Tal tem vindo a sufocar mecanismos concorrenciais em sectores como a energia, as águas, alguns segmentos das telecomunicações, o sector comercial e a distribuição." O programa considerava a promoção da concorrência e da competitividade como uma das medidas estruturais que possibilitarão a inversão da situação em termos de produtividade.[49]

No programa do PS explicava-se que "urge consolidar a política de concorrência como um instrumento fundamental na estratégia de adaptação da economia nacional à realização do mercado único, num contexto de globalização das trocas comerciais, e em cuja concepção deverão ser tidos em conta, prioritariamente, os interesses das pequenas e médias empresas." E retomava uma frase usada pelo Ministro Braga da Cruz no despacho de nomeação da Comissão de Revisão: "a política de concorrência só será eficaz se existirem instituições dotadas de meios capazes de a implementar, pelo que se torna fundamental assegurar ao organismo de defesa da concorrência condições que credibilizem o sistema de regulação do processo concorrencial e permita a dignificação dos seus recursos técnicos e humanos". Referiam-se as alterações em curso no regime de concorrência comunitário no sentido da efectiva descentralização da aplicação das respectivas regras e concluía-se que seriam dados "os passos necessários à criação de uma Alta Autoridade para a Concorrência, organismo independente e dotado de capacidade de investigação e acção rápida."[50]

No programa do CDS-PP era lembrado que "uma vez definidas as regras gerais de funcionamento pela concorrência, de respeito pelos con-

---

[49] PSD-Partido Social Democrata, *Uma Nova Política Económica – Legislativas 2002*, pp. 5, 6, 11.

[50] Partido Socialista, *Renovar a Maioria*, p. 119.

sumidores e ambiente, pelos valores da dignificação e valorização do homem pelo trabalho, ao Estado compete a criação de um ambiente e entorno económico amigo da iniciativa privada, amigo do investimento, amigo da criação e acumulação de riqueza." Mais adiante explicitava-se que "continuamos a não acreditar numa economia em que o Governo actua de forma discricionária e intervém constantemente no funcionamento da mesma" criando "distorções na concorrência, favorecimento e discriminações entre empresários, subsídio-dependência". A concorrência, o "funcionamento de uma economia de mercado, que não de ditadura do mercado, pressupõe uma actividade de regulação da concorrência autónoma e independente do poder político e actuando de acordo com critérios objectivos e conhecidos." Por isso defendia-se a extinção da Direcção-Geral de Concorrência e "a sua substituição por uma entidade, nomeada pela Assembleia da República e controlada por esta, com um mandato de tempo determinado mas não coincidente com o calendário político, que regule os aspectos da concorrência e concentração nos mercados nacionais."[51]

Finalmente no programa do PCP previa-se "reformular a legislação e regulamentação da lei da concorrência; dotar dos meios humanos e técnicos, agilizar processos de fiscalização e instrução das violações da lei da concorrência, rever coimas e outras penalizações para responder com eficácia e em tempo útil a múltiplas situações de concorrência desleal", bem como "separar ao nível do aparelho de Estado os serviços que tutelam e acompanham os problemas da distribuição e do comércio, daqueles que intervêm em matéria de concorrência".[52]

3.11. *O programa do XV Governo Constitucional*

Foi o primeiro programa de Governo que assumiu a política de concorrência como uma política instrumental ao serviço de objectivos mais latos de crescimento e desenvolvimento económico.

Assim o programa referia que "com o objectivo fundamental do relançamento da actividade económica, deve ser adoptada uma verdadeira política de concorrência – no sentido da modernização e do aumento da competitividade – que motive efectivamente os agentes económicos mais

---

[51] CDS-PP, *Programa de Governo*, Março de 2002, pp. 11/14.

[52] PCP, *Programa Eleitoral*, Legislativas 2002, p. 31.

dinâmicos e funcione como um importante estímulo ao desenvolvimento". Para isso "o enquadramento legislativo do exercício da actividade económica – designadamente a Lei da Concorrência – deverá ser reformulado à luz dos enunciados princípios e objectivos." Preconizava-se a criação de uma Autoridade de Concorrência dotada de capacidade efectiva de análise das questões jurídicas e económicas suscitadas no âmbito das operações de concentração e de práticas comportamentais, que deveria ter competência exclusiva no domínio das operações de concentração, com possibilidade de recurso da decisão final para o Governo (declaração de interesse geral para a economia nacional), sem prejuízo das vias normais de recurso jurisdicional. Haveria também que definir a sua articulação com os reguladores sectoriais e deveria ser estabelecido um regime legal de punição agravada de práticas anticoncorrenciais em todos os sectores da actividade económica.[53]

3.12. *O Programa para a Produtividade e Crescimento da Economia*

O Programa para a Produtividade e o Crescimento da Economia, anunciado em 2002 pelo Ministro Carlos Tavares, retomava os objectivos do Programa do Governo em termos de política de concorrência. O primeiro eixo deste Programa era "Reforçar a Concorrência e a Regulação" prevendo-se a criação de uma única entidade, com estatuto de independência, onde se concentravam as funções de garantia de uma sã concorrência. Segundo o Programa "a regulação da concorrência, com extensão a todos os sectores de actividade, incluirá a aprovação de operações de concentração e a prevenção e punição de práticas predatórias, anticoncorrenciais ou de abuso de posição dominante".[54]

Previa-se um prazo de 120 dias para a criação da Autoridade de Concorrência e para a aprovação da nova lei da concorrência e, concomitantemente, para a extinção do Conselho da Concorrência e reestruturação da DGCC.

---

[53] Programa de Governo do XV Governo Constitucional, Capítulo II – Sanear as Finanças Públicas. Desenvolver a Economia; 2.1. Consolidação e Reforço da Competitividade do Tecido Empresarial.

[54] MINISTÉRIO DA ECONOMIA, *Programa para a Produtividade e o Crescimento da Economia,* Lisboa, Jul. 2002, p.4.

3.13. *As Grandes Opções do Plano para 2003*

Na 2.ª opção das Grandes Opções do Plano para 2003 – salienta-se a importância que uma verdadeira política de concorrência poderá ter no relançamento da actividade económica. Entende-se essa política no sentido da "modernização e do aumento de competitividade que motive efectivamente os agentes económicos mais dinâmicos e funcione como um importante estímulo ao desenvolvimento". Para isso retoma as ideias já expressas no programa do Governo quanto à revisão da lei da concorrência e à criação da Autoridade da Concorrência.[55]

3.14. *A discussão da autorização legislativa na Assembleia da República*

O mandato de nove meses da Comissão para a Revisão da Legislação foi escrupulosamente cumprido e antes do fim desse prazo o Conselho de Ministros, em 19.09.2002, aprovou a proposta de lei de autorização legislativa que seguiu para a Assembleia da República (identificada com o n.° 25/IX), juntamente com o projecto de Decreto-Lei relativo ao estatuto da Autoridade da Concorrência.

A discussão na generalidade teve lugar na reunião plenária de 02.10.2002, sendo a proposta de lei apresentada pela Secretária de Estado da Indústria, Comércio e Serviços. Alguns dos pontos debatidos foram:

- articulação das competências entre a Autoridade e os reguladores sectoriais (CDS-PP);
- contradição entre a anunciada desgovernamentalização da Autoridade e a nomeação dos seus membros e a aprovação do plano e do relatório de actividades pelo Governo (PCP);
- peso do orçamento de Estado no orçamento da Autoridade que pode pôr em causa a sua independência (PS);
- não se ter previsto – como no caso da ERSE – o envio do relatório de actividades à Assembleia, bem como a obrigação do seu presidente responder a pedidos de audição solicitados pela Assembleia (PS);

---

[55] "Grandes Opções do Plano para 2003" *in* Lei n.° 32-A/2002, de 30 de Dezembro, *Diário da República*, 1.ª série, n.° 301, 30.12.2003, p. 8186-(17).

• envolvimento da Autoridade em processos de práticas comerciais restritivas (PS);

• facto do Governo ter encontrado nesta matéria um dossier já preparado (PS);

• mais do que uma Autoridade, ser precisa uma política, pela multiplicidade de casos que nos rodeiam: próxima liberalização de preços de combustíveis, predomínio de grandes superfícies, concentração na indústria e nos serviços, concentração vertical na comunicação social, etc. (BE);

• necessidade de aproximação aos modelos de regulação e de concorrência entre Portugal e Espanha (PS);

• insuficiência do período de impedimento de dois anos findo o mandato dos membros do Conselho da Autoridade para poderem ter qualquer vínculo com uma empresa tutelada (PCP).[56]

A proposta foi aprovada, quer na generalidade, como na especialidade, e na votação final global com os votos favoráveis do PSD e do CDS--PP e as abstenções do PS, PCP, BE e Os Verdes.

A abstenção do PS foi justificada em declaração de voto do deputado Maximiano Martins que reconhecia a necessidade de uma entidade reguladora, mas considerava que "a iniciativa governamental não cuidou suficientemente das indispensáveis relações, em matéria de regulação, entre o poder governamental e a necessária fiscalização do Parlamento português. Com efeito, o acompanhamento por parte da Assembleia da República daria legitimidade reforçada à Autoridade da Concorrência e seria garante dos elevados princípios de independência e de autonomia a que este tipo de Autoridade deveria estar estritamente sujeita. Não foi possível obter do Governo concordância clara e firme relativa a esta intervenção da Assembleia da República." Este aspecto nuclear levou o Grupo Parlamentar do PS a decidir-se pela abstenção. E a declaração de voto terminava com a manifestação de intenção por parte do PS de estar atento à iniciativa legislativa do Governo e sujeitar à apreciação parlamentar o Decreto-Lei regulamentador destas matérias.[57]

[56] *Diário da Assembleia da República*, IX Legislatura, I série, n.° 43, 03.10.2002, pp. 1743/1757.

[57] *Diário da Assembleia da República*, IX Legislatura, I série, n.° 44, pp. 1809/1812.

A autorização legislativa foi publicada como Lei n.° 24/2002, de 31 de Outubro.

3.15. *O Decreto-Lei que cria a Autoridade da Concorrência*

O Conselho de Ministros, em 20.11.2002, aprovou o decreto-lei que cria a Autoridade da Concorrência, no uso da autorização legislativa concedida pela Lei n.° 24/2002. No comunicado respectivo salientava-se pretender "com esta reforma fundamental dotar a economia portuguesa de um órgão de controlo da concorrência moderno, eficaz, independente do poder político e das pressões sectoriais, ao mesmo tempo que se desgovernamentaliza a importante função de fiscalização prévia das operações de concentração".[58]

Este diploma foi publicado como Decreto-Lei n.° 10/2003, de 18 de Janeiro. No Conselho de Ministros de 20.02.2003 foi aprovada a Resolução que nomeava os primeiros membros do Conselho da Autoridade,[59] os quais tomaram posse em 24.03.2003.

3.16. *A nova lei da concorrência*

O Conselho de Ministros, em 20.12.2002, aprovou a proposta de lei da concorrência. O comunicado do Conselho explicitava que após uma década de aplicação a legislação de concorrência revelou carecer, quer nos seus aspectos substantivos quer processuais, de alguns ajustamentos de modo a torná-la um instrumento eficaz de execução da política de concorrência. O comunicado recordava ainda as novas responsabilidades cometidas às autoridades nacionais pelo novo regulamento de aplicação dos artigos 81.° e 82.° do TCE, as quais justificam "um esforço de aproximação entre o direito nacional e o direito comunitário neste domínio, de modo a que a entidade responsável pela aplicação de um e de outro direito – a Autoridade da Concorrência – possa eficazmente desempenhar a sua função."[60]

---

[58] Comunicado do Conselho de Ministros de 20.11.2002, n.° 9.

[59] Resolução 12/2003 (2.ª série), *Diário da República*, II série, n.° 61, 13.03.200, p. 3972.

[60] Comunicado do Conselho de Ministros de 20.12.2002, n.° 1 *in* http://www.portugal.gov.pt/portal/pf/Governos/Governos_Constitucionais/GC15/Conselho_de_Ministros/Comunicados_e_Conferencias_de_Imprensa/20122002.htm (visita em 15.02.2004).

Na Assembleia da República, a Proposta de Lei n.° 40/IX foi discutida na generalidade na sessão de 12.02.2003, sendo apresentada pelo Ministro Carlos Tavares que a justificou como uma das medidas previstas no Programa para a Produtividade e Crescimento da Economia e lembrou ser a legislação que assegura a observância dos princípios da concorrência leal pelos agentes do mercado e a regulação independente da concorrência, requisitos que o Governo deseja conseguir para a eficiência do mercado.

O debate foi extremamente pobre e levou Cruz Vilaça, presidente da Comissão de Revisão da Legislação da Concorrência, a escrever que a maior parte das intervenções feitas "só dão fiel testemunho da frase estafada que de há muitos anos para cá vem sendo repetida a este propósito: que não temos em Portugal uma cultura de concorrência".[61] Alguns dos pontos levantados no debate, para além dos discursos laudatórios por parte do PSD e do CDS-PP e do PS ter afirmado concordar com os princípios orientadores da proposta, resultantes de um trabalho iniciado no governo anterior, foram nomeadamente os seguintes:

- não prever o acompanhamento e fiscalização da lei pela Assembleia da República (por se tratar de matéria de regulação económica), o que aliás já tinha levado o PS a abster-se na votação da autorização legislativa (PS);
- a existência do critério do "balanço económico" que esvazia a lei, sobretudo nas práticas das grandes superfícies (PCP);
- o facto de não estar equacionado o problema do *dumping* ambiental e do desrespeito a um conjunto de procedimentos a que as empresas estão legalmente obrigadas (Os Verdes);
- a articulação entre o abuso de posição dominante e o abuso do estado de dependência económica e entre a Autoridade da Concorrência e os reguladores sectoriais (PS);
- o aplauso pelo acolhimento da doutrina das infra-estruturas essenciais no abuso de posição dominante (PS).

O PCP justificou quatro aspectos que o distanciavam da proposta: a extensão de regras próprias de empresas privadas a empresas públicas, o facto do diploma repetir o que a legislação já previa sem o rectificar (proibir práticas num artigo e poder considerá-las justificados no

---

[61] VILAÇA, J. L. Cruz, "A nova legislação da concorrência", *Semanário*, 14.02.2003.

seguinte), não haver normas específicas para as práticas comportamentais do sector financeiro e, finalmente, terem-se abandonado as presunções de quotas de mercado indicativas de que uma empresa está em posição dominante.[62]

A votação na generalidade da proposta de lei foi feita na sessão de 13.02.2003, tendo sido aprovada com os votos favoráveis do PSD, PS e CDS-PP e os votos contra do PCP, BE e Os Verdes.[63]

A mais importante das alterações introduzidas na Comissão de Economia e Finanças foi o artigo 16.° que determina que "a Autoridade da Concorrência elabora e envia anualmente ao Governo, que o remete nesse momento à Assembleia da República, um relatório sobre as actividades e o exercício dos seus poderes e competências, em especial quanto aos poderes sancionatórios, de supervisão e de regulamentação, o qual será publicado".

O texto final da lei foi votado na sessão plenária de 10.04.1003, merecendo os votos favoráveis do PSD, PS e CDS-PP e os votos contra do PCP, BE e Os Verdes.[64] A nova lei – Lei n.° 18/2003, de 11 de Junho – foi promulgada em 26 de Maio e publicada no *Diário da República* de 11 de Junho.

NOTA FINAL

Apesar de não ter havido a desejável discussão pública sobre o projecto, Portugal dispõe neste momento de um bom enquadramento legislativo para a concorrência. Quer a solução institucional encontrada, quer as soluções legais podem ultrapassar os pontos críticos que anteriormente se apontavam. Subsistirão, no entanto, alguns pontos menos felizes, de que se destacam:

- *O ter sido cometida à Autoridade da Concorrência a aplicação do diploma das práticas comerciais restritivas que, não sendo*

---

[62] *Diário da Assembleia da República*, IX Legislatura, I Série, n.° 86, 13.02.2003, pp. 3617/3627.

[63] *Diário da Assembleia da República*, IX Legislatura, I Série, n.° 87, 14.02.2003, p. 3671.

[64] *Diário da Assembleia da República*, IX Legislatura, I Série, n.° 110, 11-04-2003, p. 4646.

questões puras de concorrência, a podem fazer desviar a atenção do fundamental – o funcionamento do mercado;

- *Apontar-se a possibilidade do Conselho da Autoridade poder funcionar apenas com três membros nomeados, o que lhe pode criar dificuldades;*
- *Não ter ficado garantido claramente na lei o perfeito paralelismo de estatuto entre os membros do Conselho da Autoridade e os seus homólogos de entidades reguladoras;*
- *Não terem ficado explicitadas as relações entre a Autoridade da Concorrência e a Assembleia da República;*
- *Não terem sido disponibilizados meios para, de imediato, a Autoridade poder funcionar de modo independente.*

O passo seguinte, no entanto, passará pela afirmação da Autoridade de Concorrência, pelo respeito que a sua actuação merecer e pela independência com que conseguir afirmar-se. E passará também pela postura com que o Governo olhe para a Autoridade e pelo maior ou menor acatamento com que siga as suas recomendações e posições. Este é um novo espaço em que a "cultura da concorrência" vai ter de se afirmar.

BIOGRAFIA DOS AUTORES

António Carlos dos Santos (acsantos@iseg.utl.pt). Licenciado em Direito pela Universidade de Coimbra e em Ciências Político-Sociais (ISCSP), Mestre em Ciências Jurídico-Comunitárias (UCP), aguardando provas de Doutoramento em Direito (UCL, *Louvain-la-Neuve*). Professor Auxiliar Convidado no ISEG-UTL. Advogado. Foi Director de Serviços do IVA, Secretário de Estado dos Assuntos Fiscais (XIII Governo), Membro do Conselho Nacional de Ambiente e Desenvolvimento Sustentável, Coordenador do Grupo que criou as Secções de Processo da Segurança Social, Coordenador do Núcleo Economia e Finanças da REPER, em Bruxelas. Tem cerca de 40 artigos e livros publicados.

António Goucha Soares (agsoares@iseg.utl.pt). Licenciado pela Faculdade de Direito de Lisboa, Doutorado pelo Instituto Universitário Europeu de Florença, Agregado pela Universidade Técnica de Lisboa. Professor *Jean Monnet* de Direito Comunitário no ISEG-UTL, sendo Presidente do Departamento de Ciências Sociais. Foi *Visiting Professor* na *Brown University*. Autor de A *Livre Circulação de Pessoas na Europa Comunitária* (1990), *Repartição de Competências no Direito Comunitário* (1996), *A Carta dos Direitos Fundamentais da União Europeia* (2002), *A União Europeia* (2006), bem como diversos estudos e artigos sobre direito comunitário e integração europeia. Mais informações em: http://www.iseg.utl.pt/docentes/amngs/

João Eduardo Pinto Ferreira (pinto.ferreira@centromarca.pt). Licenciado em Engenharia Química pelo Instituto Superior Técnico e Pós-Graduado em Direito Industrial pela Faculdade de Direito de Lisboa. Presidente da Centromarca – Associação Portuguesa de Empresas de Produtos de Marca. Director da CIP e coordenador do respectivo grupo de trabalho sobre Concorrência e Mercados. Responsável pelas disciplinas de "Política de Concorrência" e de "Regras de Concorrência" em Mestrados e Pós-Graduações no ISEG-UTL. Foi Director-Geral da Concorrência e Preços (1989/1994) e representante de Portugal em Comités de Política da Concorrência na OCDE, UNCTAD e Comissão Europeia.

Jorge Almeida (jj@ces.uc.pt) Licenciado em Direito pela Universidade de Coimbra (2000). Investigador do Centro de Estudos Sociais da Faculdade de Economia da Universidade de Coimbra. Advogado. Investigador do Observatório Permanente da Justiça Portuguesa, 2001. Mestrando em Ciências Jurídico-Empresariais (2002) e Docente do Instituto Superior Bissaya-Barreto (cursos de Direito e de Gestão e Administração Pública, 2002).

José Luís da Cruz Vilaça (jcv@plmj.pt). Licenciado em Direito pela Universidade de Coimbra. Doutorado em Economia Internacional pela Universidade de Paris I. Professor Convidado da Faculdade de Direito da Universidade Nova de Lisboa e da Faculdade de Direito da Universidade Católica Portuguesa. Advogado e jurisconsulto – Sócio de A.M. Pereira, Sáragga Leal, Oliveira Martins, Júdice e Associados, Sociedade de Advogados. Antigo Advogado Geral no Tribunal de Justiça das Comunidades Europeias e antigo Presidente do Tribunal de Primeira Instância das Comunidades Europeias.

Maria Manuel Leitão Marques (mmanuel@fe.uc.pt). Licenciada em Direito pela Universidade de Coimbra. Doutorada e Agregada pela Faculdade de Economia da Universidade de Coimbra, onde é Professora Catedrática. Responsável pela Unidade de Coordenação da Modernização Administrativa (UCMA). Vice-Presidente da Associação Internacional de Direito Económico. Coordenadora de diversos projectos de investigação nas áreas do Direito Económico e da Sociologia do Direito. Publicou *A Mão Visível. Mercado e Regulação* (2003), *Um Curso de Direito da Concorrência* (2002), *O Endividamento dos Consumidores* (2000), bem como numerosos estudos e artigos nas áreas do Direito Económico e do Direito da Concorrência.

Norberto Severino (nseverino@netcabo.pt). Licenciado em Direito pela Faculdade de Direito da Universidade Clássica de Lisboa. Advogado. Assistente Convidado no Instituto Superior de Economia e Gestão da Universidade Técnica de Lisboa. Nos últimos anos tem regido a cadeira de Direito Económico no ISEG-UTL. Foi docente na Faculdade de Direito de Lisboa (1975/76) e no Instituto de Polícia Científica (1984/87). Publicou *Guia Jurídico do Trabalhador* (várias edições, última em 2004), *Guia Jurídico da Mulher*, *Guia Jurídico do Arrendamento e do Condomínio*; *Código Anotado dos Processos Especiais de Recuperação de Empresa e da Falência*.

Pedro Pita Barros (ppbarros@fe.unl.pt). Doutorado em Economia. Professor Catedrático da Faculdade de Economia da Universidade Nova de Lisboa.

Research Fellow do *Centre for Economic Policy Research* (Londres). Foi Vogal do Conselho de Administração da Entidade Reguladora dos Serviços Energéticos e Presidente do Conselho Científico da Faculdade de Economia da Universidade Nova de Lisboa. O seu trabalho académico desenvolve-se nas áreas de regulação económica, defesa da concorrência e economia da saúde. Publica regularmente em revistas científicas de circulação internacional. Mais detalhes em http://ppbarros.fe.unl.pt/investigacao/cv.htm

Sofia Oliveira Pais (spais@porto.ucp.pt). Licenciada pela Faculdade de Direito da Universidade Católica Portuguesa (UCP), Porto, 1990, classificação de 17 valores. Mestre em Direito em Integração Europeia, Universidade de Coimbra, 1994, classificação de 18 valores. Inscrita na Ordem dos Advogados. Encontra-se a terminar Doutoramento em Direito, na UCP. Docente da Faculdade de Direito da UCP, no Porto e Lisboa, com regência de várias disciplinas. Autora de *O Controlo das Concentrações de Empresas no Direito Comunitário da Concorrência,* Almedina,1996, e de cerca uma dezena de estudos e artigos em publicações académicas.